陕西师范大学哲学通识教育系列教材

中国哲学的世界

许宁 著

中国社会科学出版社

图书在版编目(CIP)数据

中国哲学的世界/许宁著. —北京:中国社会科学出版社,2022.1(2022.11重印)
ISBN 978-7-5203-9016-3

Ⅰ.①中… Ⅱ.①许… Ⅲ.①哲学史-中国 Ⅳ.①B2

中国版本图书馆 CIP 数据核字(2021)第 176146 号

出 版 人	赵剑英
责任编辑	朱华彬
责任校对	谢　静
责任印制	张雪娇

出　　版		中国社会科学出版社
社　　址		北京鼓楼西大街甲 158 号
邮　　编		100720
网　　址		http://www.csspw.cn
发 行 部		010-84083685
门 市 部		010-84029450
经　　销		新华书店及其他书店
印刷装订		北京市十月印刷有限公司
版　　次		2022 年 1 月第 1 版
印　　次		2022 年 11 月第 2 次印刷
开　　本		710×1000　1/16
印　　张		16.5
插　　页		2
字　　数		254 千字
定　　价		99.00 元

凡购买中国社会科学出版社图书,如有质量问题请与本社营销中心联系调换
电话:010-84083683
版权所有　侵权必究

目 录

第一讲　中国哲学的精神旨趣 ········· 1
　一　国学与国魂 ········· 3
　二　儒家的精神旨趣 ········· 6
　三　道家的精神旨趣 ········· 9
　四　佛家的精神旨趣 ········· 12

第二讲　中国哲学的思想特质 ········· 17
　一　天人合一 ········· 18
　二　儒道互补 ········· 24
　三　礼乐文明 ········· 27
　四　和合精神 ········· 30

第三讲　《周易》与易学 ········· 33
　一　《周易》其书 ········· 33
　二　《周易》的智慧 ········· 42

第四讲 孔孟与儒家 …… 48
一 孔子 …… 49
二 孟子 …… 56

第五讲 老庄与道家 …… 61
一 老子 …… 61
二 庄子 …… 70

第六讲 墨子与墨家 …… 78
一 禹墨精神 …… 79
二 和平理想 …… 82
三 义政原则 …… 85
四 节俭意识 …… 88
五 劳动价值 …… 89

第七讲 惠施、公孙龙与名家 …… 92
一 名辩思潮 …… 92
二 惠施：合同异 …… 96
三 公孙龙：离坚白 …… 100

第八讲 商鞅、韩非与法家 …… 104
一 法家学派 …… 104
二 商鞅 …… 106
三 韩非 …… 112

第九讲 孙子与兵家 …… 120
一 孙子其人其书 …… 121
二 孙子的兵学思想 …… 126

第十讲　经学与元典精神 ……………………………………… 139
　　一　常与变 ………………………………………………… 139
　　二　今与古 ………………………………………………… 141
　　三　经与纬 ………………………………………………… 145
　　四　汉与宋 ………………………………………………… 148

第十一讲　玄学与魏晋风度 …………………………………… 150
　　一　玄学思潮 ……………………………………………… 150
　　二　名士风流 ……………………………………………… 157

第十二讲　佛学东渐（上） …………………………………… 164
　　一　唯我独尊 ……………………………………………… 166
　　二　法相庄严 ……………………………………………… 168
　　三　丛林清规 ……………………………………………… 171
　　四　因果报应 ……………………………………………… 173

第十三讲　佛学东渐（下） …………………………………… 176
　　一　佛教的中国化 ………………………………………… 176
　　二　中国化的佛教 ………………………………………… 182

第十四讲　丹学重光 …………………………………………… 190
　　一　道教简介 ……………………………………………… 191
　　二　符箓之道 ……………………………………………… 192
　　三　金丹之道 ……………………………………………… 192
　　四　内丹之道 ……………………………………………… 193

第十五讲　张载与关学 ………………………………………… 199
　　一　关学宗师，千载横渠 ………………………………… 199
　　二　"太虚即气"与理学纲领 …………………………… 203
　　三　以礼为教与《蓝田乡约》 …………………………… 206

四 仇必和解与辩证思想 …… 210
  五 横渠四句与儒者精神 …… 211
  六 《西铭》与天地境界 …… 213

第十六讲 朱熹与闽学 …… 217
  一 理气之辨 …… 218
  二 理欲之辨 …… 220
  三 即物穷理 …… 223
  四 理一分殊 …… 226

第十七讲 阳明与心学 …… 230
  一 阳明其人 …… 230
  二 阳明其学 …… 233
  三 阳明心学的精神 …… 243

第十八讲 "鹅湖之会"的文化意义 …… 245
  一 "鹅湖之会"与朱陆异同 …… 245
  二 "鹅湖之会"的理学文化意义 …… 251
  三 "鹅湖之会"的三教文化意义 …… 252
  四 "鹅湖之会"的世界文化意义 …… 254

阅读书目 …… 257

后记 …… 259

第一讲
中国哲学的精神旨趣

同学们好，我是陕西师范大学哲学书院的许宁老师。让我们一起进入中国哲学的世界。

先做一下自我介绍。许宁老师一般自称为"国学大师"，可能会和你们心目中"国学大师"的形象有些出入。同学们想象中的"国学大师"应该头发更少、胡子更长、年龄更大。但是，许老师所说的"国学大师"只是一个简称，全称是"教中国哲学的大学老师"。"大学老师"是我的职业，"中国哲学"是我的专业。

第一讲介绍中国哲学的精神旨趣，分为以下四个部分。第一部分是国学与国魂，第二、三、四部分分别讨论儒家、道家和佛家的精神旨趣。

过年的时候，我们喜欢说一些吉祥话，例如恭喜发财、吉祥如意，还有三阳开泰、五福临门等。古人采用谐音的方式，用三只羊来表示三阳开泰的寓意，同时会画五只蝙蝠表示福气临门。

请问：三阳开泰是哪三阳，五福临门又是哪五福呢？有的同学举手了，说"三阳"就是美羊羊、懒羊羊、喜羊羊；"五福"他听说过，今年还集齐了呢，就是敬业福、爱国福、友善福、富强福、和谐福。这当然驴唇不对马嘴。

所谓的"三阳开泰"出自中国历史上的一部伟大经典——《周易》。《周易》泰卦的卦象下面是三根阳爻，即乾卦。上面是三根阴爻，即坤卦。乾卦代表阳气，代表天，代表刚健进取。坤卦则表示阴气，表示地，表示柔顺退守。泰卦的卦象是乾下坤上，阳气在下，阴气在上。阳气在下必然向上升腾，阴气在上必然向下降落。所以阴阳和会，天地交通，万物化育。中国古代是农业社会，如果在一年之初的时候春雨比较丰沛，它就预示着一年会有比较好的收成。在阴阳和会的过程中，这三根阳爻起到了发动和主导的作用，因此称之为"三阳开泰"。我们今天也仍然袭用泰卦的意思来表示国泰民安的盛世，否极泰来的机遇。

"五福"则出自中国古代另外一部伟大的经典——《尚书》，其中《洪范篇》里讲到了五种福气："一曰寿，二曰富，三曰康宁，四曰攸好德，五曰考终命。""一曰寿"就是长寿，它表示着人均预期寿命比较长。"二曰富"，表示富裕，它象征着我们人均国民收入比较高。例如我们人均GDP达到一万美元，已经到了中等发达国家水平，经济上有保障，手头比较宽裕。"三曰康宁"，意思是健康安宁，表示社会治安比较好，医疗保障条件比较好，为人们提供了平安的宜居环境。"四曰攸好德"，象征着我们每个人有比较高的道德水准和文明程度。"五曰考终命"，请问一下"考终命"是什么意思呢？考者，老也；终者，尽也；命者，天命也。就是尽其天年，得其善终。古人认为年老高寿的时候能够毫无痛苦地离开人世，叫"得其善终"，这是一种福气。我们看报纸上登的讣告经常说，某某同志经抢救无效，不幸辞世。在古人看来，如果能够毫无痛苦，不需要抢救或安乐死，以安详的方式离开人世就是一个很大的福气。这是"五福临门"的意思。

大家到陕西来上学，会常听陕西人说一个口头语，就是"咥"（dié）。有时在饭馆的门匾上也会看到，比如"咥一碗"。这个"咥"就是吃的意思。有一次我去商场，购物咨询的时候，当班的销售员不在，旁边一位就说这个销售员出去"咥"面去了。说完以后他有点不好意思，他说自己说了一句粗话。实际上这不是粗话，属于口头语、大白话。他是说这个销售员中午去吃面了。这个"咥"字一点都不粗俗，它出自中国历史上一部伟大的经典，这就是《周易》。《周易》有经有传，它出自《周易》履卦的经文部分，第一句是七个字："履虎尾，不咥人，亨。"我们说老虎的屁股摸不得，当然老虎尾巴更踩不得，这个人踩到了老虎的尾巴，极为凶险，但是老虎没有翻过身来吃人。这是不是一种很亨通的卦象？这象征着人面对一个艰难复杂的局面，能够谨慎地加以应对，充分发挥自己的主观能动精神，从而转危为安、逢凶化吉，所以结果是很亨通的。就像今天我们面对着新冠肺炎重大疫情，能够谨慎地加以应对，从而转危为安、逢凶化吉。自古多难兴邦，我们有信心在战胜种种磨难险阻的历程中实现中华民族的伟大复兴。我举这个例子想说明两个问题。第一，"咥"是吃的意思，它不属于地方俚语，而是高端大气上档次的雅语，因为它出自《周易》。第二，这说明《周易》的作者是一个陕西人。这个"咥"不是常人的"吃"法，而是老虎的"吃"法，非常能够体现陕西文化的特点。陕西人"咥"面，碗一定是海碗，面一定是宽面，食一定是蹲食。蹲着吃，这是老虎的吃法。所以我们说到秦国的时候，就说虎狼之国，气吞万里如虎，横扫六合，狼吞虎咽，风卷残云，天下虽大一口"咥"，这就是陕西人的个性和陕西文化的特点。

所以，在我们的日用伦常之中，就包含了中国传统文化的基因和密码。习近平总书记指出："我们生而为中国人，最根本的是我们有中国人的独特精神世界，有百姓日用而不觉的价值观。"（《在纪念孔子诞辰2565周年国际学术研讨会上的讲话》2014年9月24日）一讲到"三阳开泰""五福临门"，讲到"咥一碗"，大家都习以为常，这就是"百姓日用"。但是你有没有体会到其中所包含的民族文化的基因和密码呢？我认为总书记提出了一个很重要的要求，即我们不能停留于百姓日用的层面，而是要深入中国人的精神世界里寻找中华民族独特的精神血脉和文化密码。

以上就是我们课程的开场白。

一　国学与国魂

正如习近平总书记所指出的，最根本的是我们有中国人的独特精神世界，有百姓日用而不觉的价值观。同学们觉得除了课堂上所举的这些例子，我们身边还有哪些百姓日用而不觉的事例呢？

国学是国故学与国魂学的总称。国学有两个层面，既是文化遗存，又是精神遗存。作为文化遗存，可称为国故学，例如古籍、建筑、绘画、书法以及非物质文化遗产（包括语言、戏曲、传说、习俗等）。20世纪20年代学界发起了一场"整理国故"运动，以章太炎、胡适等为代表。他们所谓的"国故"是什么呢？"故"者，过去也，死去也。所以它只是在时间上过去了、生命上已经死亡了的东西，对今天有没有什么意义，既不了解，也不关心。"整理国故"，就相当于家里有一个老祖宗留下来的古董，这个古董对于我们今天有没有用，这不重要。我们今天之所以没有变卖典当祖产，之所以为它掸尘擦拭，无非是表现我们对祖先的温情与敬意。国故派强调"所以存古，非所以适今"①，他们关心"国故"的历史价值，不关心"国故"的时代意义，这就是"整理国故"的内涵。他们认为对"国故"应作如实的陈述，而不必作同情的了解，它属于专家之学，主要运用的是历史学的方法。而作为精神遗存，可以称为国魂学，考察国学的精神构成，探索古代中国人精神世界的构成要素及其现代转化，采取的是解释学的方法。所以，完整意义上的"国学"概念应该既包括国故学，又包括国魂学。

　　为了帮助同学们更好地理解，我们举例说明。大雁塔是西安的地标性建筑。佛塔本来是寺院的组成部分，你知道大雁塔所在的寺院叫什么名字吗？有同学说是大慈恩寺，很好。我们看到大雁塔要远超它所在寺院的名气。再举一个例子，这是著名的小雁塔。"长安八景"之一的"雁塔晨钟"讲的就是小雁塔的钟声。我想再问一下小雁塔所在的寺院叫什么名字呢？知道的不多了。小雁塔所在的寺院在唐代是一个很有名的寺院，这个寺院是由武则天亲自题名的，叫大荐福寺。佛塔本来应该是寺院的组成部分，但是这种物质性的遗存，它的影响超过了其所在的寺院。我们知道大雁塔是大慈恩寺的组成部分，而大慈恩寺乃是唐代唯识宗的道场，玄奘法师在这里译经。遗憾的是，我们看不到古代历史遗存的精神价值和文化意义，今天的文物保护，过于侧重国故的层面，而缺乏国魂的意义阐发。

　　大家都熟知的书院门是专门卖纸墨字画的市场。那么这是哪个书院的门呢？知道的同学也不多。因为在这条街上有一个书院，是明清两代

---

① 马勇编：《章太炎书信集》，河北人民出版社2003年版，第158页。

著名的关中书院，故而这条街被称为"书院门"。关中书院是明代学者冯从吾所创立的，一直延续到20世纪，讲学活动持续了300多年，是陕西地区传播理学的一个重要场所。但是很可惜，门本来应该是书院的组成部分，很多人只知书院门，不知关中书院，书院门的影响在今天远远超过了关中书院的影响。同学们知不知道西安的孔庙在哪里？就是碑林。碑本来是庙的组成部分，孔庙本应是弘扬儒家文化的道场，但是在这里，碑大于庙，孔庙成了保存碑刻文物的一个场所，它所包含的精神价值被消解了。

通过如上事例，大家可以看到完整意义上的国学应该是既有国故学的层面，又有国魂学的层面。而现实却是我们过于注重国故，注重于保护，缺乏对国魂的精神价值的阐发，缺少对古代中国人的精神世界的了解和认知，也缺少推动传统的思想文化资源实现创造性转化和创新性发展的意识。

1987年，在中国陕西的法门寺地宫中出土了20多件美轮美奂的琉璃器，这是唐代传入中国的东罗马和伊斯兰的琉璃器。2014年3月，在联合国教科文组织总部发表重要演讲时，习近平总书记指出："我在欣赏这些域外文物时，一直在思考一个问题。"（《在联合国教科文组织总部的演讲》2014年3月27日）萦绕在总书记脑海里的问题就是："对待不同文明，不能只满足于欣赏它们产生的精美物件，更应该去领略其中包含的人文精神；不能只满足于领略它们对以往人们生活的艺术表现，更应该让其中蕴藏的精神鲜活起来。"

同学们，总书记的话我们可以分成两段来理解。第一段，"对待不同文明，不能只满足于欣赏它们产生的精美物件"，物件揭示的是艺术品的外形；"更应该去领略其中包含的人文精神"，要着重探讨其中包含的思想观念和人文精神，这讲的是形和神的关系问题。第二段，"不能只满足于领略它们对以往人们生活的艺术表现"，以往的人们还在不在了？不在了，他们已经死去了，成为历史记忆的一部分；"更应该让其中蕴藏的精神鲜活起来"，怎么让古代的艺术品实现转化和发展，这讲的是死和活的关系问题。形与死是国故学关心和重视的，神和活是国魂学所侧重的，所以总书记为我们如何研究国魂学的精神价值和意义提出了明确的指导

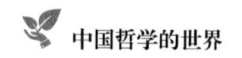

意见。

正如康有为指出的："凡为国者,必有以自立也。其自立之道,自其政治、教化、风俗,深入其人民之心,化成其神思,融洽其肌肤,铸冶其群俗,久而固结,习而相忘,谓之国魂。"① 康有为指出"国魂"有这样三个特点。第一,它具有根本性,它是自立之道,立国之道,国家精神、民族魂魄之所系;第二,它具有隐蔽性,不以物质为载体,而以政教为形式,深入人民之心,化为神思,融洽肌肤,铸冶群俗,成为传统习惯和社会民俗的一部分;最后,它具有持久性,也就是久而固结,习而相忘,积淀为中华民族的文化心理结构,这就是"国魂"的特点。

习近平总书记多次谈到"国魂"的重要性。他强调:"国家之魂,文以化之,文以铸之。"(《在纪念马克思诞辰200周年大会上的讲话》2018年5月4日)他认为:"对历史文化要注重发掘和利用,溯到源,找到根,寻到魂。"他还指出:"每一种文明都延续着一个国家和民族的精神血脉,既需要薪火相传、代代守护,更需要与时俱进、勇于创新……把跨越时空、超越国度、富有永恒魅力,具有当代价值的文化精神弘扬起来,让收藏在博物馆里的文物、陈列在广阔大地上的遗产、书写在古籍里的文字都活起来。"(《在联合国教科文组织总部的演讲》)

综上所述,国学就是国故学和国魂学的内在统一。我们认为,国学包括三方面基本内容,就是以儒释道为基本构成和主体内容的思想体系,它体现了中华民族的理论思维与核心价值,包含了中国人独特的人生智慧与精神气质。儒道释三家拥有各自的精神旨趣,对于中华民族来说缺一不可。下面我将从三个方面讨论儒道释三家的精神旨趣,以期让大家对中华民族的哲学精神有比较全面的理解。

二 儒家的精神旨趣

对于儒家的精神旨趣,如果要用三个字来概括的话,我想一定是"拿

---

① 康有为撰,姜义华、张荣华编校:《康有为全集》(第十集),中国人民大学出版社2007年版,第129页。

得起"。"拿得起"的精神在儒家有很多表现，比如"三纲八目"。"三纲八目"出自《大学》。"三纲"就是三条原则，"八目"就是八项要求。这三条原则是：明明德，亲民，止于至善，就是要彰显自己内在的光明德性，然后教化民众，使明明德和亲民这两个方面都达到至善的境界。"为人君止于仁，为人臣止于敬，为人子止于孝，为人父止于慈，与国人交止于信。"（《大学章句》《四书章句集注》）它提供了一个儒者安身立命的人生理想，又具体提出了八项基本的要求和环节，就是格物、致知、正心、诚意、修身、齐家、治国、平天下。所以儒者也把修齐治平作为自己的理想抱负。在《左传》中有"三不朽"的说法，这"三不朽"就是立德、立功、立言，意思是能够修养高尚的德性，建立显赫的事功，创立久远的学说，达到"三不朽"的人在内圣和外王都达到了最高的境界，这样的目标值得儒者孜孜以求。另外还有张载的"四句教"，也为后世所传颂，能够充分反映儒者"拿得起"的精神。张载说："为天地立心，为生民立命，为往圣继绝学，为万世开太平。"儒者在天地之间要为社会确立精神信仰，为民众指引人生使命，为圣贤传承学术道统，为后世开创太平基业。我们可以看到儒者在天地间就要经国济世，就要扶危济困，就要有责任担当，有自己的使命感。

如果用两个字来概括，我认为儒家的精神旨趣可以概括为"有为"。同学们有没有听过"孔席不暖，墨突不黔"？"孔席不暖，墨突不黔"是指先秦时期的两位大忙人，一位是孔子，一位是墨子。孔子周游列国，每到一个地方，垫子还没有坐热他又出发了，这叫"孔席不暖"。"墨突不黔"，墨指墨子，突指烟囱，黔者黑也。墨子带着自己的学生也是周游列国，每到一个地方，生火做饭要砌灶台，烟囱还没有被熏黑，一顿饭还没有煮熟，墨子又匆匆启程了。所以孔子和墨子都是两位大忙人。孔子周游列国，积极有为，我们知道孔子有自己的精神偶像，那就是周公。"周公吐哺，天下归心。"（《短歌行》）据记载，周公在处理政务的时候，一饭三吐哺，一沐三握发。周公的勤政获得天下老百姓的爱戴和拥护，因为他事事都为老百姓考虑，所以天下归心。在《说文解字》中，对"士"有这样的解释："士，事也。"士就是指儒家所追求的士君子的理想人格，它最核心的内涵是什么呢？就是干事业。事就是服务和奉献，当代的士君子要服务社会，奉献社会，做人民的公仆。

如果用一个字来概括儒家的精神旨趣，我觉得可以用"张"来体现。张就是紧张。你要干事业，意志是不是要高度的专注？所以你要紧张起来。孔子有杀身成仁，孟子有舍生取义，这都是在生死抉择的关头，做出了自己的意志决断。为了仁义，可以牺牲小我。曾子曾经提出："士不可以不弘毅，任重而道远。仁以为己任，不亦重乎？死而已，不亦远乎？"（《论语·泰伯》）士君子不可以不弘大庄毅，使命重大而道路遥远，把实现仁道作为自己的使命，难道不重大吗？只有死了才肯罢休，难道它不遥远吗？所以一个"张"字，很能够代表儒家的这种精神旨趣。为了实现道义，敢于牺牲，敢于斗争，勇猛前进。

这是出自中学的语文课本中《登高》诗的配图，有好事者给杜甫配上了新的绘画元素。杜甫在众人画笔下，有时手扛机枪，时而身骑白马，时而脚踏摩托，有时怀抱琵琶，被网友们戏称为"杜甫很忙"。虽然我们不赞成恶搞名人，但是杜甫确实很忙，因为他是儒家，"忙"是儒家精神的重要体现。儒家孜孜以求的就是成为圣贤，所以在唐代三大诗人里面，杜甫被称为"诗圣"。他提出："安得广厦千万间，大庇天下寒士俱欢颜。"（《茅屋为秋风所破歌》）他没有想着自己有一套两居室的房子遮风挡雨，而是想着天下的知识分子都能够居者有其屋。这样的古道热肠实际上洋溢着强烈的儒家精神。我们可以看到儒家是一种常态的精神安顿方式，有着"先天下之忧而忧，后天下之乐而乐"的政治抱负，"位卑未敢忘忧国""苟利国家生死以，岂因祸福避趋之"的报国情怀，"富贵不能淫，贫贱不能移，威武不能屈"的浩然正气，"人生自古谁无死，留取丹心照汗青""鞠躬尽瘁，死而后已"的献身精神。

三　道家的精神旨趣

与儒家"拿得起"相比，道家就是一种"看得开"的人生态度。这样的"看得开"在生活里面处处皆是。有人说："世界那么大，我要去看看。"这就体现了道家的精神旨趣。

首先，祸福要看得开。有一句成语叫作"塞翁失马，焉知非福"。塞翁失马看起来是一个祸事，但是它未尝不是一件好事，因为要从事物发展的趋势上面去判断。这个故事出自《淮南子》，哲理则出自《道德经》，体现了老子"祸兮，福之所倚；福兮，祸之所伏"（《老子·五十八章》）的观点。祸和福是相互依存、相互转化的，所以不要只看到祸，而要从祸事里面看到它内在的发展趋势，认识到它可能有趋好的方面。就像我们今天遭遇到特殊重大疫情，明显是一个祸事。但如果我们通过积极面对疫情，改善公共卫生体系，健全医疗保障机制，又未尝不是一件幸事。尤其是对大四同学而言，研究生扩招，新增将近19万人，可以说对考研的同学是一个利好消息。

其次，顺逆要看得开。人生在世不可能一帆风顺，有顺境，有逆境，所以你顺境的时候要看得开，逆境的时候更要看得开。要学会安时处顺，随遇而安。时和遇是不能够选择的，这是一个大时代的形势使然，但是你可以采取对待这个客观情势的主观态度，这就是随遇而安的态度。既然有顺境就会有逆境，所以你就会居安思危。处在逆境当中，你会想到终有一日云开月明，否极泰来，就不会丧失希望。所以道家告诉你人生是一个漫长的过程，有坎坷崎岖，有激流险滩，始终保持"看得开"的乐观精神。

再次，成败要看得开。人生有成功也有失败，儒家强调让你如何去赢得成功，道家侧重让你如何对待失败。在道家看来功成一定要身退，取得成功固然很好，但更关键的是取得成功以后的情势和局面。所以老子说功成、名遂、身退。取得事业成功之后，要善于急流勇退，不然有可能前功尽弃。可以说道家看透了世态炎凉，饱含人生智慧，做到了荣辱不惊，将所谓的成功和失败都不放在心上。恰恰因为这一点，梁启超指出："'旁观'二字代表吾国人之性质也，'无血性'三字为吾国人所专有物也。"[1] 他说"旁观"和"无血性"是国民的劣根性。鲁迅先生批评的"看客"当然就是旁观者的意思。所谓的"无血性"是说他对人事和社会抱有一种旁观的态度。他的社会角色不是一个参与者，而是一个旁观者。因为没有参与，所以他抱着一个比较超脱的态度，这就是道家"看得开"的心理基础。鲁迅先生曾经批评说中国的"阿Q精神"是善于做麻醉，善于做看客。他很激愤地说"中国根柢全在道教"[2]。这句话实际上是对道家、道教的批评。但我们可以从肯定性的意义上来讲，鲁迅先生明确了道家和道教的"看得开"精神旨趣。在民族危亡的时候，"看得开"会成为批评国民劣根性的证据，但它让我们在人生过程中看得开，可以使人获得精神上的超脱和淡然，不至于在失败或绝望的时候采取极端的方式，这实际上也是一种必要的心理干预和精神慰藉。梁启超和鲁迅的话，是在特殊时代背景下的激愤之言，但是当我们今天心平气和地讨论国学精神旨趣的时候，应该肯定道家"看得开"的人生态度。

如果用两个字来概括道家的精神旨趣，我认为应该是"无为"。儒家讲"有为"，道家讲"无为"。老子说："人法地，地法天，天法道，道法自然。"（《老子·二十五章》）人要效法地的博厚，地要效法天的高远，而天要效法道的深邃。道效法谁呢？道效法它自身而已。所以道无非是遵循它自身的规律。在这里面"无为"不是无所作为，而是顺应自己内在的规律去展开、去行动，这才是符合天道的"自然"。庄子曾经讲过一个故事。"梓庆削木为鐻，鐻成，见者惊犹鬼神。"（《庄子·达生》）梓庆是一个能工巧匠，善于制作一种木器，这种木器是一个乐器架子，

---

[1] 梁启超：《呵旁观者》，《梁启超文集》，燕山出版社1997年版，第83页。
[2] 鲁迅：《鲁迅书信集》（上卷），人民文学出版社1976年版，第18页。

叫鐻。这个鐻就放在钟的旁边,相当于钟的架子,具有猛兽的形貌和纹理。鐻做成的时候,看见的人无不惊骇,感叹真是鬼斧神工。为什么呢?因为梓庆制作鐻的过程是这样的。首先,"斋三日,而不敢怀庆赏爵禄"。斋戒三天以忘却功利赏赐、高官厚禄。其次,"斋五日,不敢怀非誉巧拙;斋七日,辄然忘吾有四肢形体也……然后入山林,观天性;形躯至矣,然后成见鐻,然后加手焉,则以天合天"。斋戒五天,把所谓的名誉、是非、褒贬的心思都忘记了。等到七天的时候,他已经忘却了自己,忘记了自己还有四肢形体。斋戒完毕以后,他进入山林去考察草木生长的自然状态和质地,选取最合适的树木的形状来制作。所以在他眼中,鐻就长在那里,之后再稍加修饰。这里的"以天合天"是说把我内在的天性和木材的天性结合起来,这就符合天道了。这样的工艺我们称为鬼斧神工。所以"无为"就是"道法自然",就是"以天合天"。

如果用一个字来概括道家的精神,就是"弛",松弛、闲适的状态,也就是逍遥游的境界——至人无己,神人无功,圣人无名。所谓的至人就是忘记了自己的人,所谓的神人就是忘记了功利爵禄的人,所谓的圣人就是忘记了名誉是非的人。这恰恰符合刚才所讲的梓庆忘我、忘功、忘名这样的一种境界。陶渊明有一首诗:"少无世俗韵,性本爱丘山。误落尘网中,一去三十年。户庭无尘杂,虚室有余闲。久在樊笼里,复得返自然。"(《归园田居·其一》)他告诉我们的是,怎样从儒家干事业的状态中松弛下来,按下暂停键,做一个调适休整,进入一种闲适而又自然的状态。故而陶渊明的诗在元好问看来就是"一语天然万古新,豪华落尽见真淳"(《论诗三十首·其四》),是人的天然本性的流露和呈现。

我们讲"一张一弛,文武之道",这是互为补充的。诸葛亮说:"非澹泊无以明志,非宁静无以致远。"(《诫子书》)所谓的"明志"和"致远"就是儒家的"拿得起"的旨趣,所谓的"澹泊"和"宁静",就是道家"看得开"的态度。道家的终极理想是什么呢?他们是想成为神仙的。所以在唐代的三大诗人中,有一位被称为"诗仙"。"诗仙"李白有这样一首诗:"花间一壶酒,独酌无相亲。举杯邀明月,对影成三人。我歌月徘徊,我舞影凌乱。醒时相交欢,醉后各分散。"(《月下独酌》)本来是一个人在月下独酌,喝闷酒,但是对于李白而言,他邀请明月,月光照在自己的身上，造成光影斑驳，于是饮者、月亮以及二者交织而来的影子之间光影相生、动静恣意、醒醉迷离、情致盎然。从中可以看出道家的人生态度和精神旨趣，这是一种有况味、有情趣、有品位的生活方式。如果说"杜甫很忙"，那么"李白很闲"，"问余何意栖碧山，笑而不答心自闲"（《山中问答》），形成鲜明的对照。所以我们讲道家是一种非常态的精神安顿方式。《周易》说"通乎昼夜之道"（《周易·系辞上》），白天有白天的事业，夜晚有夜晚的安眠。干事业需要意志的高度集中和紧张专注，睡眠需要松弛和宁静。如果说学会紧张是一种学问，那么学会放松就是另一种学问。如果说儒家是给行驶的车辆加油鼓劲，那么道家就是在加油鼓劲的时候，提醒你要注意路况，时而踩一下刹车，免得冲下山坡。道家和儒家形成了很好的补充。人生在世，既要"拿得起"，又要"看得开"，这就叫作"通乎昼夜之道"。

四　佛家的精神旨趣

现在社会上流行一种人生观，叫作有也行，没有也行，人生苦短，一切随缘，不争不抢，不求输赢。这是一种什么人呢？社会上叫作"佛系青年"。如果说儒家是"拿得起"，道家是"看得开"，佛家则是"放得下"，一切随缘。

先讲一个和猴子有关的故事。过去有一个地方猴子比较多，成了祸害。人们就想办法捉猴子。他们找一个椰子壳，在壳上挖一个洞，洞口不是太大，也不是太小。人们在这个椰子壳里放一个桃子，然后把椰子壳埋在地下，洞口与地面齐平。人离开以后，猴子闻到桃子的香味，用爪子去抓桃子。但是因为洞口小，抓到桃子的猴爪无法拿出来，但是它又舍不得到了手的桃子。直到人们回来将其活捉，猴子依然紧握着那颗桃子不放。同学们，人面临着比猴子更多的诱惑，有更多的放不下的东西。所以佛教有一句话叫作"心猿意马"，说人的心思就像一只跳跃不停的猿猴，人的意识就像一匹脱缰而去的野马。所以如何驯服我们每个人内在的"心猿意马"是一个非常重要的问题。

再讲一个求佛法的故事。有一个富二代想寻求佛法,所以遍访高僧。他把家里的财产都变卖为金银财宝,装进一个口袋里,自己背着去云游四方,寻求佛法。有一次,他找到了一位有道行的老禅师。老禅师说他有一个简易的办法,能让人寻到成佛的捷径。这位富二代非常欢喜,就说如果你能够让我寻到真正的佛法,我就把家产全都给你。这个老禅师指着身旁的木杆说,你如果能够爬到上面去,就能寻求到真正的佛法。富二代马上就要爬木杆,但他背着包袱不好攀爬,于是就把包袱放在地上,慢慢爬上了木杆。当他爬到顶的时候,发现自己并没有成佛,低头一看老禅师已经背着他的包袱走远了。富二代赶忙叫住老禅师,问他:自己已经爬上顶了,为什么还没有成佛?禅师回答:"只要你再向前一步,你就成佛了。"这个富二代心里想再往前一步自己就要掉下去了,但是转念之下,一刹那彻悟觉解了。只有放下包袱,他才能爬上木杆;只有放下自己,包括成佛的念头,他才能百尺竿头、更进一步。所以佛教让你从根本上破除烦恼执着,破除对世界人生的种种贪念,要让你放下、舍得。

同学们是否认识图片上的字?这个图片是我在福建泉州开元寺游览的时候拍摄的。这个字读"心",但是它不是一般的心。常人的心都在钩心斗角,这是一颗"放下"的心,是一颗"禅心"。所以我们经常说,舍得,舍得,有舍才有得。舍不得,舍不得,不舍就不得。小舍小得,大舍大得,放下是舍,放得下是得。佛教告诉我们的智慧就是要"放得下"。

如果要概括为两个字,那就是"解脱"。佛教告诉我们为什么要解脱呢?因为人对于佛法是蒙昧无知的,就是所谓的"无明",指一种不觉悟的蒙昧状态。正因为处于这种蒙昧的状态中,所以人难以解脱。解脱的主体是有情众生。解脱的途径就是戒定慧。戒就是戒律，定就是禅定，慧就是智慧。佛教认为戒、定、慧三学是通达解脱的不二法门。最后达到解脱的境界就是出离苦海，断除烦恼，你就会获得大清净、大自在、大欢喜。佛教始终在启示有情众生，如何挣脱名利、是非、利害、爱憎、荣辱的限制和束缚，如何放得下，如何解脱出来。

如果用一个字来概括，那就是"空"。我母亲有时会住在西安，有时会回到南方老家。有一次她从老家回来后跟我说了三个字，"人好假"。为什么呢？因为她回去以后看见以前的那些老邻居、老朋友、老同事，有的身染重疾，举步蹒跚，有的已经离世，她非常感慨。我跟我母亲说：妈，你这三个字顶一部《大藏经》。因为《大藏经》就是讲这三个字，讲人身虚假，讲人生空幻。《金刚经》说："凡所有相，皆是虚妄。"所有的世间相状都是虚妄不实的，还说："一切有为法，如梦幻泡影，如露亦如电，应作如是观。"世界上一切的事物和现象就像做梦一样是虚幻不实的，就像幻术一样是不真实的，就像水中泡沫一样瞬间就会消失，像影子一样是依赖他物存在的，世间万象犹如清晨的露珠，深夜的闪电，都是刹那间就转瞬即逝的。所以我们对世间一切的现象和事物，都应该做如是的观察。《心经》说："色即是空，空即是色。"我们看到的现象、事物本性是空的，这个空性又通过假有的相状体现出来。在这个意义上，佛教要告诉你一定要破除对世间真实性、永恒性的执着。所有的事物都是虚妄不实的，包括财富，包括名誉，包括美貌，包括智慧，都是虚妄不实的。佛教要破除执着，断除烦恼，终极理想是成佛，所以唐代的三大诗人里面有一位被称为"诗佛"，这就是王维。他的诗里面有很多地方都使用"空"这个字。"空山不见人，但闻人语响。"（《鹿柴》）"空山新雨后，天气晚来秋。"（《山居秋暝》）"人闲桂花落，夜静春山空。"（《鸟鸣涧》）从"空"的角度去理解，王维的诗实际上揭示了一个寂静、清幽而富有禅意的世界。由此可见，佛家提供了一种超常态的精神安顿方式。

例如有一位男生碰到了一个女生，心生爱慕。儒家就会鼓励他往前冲，大胆追求。"关关雎鸠，在河之洲；窈窕淑女，君子好逑。"（《诗经·关雎》）窈窕淑女是君子美好的伴侣。对淑女的表白，有可能成功，也可能失败。表白失败以后，君子精神上就很郁闷很痛苦。"求之不得，寤寐思服；悠哉悠哉，辗转反侧。"（《诗经·关雎》）那么如何摆脱呢？道家就会安慰他看开一点，有什么看不开的呢？没有什么了不得的，天涯何处无芳草。如果君子还是难以释怀，那么就该佛教出场了。佛教会说施主你看清楚了吗？你看到的国色天香实际上都是假象。色即是空，空即是色，你看她现在长得皓齿樱唇、花容月貌，并不是诸法实相。青春是短暂的，也就那么几年，再过十几年她也会有鱼尾纹，再过几十年她也开始跳广场舞了，再过一百年就是土冢一座。

人生的不同阶段也会有儒释道的不同内涵。比如年轻的时候朝气蓬勃，总想建功立业，这时候儒家"拿得起"的精神气概就要出现了。到了中年经历人情冷暖、世态炎凉，那就要有道家"看得开"的精神旨趣。到了晚年的时候就应该有佛家"放得下"的意蕴。《红楼梦》的三大主角分别寓意了儒释道的精神旨趣。薛宝钗世事洞明，人情练达，奉劝贾宝玉参加科举，颇具"停机德"，这是儒家的精神旨趣；林黛玉孤标傲世，葬花怜春，与贾宝玉惺惺相惜，堪称"咏絮才"，这是道家的精神旨趣；贾宝玉生于富贵，身在红尘，却厌恶功名，有出世之想，最终红楼一梦，亦真亦幻，这是佛家的精神旨趣。

我们经常提到林则徐的一首诗："苟利国家生死以，岂因祸福避趋之。"（《赴戍登程口占示家人二首》）很明显，这体现了儒家"拿得起"的慷慨激昂和道义担当。只要是有利于国家社稷，不惜生死、赴汤蹈火都要追求，怎么能因为可能受到的祸患而避之不及呢？如果要给儒家寻找一位代言人，大家可能会想到很多，比如孔子、孟子等等。道家有一副对联是这么写的，"宠辱不惊，看庭前花开花落；去留无意，望天外云卷云舒"[①]。这副对联很好地反映了道家"看得开"的意蕴，就是宠辱不惊、去留无意。道家方面的代言人也有很多，例如庄子、陶渊明、李白等。佛家有一副对联写道："大肚能容，容天下难容之事；开口常笑，笑世间可笑之人。"弥勒佛大肚能容，笑容可掬，这副对联很形象地把弥勒佛的音容笑貌和体态特征与佛家"放得下"的意蕴联系起来。所以说大肚能容，开口常笑，就没有什么不可以释怀的，不可以放下的东西，这

[①] 陈继儒撰，陈桥生评注：《小窗幽记》，中华书局2008年版，第155页。

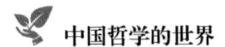

样才可以断除烦恼。

请同学们思考一下，在我们的传统文化里面有没有一位代表，既有儒家"拿得起"的意蕴，又有道家"看得开"的态度，还有佛家"放得下"的旨趣。好的，同学们提到了很多候选人，比如有的提名孔子、孟子，有的提名老子、庄子，有的提名苏轼、王阳明，以及弘一法师。但是他们在中国哲学史和中国文化史上，要么就是儒家，要么就是道家，要么就是佛家，或者儒道气质兼具。

我下面要介绍的这一位，大家一看就知道他既拿得起，又看得开，还放得下，可以说是我们国学的代表，是我们中国文化的代言人。我女儿曾经问过我为什么孔子、孟子都称"子"呢？我回答说，这个"子"是古代男子的尊称。然后她就问我，那被子、袜子呢？我说那读轻声，是一个语气助词。但在这里，我一定要读筷"子"，一定要以尊称待之。我认为筷子是我们中国文化的代言人。为什么这么说呢？你看你端起筷子去夹菜，这就是拿得起。你要夹菜，是不是需要将两根筷子分开，才能夹住食物，这就是看得开。当你吃到七八成饱的时候，不能撑着，吃胀了胃不舒服，于是筷子该放下就要放下啊。这才是真正的中国文化的精髓和智慧。所以当各位吃饭使用筷子的时候，我们都要想一想中国文化里儒释道所包含的拿得起、看得开、放得下的精神旨趣。

大家知道，筷子文化圈包含了中国、日本、韩国、朝鲜，还有东南亚的一些国家，包括越南、泰国等，他们都使用筷子。他们接受了筷子，也意味着他们对儒家文化的接受，传承了中国文化拿得起、看得开、放得下的旨趣和态度。从对待食物的方式看，世界有三大文化圈，第一个是筷子文化圈，第二个是刀叉文化圈，第三个是手抓文化圈。这三大文化圈实际上背后体现了不同民族、不同文明的精神生活和价值取向。

以上就是第一讲的内容，我们给大家留下的思考题是谈一谈你对中国哲学精神的理解。通过本讲的学习，我们知道国学并不遥远，它就在我们身边，就在你的衣食住行当中。你的精神血脉里就包含了中国文化的密码和基因，就包含了我们民族的一种深沉的自信。当然，这种自信一定要建立在我们对它悉心体察的基础上，这样你才能够更深地懂得中国的文化，爱上中国的哲学。

第二讲
中国哲学的思想特质

中华文化具有延绵不绝、体系完备的特点。如果我们以原生型文化和次生型文化来看，可以发现在世界四大文明古国中，中国是唯一一个连续发展未曾中断的原生型文化类型。其他文明都由于这样或那样的原因被打断、被毁灭，后世的文化是以文明的废墟为基础的，因而是次生型的文化。原生型是文明的复兴，次生型则是文明的复活。"礼有损益，百世可知"，体现了礼乐的传承；"周虽旧邦，其命维新"（《诗经·文王》），体现了文明的赓续；"天下大势，合久必分，分久必合"，体现了中华民族的融合与凝聚。可见，中华文明是有根的文明形态，"野火烧不尽，春风吹又生"（《赋得古原草送别》）。是什么造就了中华文化延绵不绝这样的一个特点呢？

学界对中华文化的特点和精神有不同的概括，最著名的就是张岱年先生概括的：自强不息，厚德载物。这也是清华大学的校训。其次，中国人民大学宋志明教授有六点概括：自强不息、实事求是、辩证思维、以人为本、内在超越、有容乃大。清华大学国学院院长陈来教授从四个方面来概括，他认为是天人合一、以人为本、崇德尚仁、群体优先。武汉大学国学院院长郭齐勇教授概括得更详细：和而不同，厚德载物；刚健自强，生生不息；仁义至上，人格独立；民为邦本，本固邦宁；整体把握，辩证思维；经世务实，戒奢以俭。这个概括是比较全面的。西北大学名誉校长张岂之先生概括为十二个方面，他认为中国文化的核心理念就在于天人之学、道法自然、居安思危、自强不息、诚实守信、厚德载物、以民为本、仁者爱人、尊师重道、和而不同、日新月异、天下大同十二个方面。习近平总书记在概括儒家思想时提到了六点，值得大家重视。总书记说儒家讲仁爱、重民本、守诚信、崇正义、尚和合、求大同。这六点是指儒家思想，但也可以扩大为对传统文化和古代哲学的理解。

以上，我们简单介绍了学界对于中国哲学的思想特质和文化精神的若干概括性的提法。我认为有这样四个特质值得重视，第一个是天人合一，第二个是儒道互补，第三个是礼乐文明，第四个是和合精神，这四个方面奠定了中华文化的核心价值观，积淀了中华民族最深沉的精神追求，代表着中华民族独特的精神标识。

一　天人合一

天人合一体现了中国哲学的问题意识。司马迁指出："究天人之际，通古今之变，成一家之言。"（《报任安书》）在司马迁看来，中国哲学的基本问题是探求天道和人道的关系问题，我将其命名为"司马迁之问"。这一点和西方哲学的基本问题不同，我们在学习马克思主义哲学的时候，会了解到西方哲学尤其是近代西方哲学的一个基本问题，就是物质与意识、存在和思维的关系问题，就是何者是第一性的问题。但是中国哲学的问题意识和西方哲学的问题意识是不一样的，它探讨的是天道和人道的关系问题——"究天人之际"，司马迁的概括是非常精辟的。在《周易》里面就提到"观乎天文，以察时变；观乎人文，以化成天下"（《周易·贲卦》）。可以看出，对天文的观察可以推测四季的变迁，对人类社会的观察有助于社会的治理安定，这是《周易》提供的思想，突出了中国哲学的问题意识。中国文化里面对于天人之学的艰苦探索成为探讨个体生命价值和研究社会历史现象的根据。先哲关于天文和人文的认识，渗透到政治、经济、军事、文化等社会生活的各个领域，并积淀成深厚的理论思维，历经岁月的洗练越发深刻，充分反映了中国哲学和文化精神的广度和深度。

探究天人关系的前提性问题就是——什么是天,什么是人?南宋理学家朱熹将天归结为三种含义。他说:"要人自看得分晓,也有说苍苍者,也有说主宰者,也有单训理时。"(《朱子语类》卷一)我认为"天"主要有三个层面的含义:

第一个是主宰义,就是主宰之天。《诗经》说:"维天之命,于穆不已。"(《诗经·维天之命》)上天的命是静穆、纯粹的,不会停止,这层含义把天作为人格神或者难以揣测的神秘力量,能够赏善罚恶。"天生烝民,有物有则"(《诗经·烝民》),上天造就生民,赋予其形体,也赋予其理性。今天的语言里仍然保留了天的主宰义,例如说"人在做,天在看"。天怎么看呢?天本来是没有眼睛的,只有将天视为能够赏善罚恶的人格神,他才能够看,然后可以施以祥瑞或者是谴告灾异。

第二个是自然义,就是自然之天。这一含义强调天的物质属性和无为特征,认为天代表了整个的自然界及其运动变化的规律,奉守自然无为的原理,与人格神和神秘力量是没有关系的。荀子说:"天行有常,不为尧存,不为桀亡。"(《荀子·天论》)天道的运行有它的规律,不会因为世间是明君而存,也不会因为世间是暴君而亡。庄子说:"牛马四足,是谓'天'。"(《庄子·秋水》)牛马的自然状态就是"天",一种天然的状态,不用穿牛鼻、络马首,不为人所役使,回归于自然天性。

第三个是道德义,就是义理之天。这一含义把天道德化、义理化,强调人内在的道德根据在于天道本身。孟子也讲:"尽其心者,知其性;知其性者,则知天矣。"(《孟子·尽心上》)你能够充分地推致你的本心,你就可以获知你的本性,你了解了自己的本性就可以了解天道,说明天道和人是贯通的,其根据就在于天人有共同的德性,天道是人的道德根据。所以在古代,天有三种含义:一个是主宰义,一个是自然义,一个是道德义。

所谓"人"是什么呢?有两种含义。一是自然之人,它重视人的自然属性。"有七尺之骸,手足之异,戴发含齿,倚而趣者,谓之人。"(《列子·黄帝》)有七尺的身高,有手足功能的不同,头上有头发,嘴里有牙齿,可以直立行走,这里讲人的生物特征。然后讲人是"二气交感,化生万物,……万物生生而变化无穷焉,……惟人也得其秀而最灵"

(《太极图说》)。所以人是从哪里来的？他不是上帝创造的或者是神造的，而是二气交感、阴阳化生的结果。阴阳化生到一定的发展阶段，人就出现了，人是万物化生的最高等级，所以"得其秀而最灵"，是最灵巧睿智的，人是万物之灵。

二是社会之人，重视人的社会属性，强调人不仅仅是自然的存在物，还是社会的存在物。人的生理感官、身体构造，包括语言文字，都是在社会化的过程当中产生并得以完善的。所以，人之所以为人的本质规定在于他的道德性。孟子说："人之所以异于禽兽者几希，庶民去之，君子存之。"(《孟子·离娄下》)人和禽兽相差不是太大，但是它有本质的差异。这个差异体现了人之异于禽兽的本质规定性，老百姓会把它丢掉，君子会保存它。这个本质规定性是什么呢？这就是人皆有不忍人之心。你如果丧失了不忍人之心，丧失了恻隐之心、是非之心，你就不是人了。这一本质规定性可能比例未必很大，但是非常重要，是人禽之辨的核心。荀子指出："水火有气而无生，草木有生而无知，禽兽有知而无义；人有气有生有知亦且有义，故最为天下贵也。"(《荀子·王制》)水火有气息却没有生命，草木有生命却没有知觉，禽兽有知觉却不讲道义；人有气息、有生命、有知觉，而且讲究道义，所以人最为天下所贵重。孟、荀的观点是一致的，就是认为人是社会的存在物，是道德的存在物，是文化的存在物，这一点构成了人与禽兽的本质差别。

我们现在已经了解了"天"有三种含义，"人"有两种含义。那么天人怎么合？"一"又是什么？下面介绍一下历史上"天人合一"的四种类型。

一是天人合德。这个"一"实际上是德，天人统一的基础在于它的德性。我们小时候读《三字经》，开篇就是"人之初，性本善"，是说人刚出生的时候，他的本性就是善良的，但是只告诉你一个现象或者一个判断，并没有告诉你"人性善"的根据在哪里。《中庸》开篇就回答了这个问题，人为什么生来就是善的呢？因为"天命之谓性"，因为天所赋，人所受，人性的来源是天，天命下降到人身上就是人性，天人是贯通的，贯通的基础就在于它的德性。人之所以善，因为天是有德性的。今天在司法审判里面判决死刑，宣读判决书后，法官说立即执行，是不挑日子的。但是在中国古代，执行死刑是挑日子的。挑什么日子呢？大家都知道是秋后问斩。为什么是秋后？这是第一个问题。那么在行刑日的什么时间处决犯人？大家说午时三刻，非常正确。为什么是午时三刻呢？这是第二个问题。

在中国古人看来"天地之大德曰生"（《周易·系辞下》），天地是有德性的，它的德性就体现在促成万物的生长繁育。一年四季是阴阳之气的消长升降，春生夏长，秋收冬藏。春夏是草木生长，万物化育，鸢飞鱼跃，阳气上升，冲塞宇宙。上天有好生之德，是促成万物生长的，这个时候处决犯人违反天道。那么什么时候可以处决呢？应该顺应天道。在阳气从最高点开始下降，阴气开始上升时，也即是阴阳转换的关节点处决犯人是符合天道的。这是什么时候呢？就是秋分以后。因为秋分时昼夜等长，从这一天开始黑夜慢慢变长，白昼慢慢变短。从此刻开始，阳气开始日消，阴气开始日长，这时候处决犯人才是符合天道的。那么为什么是午时三刻呢？仍然遵循同样的原理。一天当中的午时三刻，正好太阳从最高点开始西斜，阳气开始下降，阴气慢慢上升，它是个阴阳转换的关节点。古代计时每天是十二个时辰，分为一百刻。午时是中午十一点到一点，午时三刻就是十二点半到一点钟之间。太阳升到最高点后，日影开始西斜，阳气下降，阴气上升，就可以行刑了，否则就违背天道。所以午时三刻一到，听到三声追魂炮响，刽子手就立即执行死刑。我们看中国古代的法律制度，实际上贯穿了这样一种天人合德的思想。

二是天人相参。天人相参是从三才之道的角度讲，也就是说从天、地、人三个方面去理解。中国哲学既讲一分为二，也讲一分为三，重视从三个角度或三个层面认识事物。例如，《老子》说"三生万物"（《老子·四十二章》），《孟子》说"天时不如地利，地利不如人和"（《孟子·公孙丑下》），《大乘起信论》讲"体相用"三大，皆是此例。"天人相参"可以追溯到《周易》。"立天之道，曰阴与阳；立地之道，曰柔与刚；立人之道，曰仁与义"（《周易·说卦传》），从天地人三才之道看，天道分为阴和阳两个方面，地道分为柔和刚两个方面，人道也分为仁与义两个方面。人在天地当中起到什么作用呢？就是能够参与到天地的变化当中去，起到能动的、积极的作用。人的主观能动性就表现在"能参","能参"就是能参与到天地大化流行当中,这是人特殊的价值所在。这是从天人相参、三才之道揭示的道理。荀子说:"天有其时,地有其财,人有其治。"(《荀子·天论》)追求天时、地利、人和的统一与和谐。将人的积极、能动的因素发挥出来,以人为中心把天地贯穿起来,这是天人合一的另一个特殊命题。

三是天人感应。古人认为"国家将兴,必有祯祥;国家将亡,必有妖孽"(《中庸》)。这是说国家的兴亡和人事的兴衰会伴随着自然界的一些特殊现象。例如祯祥就是有祥瑞之气,出现了美好、吉祥的事物;妖孽就是有严重的自然灾害和反常的社会现象。这个观点把天当作赏善罚恶的人格神和意志本体,断言人是按照自己的意志和目的来行事的,认为天人之间存在着微妙的感应关系。一是从本源上说,人是天的创造物,天是人的曾祖父。所以说"老天爷",意思是"天"岁数大谓之老,辈分高谓之爷。二是从结构上说,天人是相副的,人是天的摹本,例如天有日月,人有二目;天有四时,人有四肢;天有寒暑,人有喜怒。三是从类别上说,天人在结构和数目上是相同的,因而是同类,类固相召,同类存在相互感应的关系,同声相应,同气相求,人能顺天而为,则天赏赐风调雨顺,人如果逆天而行,则天将会降下灾祸加以谴告。

董仲舒的"天人感应"论是为政治理论服务的。董仲舒提出"屈民而伸君,屈君而伸天"(《春秋繁露·玉杯》)的观点,值得重视。一方面,"屈民而伸君",在中央和地方的关系,强调加强君权,强化皇帝为代表的中央集权,以限制地方诸侯的权力;另一方面,"屈君而伸天",君权也不是无限膨胀、为所欲为的。"灾者,天之谴也;异者,天之威也。谴之而不知,乃畏之以威。"(《春秋繁露·必仁且智》)想用天的灾异来压制皇权,要皇帝有所戒惧,不要为非作歹。在董仲舒看来,"屈民而伸君"与"屈君而伸天"二者相结合,就可以构建起完备的政治制度。《史记·董仲舒传》记载:先是辽东汉高祖的陵庙失火,当时董仲舒退休在家,就此事进行推算,以为火灾是人事政治不明所造成,结果被另外一个大臣主父偃偷取论稿,上奏给汉武帝。汉武帝召诸儒评议。董仲舒弟子吕步舒不知是他老师的观点,以为该文讥讽朝政,属于愚妄之见,论罪当斩。后来皇帝下诏赦免了董仲舒。董仲舒从此不敢再讲灾异。

四是天人一体。二程认为"仁者，以天地万物为一体"（《二程遗书》卷二上），真正的仁者是以天地万物为一体的关系。它不是外在的关系，而是内在的关系。张载的话更有代表性，"物吾与也"，这个"与"是同类的意思，万物都是我的同类。"民吾同胞，物吾与也"（《正蒙·乾称》），老百姓都是我的骨肉，万物都是我的同类，这样人就意识到自己是自然的一部分，是天地的一部分，所以要视天地万物为一体，要对自然采取敬爱、敬畏的态度。

我们举其大者，来说明天人合一不是一个孤立的思想命题，它在历史上有很多具体的表达方式，具有丰富的思想内容，有天人合德、天人相参、天人感应、天人一体等。美国作家蕾切尔·卡森写过一本书叫《寂静的春天》，大家看这个书名有没有什么特殊的地方？春天应该是鸟语花香，应该是鸢飞鱼跃，为什么是寂静的呢？因为20世纪30年代，美国在中部的大草原和平原地带滥用化学制剂，造成化学品污染物在生物链条里面的迁移，继而造成自然界的污染，包括生物链的毒化，包括这种污染物进入人体造成癌症发病率上升。化学品的滥用使得本来应该是万物生长的春季没有生意，一片死寂。所以一般认为从卡森《寂静的春天》开始就掀起了世界环保运动。阿尔·戈尔是美国前副总统，他制作了一部电视纪录片《难以忽视的真相》，揭示了全球变暖问题可能给世界带来的巨大生态灾难。前几年还有一部电视纪录片《穹顶之下》，告诉我们目前所面临的严重雾霾实际上是长期工业化的一个后果，它对人体健康带来无法逆转的损害。正如环保部前副部长潘岳所言："生态伦理思想本来就是中国传统文化的主要内涵之一，这使我们有可能率先反思并超越，自文艺复兴以来就主导人类的'物化文明'，成为生态文明的率先响应者。"[1] 著名学者钱穆先生在晚年有一篇短文《中国传统文化中的"天人合一观"》，是他口述的，他认为中国文化过去最伟大的贡献在于对天人关系的研究，而"天人合一"论则是中国文化对人类最大的贡献。

---

[1] 潘岳：《社会主义生态文明》，《文明》2007年第12期。

二 儒道互补

儒道互补体现了中国哲学的心理结构。先秦时期儒家和道家就奠定了中华民族基本的文化心理结构。佛教是在两汉之际传入中国的，是后来才形成的。所以从根源上来说，儒家和道家是互补的。"儒道互补"实际上有两层含义。一是儒道是不同的文化形态，所以有互补的必要。儒家是北方文化，道家是南方文化，儒道互补就是北方文化和南方文化的相结合的范例。二是儒道有共同的文化基础，所以有互补的可能。

一是阴与阳的互补。林语堂曾经指出："当顺利发皇的时候，中国人人都是孔子主义者；失败的时候，人人都是道教主义者。"[①] 儒家告诉你如何赢得成功，那么道家则教会你如何面对失败。因为在道家看来那不是失败，那是一个过程的结束，实际上你又拥有一次重新出发的机会，人生另起一行，重新开始。如果说儒家跟道家在中国文化中构成了一个精神世界的话，所谓"阴阳之谓道"，这个道就是中华民族的心理结构，这个阳就是儒家，这个阴就是道家，它们恰恰和乾卦、坤卦构成了对应关系。"天行健，君子以自强不息"（《周易·乾卦》），"地势坤，君子以厚德载物"（《周易·坤卦》）。天道刚健不止，运行不息，君子处世应该像天一样力求自我进步，刚毅坚卓，发奋图强，永不停息。大地的气势厚实和顺，君子应增厚美德容载万物，所以一阴一阳之谓道，乾坤互相结合起来。儒家是刚健进取的，类似少林功夫的罗汉拳，道家颇像武当派的太极拳，强调含蓄内敛、以柔克刚。

二是实与虚的互补。儒家是讲经世致用的实学，强调实用理性。例如三纲领、八条目确立了儒家的内圣外王之道，讲求经世致用、定国安邦的实学。道家不一样，例如老子说"致虚极、守静笃""归根曰静"（《老子·十六章》），认为虚静是人的生命本真状态。庄子发展了老子的"虚静说"，提出心斋、坐忘、堕肢体、黜聪明、离形去知，使人忘掉一

---

① 林语堂：《吾国与吾民》，北京联合出版公司2013年版，第39页。

切的存在包括他本身，抛弃一切的知识，达到与道德合一，这样才能对世界的本质有深入的洞察。所以儒家强调实，道家强调虚，构成了另一层互补关系。

三是忙与闲的互补。儒家是很忙的，忙于事业，忙于交往，忙于生意。今天我们打招呼的时候，过去说吃没吃饭，现在说忙不忙，忙往往是事业成功的标志。有一个广告词是这么说的——"你的能量，超乎你想象"。所以，儒家忙碌的下场一般是过劳死，鞠躬尽瘁，死而后已。道家拒绝忙碌的生活状态，希望闲适逍遥。庄子讲过，牛马四足是谓天，所谓的络马首、穿牛鼻是人为异化的状态。马的头给套上了，牛鼻子给穿上了，那也就听人使唤了，牛马想打滚休憩也不行了。所以一忙一闲也是互补的。我建议大家，白天忙碌一点，晚上闲适一点，才是通乎昼夜之道。

四是热与冷的互补。儒家是热心肠，主张做人生的加法，看准了的事情宁折不弯，宁为玉碎不为瓦全，百折不挠，头撞南墙也不回。今天的人工作很辛苦，有996，从早上9点一直工作到晚上9点，一周工作6天，还有白加黑、5＋2，儒家一直在做人生的加法。道家是冷眼旁观，主张无为，做人生的减法。它明白"狡兔死，良狗亨（烹）；高鸟尽，良弓藏；敌国破，谋臣亡"（《史记·淮阴侯列传》）的道理。功成名就应当立即急流勇退。

五是刚与柔的互补。儒家是强调刚健的，道家是强调柔弱的，因为道家讲柔弱胜刚强。

六是天道与人道的互补。儒家重视人道，而道家重视天道。七是有为与无为的互补。儒家重视有为，道家重视无为，无为就是无为而治。八是名教与自然的互补。儒家重视名教纲常，道家重视自然。九是兼济天下与独善其身的互补。儒家要兼济天下，道家要独善其身。十是群体性价值与个体性价值的互补。儒家是热心肠，他热情帮助他人，注重群体性的价值。道家要独善其身，注重个体性的价值，杨朱甚至说过，"拔一毛而利天下，不为也"（《孟子·尽心上》），这就凸显了道家对个体性价值的维护。

对于儒道互补，冯友兰先生说："儒家墨家教人能负责，道家使人能外物。能负责则人严肃，能外物则人超脱。超脱而严肃，使人虽有'满不在乎'的态度，却并不是对于任何事都'满不在乎'。严肃而超脱，使人于尽道德底责任时，对于有些事，可以'满不在乎'，有儒家墨家的严肃，又有道家的超脱，才真正是从中国的国风养出来底人，才真正是'中国人'。"① 按照冯先生的讲法，在中国人的精神世界里面不能没有儒家，也不能没有道家。

我们看历史上面，有哪些人可以称作刚柔并济，文武兼备的人格典范呢？一位是诸葛亮，澹泊以明志，宁静以致远。明志和致远，当然就是儒家的，澹泊和宁静，这当然是道家的。所以诸葛亮身上很好地体现了儒道互补的关系。在没有出仕的时候，他就躬耕南阳，做道家的隐士，刘备三顾茅庐以后，他就出来做儒家的事业。还有一位是曾国藩。曾国藩是晚清名臣，是个理学家，他对老庄道家的理解很深，甚至决定了他以后事功的显赫。1864 年对曾国藩来说非常重要，因为这一年他的弟弟曾国荃率军攻破了天京，太平天国运动失败了。当时曾氏家族达到了最高点，曾国藩加封为太子太保、大学士，弟弟被加封为太子少保。这个时候曾国荃过生日，曾国藩就给他写了一首诗。这首诗是这样的："左列钟铭右谤书，人间随处有乘除，低头一拜屠羊说，万事浮云过太虚。"（《致其弟曾国荃诗》）他告诫弟弟，不要以为现在把太平天国打败了，位极人臣，志得意满，一定要小心警惕。不要看朝廷给你封官加爵，肯定会有人打你的小报告，毁谤亦会随之而来。人间有加法就会有减法，有乘法就会有除法。屠羊说是《庄子》中的一个人物。楚国有一个摆羊肉摊的人，因为楚国灭亡了，羊肉摊也不能摆了，后来他就追随楚王从事复国大业。成功以后，楚王听说有一个卖羊肉的小贩追随他复国，打算封赏他。这个卖羊肉的摊贩回复说，当年楚国在的时候，他在这里摆了个羊肉摊。现在大王复国了，羊肉摊又重新开张了，这实际上就是大王对自己的赏赐了，他不需要额外的赏赐。楚王认为这是贤才便要召见他，他又辞谢，称：大王没有因为当年楚国灭亡怪罪他，那么今天也不要因为楚国的复国而奖赏他，能够不怪罪他就已经谢天谢地了。所有这些事

---

① 冯友兰：《赞中华》，《三松堂全集》（第四卷），河南人民出版社 2000 年版，第 331 页。

情都像天上的云彩一样转瞬即逝。可见,屠羊说是一位功成身退的道家隐士。曾国荃没有听哥哥的话,后来被人进逸言丢了官。所以曾国藩身上是儒道互补的。毛主席夸奖邓小平思圆行方,既有原则性,又有高度的灵活性,柔中寓刚,绵里藏针,外面和气一点,内部是钢铁公司。所谓的柔就是道家,所谓的刚就是儒家,刚柔并济,文武兼修。邓小平文韬武略,既能够指挥百万大军,又成为中国改革开放的总设计师。这些都是儒道互补的人格典范。

三 礼乐文明

礼乐文明是中国古代的重要制度形式。它通过制礼作乐,利用礼教和乐教形成一套完善的礼乐制度。周公制礼作乐实际上奠定了中国古代的基本政治制度,这一点恰恰构成了和西方文明的不同。在西方文化里面去找礼和乐,很难找到对应的东西。孔子指出"立于礼,成于乐"(《论语·泰伯》),就是说人格的养成奠基于礼,完成于乐,所以礼乐对于人格的塑造非常重要。另外还有"人而不仁,如礼何?人而不仁,如乐何?"(《论语·八佾》)礼乐贯穿的是一个人内在的仁爱本心。礼乐是外在政治制度的架构,又是内在仁爱精神的体现。《左传》提到:"礼,经国家,定社稷,序民人,利后嗣者也。"(《左传·隐公十一年》)礼有什么样的作用呢?礼是可以经略国家、安定社稷、和谐社会、福祉后代,所以礼的功用非常大。

在这里我提一下和礼有关的一个问题。《史记·孔子世家》记载,孔子的父亲孔(叔梁)纥和颜徵在"野合"而生孔子。后世对"野合"一词有种种歧解,莫衷一是,甚至认为孔子是私生子。"野合"的理解要联系《周礼》。《婚姻法》规定一夫一妻制,规定了结婚的年龄,规定了结婚年龄的下限,男不得早于二十二周岁,女不得早于二十周岁。但是《婚姻法》没有规定上限,没有规定达到多少岁是不能结婚的。《周礼》规定了男子以八为数,二八十六,男子年满十六岁就可以结婚,但是八八六十四,超过六十四岁就不能结婚了。女子是以七为数,二七十四,年满十四岁就可以结婚，七七四十九，超过四十九岁就不能结婚。在儒家看来，《周礼》的规定是以能不能生育、能不能繁衍后代来作为标准。有生育能力，那么婚姻才是靠谱的。用一句大白话来说，凡是不以生育为目的的婚姻都是耍流氓。这就是《周礼》制定的一项基本原则。当时颜徵在十六岁，所以颜氏女是符合《周礼》的。而孔纥已经超过六十四岁了，在《周礼》看来可能就是"耍流氓"了。因为孔、颜的婚姻不符合《周礼》的规定，就不是天作之合，而称为"野合"。

我们一般讲"三礼"，是从《周礼》《仪礼》《礼记》这三部文献来阐述的。《周礼》实际上就是周代职务职官制度的介绍。《仪礼》是上古礼经文献的总汇。《礼记》是秦汉时期学者相关礼学思想文献的汇集。"三礼"是从文献上来讲的。另外还有"五礼"的说法："礼者，履也，律也，义同而名异。五礼者，吉凶宾军嘉也。"（《礼部上》，《艺文类聚》卷三十八）履就是践行，律就是条例规定，意思一样而说法不同，所以礼是一种规则规范，同时又强调践行。

"五礼"就是吉、凶、宾、军、嘉。吉礼是祭祀之礼。陕西西安的天坛遗址公园原来在陕西师范大学的雁塔校区内。这里是隋唐时代皇帝举行祭天典礼的场所。皇帝作为天子要在固定的时间和场所祭祀天地日月，保佑苍生，所以有天坛有地坛，有日坛有月坛。天子主持祭祀大典，代表天子的权力是上承天意，这就是吉礼的作用。凶礼指的是丧葬之礼。国家经历大规模的战争或遭受自然灾害，造成人口的大规模死亡，需要举行凶礼。宾礼就是外交之礼，例如处理天子召见诸侯、诸侯觐见天子、诸侯之间的会盟等关系。所以礼乐制度实际上是国家根本政治制度，它不是立足于个体、立足于家庭，而是立足于整个国家，是从君主和国家的政治关系进行设计的。军礼是军事之礼。出征之前要封坛拜将，誓师三日，那么打胜仗以后凯旋，举行献俘礼、献捷礼。天子出巡狩猎，相当于军事演习，所以也要用军礼。我们陕西师范大学长安校区所在地，就是汉武帝时代上林苑的遗址，上林苑就是汉武帝出巡狩猎的地方。所以雁塔校区用吉礼，长安校区用军礼。嘉礼就是婚冠之礼，比如婚庆、满月、成人等都属于嘉礼的范畴。

礼成为中国的根本政治制度，所以佛教传入中国以后，沙门拜不拜

第二讲　中国哲学的思想特质

王者就成了一个政治问题。英国使团访华的时候，为什么马嘎尔尼拜不拜乾隆帝成为一个政治问题？马嘎尔尼说我们只有拜女王的单膝跪拜礼，没有中国式的拜皇帝礼，惹得乾隆大为震怒。后来朝臣圆谎说外国人膝盖不能打弯，跪不下来，就把这件事敷衍过去了。

下面来讲乐。我们经常说声、音、乐，大家知道三者有什么区别没有。《礼记·乐记》讲声、音、乐是什么呢？"声"是自然界的声响，类似于流水潺潺，松涛阵阵，这些声响是禽兽都知道的。但是"音"不一样，音是人为制作的，有旋律、有节奏，音是庶人能够知道的，庶人就是老百姓，音是深受大众喜闻乐见的。音是人为制作的，有旋律、有节奏，但是光有外在的形式、旋律，没有内在的思想内容的道德感召，这个音乐作品也是不成功的。我们对作品外在旋律的评判标准就是美，对作品思想内容的评判标准就是善，看它是否具有道德的感召力量。所谓"乐"应该达到尽善尽美，美善统一，既有思想性又有审美性，而只有君子能够判断和欣赏"乐"内在的道德性和思想性。所以孔子在欣赏乐的时候，感叹"三月不知肉味"（《论语·述而》）。另外他还区分雅乐和郑声，君子欣赏雅乐，反对郑声。因为郑国的流行歌曲很好听，大家都爱听，但这是靡靡之音。"子谓《韶》：尽美矣，又尽善也。谓《武》：尽美矣，未尽善也。"（《论语·八佾》）孔子认为《韶》达到了美善统一，而所谓的《武》符合美的要求，不符合善的要求。孔子认为通过观察一个国家的音乐，就可以知道这个国家的政治清明与否。"闻弦歌而知雅乐"，就知道这个国家的政治是很清明的。反之，"商女不知亡国恨，隔江犹唱后庭花"（《泊秦淮》），这就是靡靡之音、亡国之音。所以儒家认为通过了解一个国家的音乐，就能够反映这个国家的时代精神，反映这个国家的政治状况。孔子通过音乐去进行政治判断的角度是独特的，因为他把礼和乐都当作是一个国家政治制度的组成部分。所以《诗大序》指出："诗者，志之所之也，在心为志，发言为诗。情动于中而形于言，言之不足，故嗟叹之。嗟叹之不足，故永歌之，永歌之不足，不知手之舞之，足之蹈之也。"（《毛诗序》）诗歌是发自于内心的一种情感的呼唤和流淌。"移风易俗莫善于乐，安上治民莫善于礼。"（《孝经·广要道》）礼乐共同构成了治国理政的有效工具。"乐者天地之合也，礼者

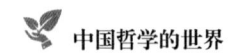

天地之序也。"(《礼记·乐记》)乐代表了天地的和谐,礼代表了天地的秩序。

四 和合精神

和合精神体现了中国哲学的价值取向。晏婴曾经讲过"和如羹焉"(《左传·昭公二十年》),所谓的和谐就像做肉汤一样,"水火醯醢盐梅以烹鱼肉",要有水还要有火,醯是醋,醢是酱,有主料,有辅料,有调料,以烹鱼肉,这样的肉羹做出来才是鲜美的。史伯也讲:"夫和实生物,同则不继。"(《国语·郑语》)所谓"和实生物",是说多方面的要素就可以促成事物的发展,而单一要素的简单增加,是不能够维持事物的增长的。

《周易》讲:"保合太和,乃利贞。"(《周易·乾卦》)事物多方面要素的综合是有利于事物的发展的。孔子也认为,君子和小人的差别体现在"君子和而不同,小人同而不和",君子有团队意识,能够把大家团结在一起,小人看起来和谐,但是党同伐异,热衷于内卷,搞得鸡飞狗跳。习近平总书记在浙江省委书记任上时曾讲道:"'和'指的是和谐、和平、中和等,'合'指的是汇合、融合、联合等。这种贵和尚中、善解能容、厚德载物、和而不同的宽容品格,是我们民族所追求的一种文化理念。自然与社会的和谐,个体与群体之间的和谐,我们民族的理想正在于此,我们民族的凝聚力、创造力也正基于此。甚至还可以毫不夸张地说,我们中华民族传统文化的精髓也正是在于这种伟大的和谐思想。"[①] 这段话对和合精神做了很好的阐发,而且指出这种和合精神实际上是我们中华民族的文化精髓。正如《中庸》中所讲:"中也者,天下之大本也;和也者,天下之达道也。致中和,天地位焉,万物育焉。"(《中庸》)中是天下的根本,和是天下的达道,如果你能够做到中和,那么万物各得其所,一切都可以化育生长。张载说:"有象斯有对,对必反其为;有反斯有

---

① 习近平:《文化育和谐》,《之江新语》,浙江人民出版社2007年版,第150页。

仇，仇必和而解。"（《正蒙·太和》）这句话告诉我们世界上的事物都是有对立面的，这叫"有象斯有对"，"对必反其为"是指对立面必然向它的相反面转化，"有反斯有仇"是指会产生矛盾冲突，"仇必和而解"是指这种矛盾冲突最终会以和谐的方式获得解决。"仇必和而解"被冯友兰先生认为是中国古典辩证法的代表性命题，预示着中国哲学和人类社会的未来发展趋势。

故宫有三大殿，就是太和殿、中和殿、保和殿，体现了清代统治者以和治国的理念。和合精神在我们社会生活的方方面面都有体现。古代圣贤追求"万国咸宁""天下大同"的理想，崇尚"中和位育""和而不同"的境界。在当今时代，和合精神仍然塑造着中国人民崇尚和合的性格特征和价值理念，诸如做人追求"和而不同"，事业发展讲究"和衷共济"，家庭提倡"家和万事兴"，做买卖重视"和气生财"，战争准备要考虑"天时、地利、人和"，国际外交则以"协和万邦""和平共处"为基本原则。

习近平总书记提出"人类命运共同体"的理念，实质是讲和合，讲天下一家。用张载的话来讲就是"立必俱立，知必周知，爱必兼爱，成不独成"（《正蒙·诚明》）。每一个国家和民族都有其独具特色的文明和传统，国家之间因文明样态不同、社会政治经济发展程度不同等原因呈现出不同的特点，和合精神赋予我们开阔的眼光和胸怀来审视国家外交之道与世界发展的问题，来思考民族与民族、国与国、文明与文明之间的关系，超越"文明冲突"，走向文明的交流互鉴，天下大同。

最后以安徽桐城六尺巷的故事来结尾。清朝康熙年间，在安徽桐城有户人家姓张，张家和邻居吴家院墙相邻，院墙因为年久失修发生了坍塌。吴家修墙的时候越界了，侵占了张家的宅地。双方争执不下，打起了官司，县官考虑到两家都是名门望族，不敢轻易了断。张家于是写了一封家书给当朝任文华殿大学士兼礼部尚书的张英，希望他干预此事。张英看了家书后，回复了一首诗："一纸书来只为墙，让他三尺又何妨？长城万里今犹在，不见当年秦始皇。"家人收到这封信后，立马让地三尺。邻居吴家一看，你让三尺，我也让三尺，遂成了一个六尺宽的巷子。这就是六尺巷的由来。巷虽六尺，德耀八方，体现了中华民族以和为贵

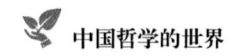

的美德和风范。

中国哲学的思想特质表现在天人合一、儒道互补、礼乐文明、和合精神，这四点是在中华民族的精神世界里极富意蕴、饶有兴味的，也是相对于西方文明的特殊价值意义之所在。

第三讲
《周易》与易学

第三讲是《周易》与易学，包括两部分，一是《周易》其书，二是《周易》的智慧。

一 《周易》其书

大家听说过《推背图》和《烧饼歌》吗？《推背图》出自唐代袁天罡，具有历史预言性质。明朝刘伯温的《烧饼歌》也具有预言性质。这些作品都涉及《周易》，因为《周易》是他们预测的依据。过去的相术算命先生用《周易》来推算命理运势。我们都知道"韦编三绝"的故事。"韦"是牛皮做的绳子。过去的竹简用牛皮绳子编串起来。"绝"就是断绝，表示磨断的意思。"三"指次数很多。这个成语故事是说孔子学习很勤奋，经常翻阅竹简，把编串竹简的牛皮绳子都磨断了。牛皮都能够磨断，说明学习非常勤奋刻苦。那么让孔子如此痴迷、如此勤读的书是什么书呢？就是《周易》。所以《史记·孔子世家》里记载："读《易》，韦编三绝。"

历史上很多名人的名字都出自《周易》。比如战国的思想家列子，列御寇，他的名字出自《蒙卦》："上九：击蒙，不利为寇，利御寇。"骆宾王，字观光，唐代诗人，"初唐四杰"之一。他的名字出自《观卦》："六四：观国之光，利用宾于王。"陆羽，字鸿渐，被誉为"茶圣"。他的名字出自《渐卦》："上九：鸿渐于陆，其羽可用为仪，吉。"张载，字子厚，北宋著名理学家，他的名字出自《坤卦》："地势坤，君子以厚德载物。"蒋介石，名中正，字介石，出自《豫卦》："中正自守，其介如石。"毛主席字润之，出自《系辞上》："鼓之以雷霆，润之以风雨"，以及《说卦》中"雷以动之，风以散之，雨以润之，日以烜之"。"润之"出现了两次。同学们有没有名字出自《周易》的？哲学书院的第一期学员里有位刘一阳同学，我说你这个名字是不是出自《周易》的"一阳来复"（《周易·复卦》）。我看今天有一位王至柔同学，王至柔同学的名字应该出自《老子》："天下之至柔，驰骋天下之至坚。"（《老子·四十三章》）

《周易》是"五经之首，三玄之冠"。从儒家的文献记载看，《诗》《书》《礼》《易》《春秋》是为"五经"。《易》为"五经之首"，它起源最早，价值最高，内容最深奥，影响最深远。"三玄"是魏晋时期玄学家尊奉的三部著作，包括《周易》《老子》《庄子》，《周易》是"三玄"里面的头把交椅。《庄子·天下》说"易以道阴阳"，《周易》讨论的就是阴阳之道。《郭店竹简·语丛一》指出"易所以会天道人道也"，所以《周易》讨论的是天道和人道的关系，将天道和人道融会贯通起来。《礼记·经解》说："洁净精微，易教也。"肯定《周易》的主要功能就是教化，体现为"洁静精微"，"洁"是说它纯粹，"静"是说它庄重，"精"是讲它精深，"微"是讲它微妙。纯粹、庄重、精深、微妙，这是《周易》的教化功能。《荀子·大略》说："善为易者不占。"是说善于精通易理的人不以占卜为业，你不能够将算命当职业来做。如果我们看到大街上有职业算命、算卦的人士，那对易理实际上是违背的。真正精通易理的人不以占卜为业。为了寻求财富金钱而给别人占卜是错误的，为了帮助别人谋财害命来占卜也是错误的。司马迁说："易，著天地、阴阳、四时、五行，故长于变……易以道化。"（《史记·太史公自序》）《周易》讨论四时五行变化的过程，注重对于变化过程及其规律的探讨。

（一）成书过程

讲《周易》的成书过程要提到三个人。第一个是伏羲。《系辞下》

说:"古者包牺氏之王天下也,仰则观象于天,俯则观法于地,观鸟兽之文与地之宜,近取诸身,远取诸物,于是始作八卦,以通神明之德,以类万物之情。""圣人立象以尽意,设卦以尽情伪。"(《周易·系辞上》)伏羲氏也叫包牺氏,据说他首先制作了八卦。一根直线就叫作阳爻,从中间断开的就叫作阴爻,象征宇宙之间阴阳二气的力量,这叫作两仪。把阳爻和阴爻相互配伍,有四种变化的形式,这叫两仪生四象。然后以太阳、太阴、少阳、少阴为基础在上面各加一根阳爻或一根阴爻,叫作四象生八卦,就是现在八卦的形式。举例而言,这两根阳爻上面再加一根阳爻就是乾卦,两根阳爻上面加一根阴爻就叫作兑卦。离卦、震卦、巽卦、坎卦、艮卦、坤卦依此类推。这就是太极生两仪,两仪生四象,四象生八卦的过程。

古人编了一个顺口溜便于我们记忆:

乾三连,坤六断;
震仰盂,艮覆碗;
离中虚,坎中满;
兑上缺,巽下断。

八卦两两相对。乾卦是三根阳爻是"乾三连",坤卦是三根阴爻断为六节,叫"坤六断"。震卦上面是空的,底下是实的,像一个盂,可以盛放东西,叫"震仰盂"。"艮覆碗",艮卦和震卦的卦象正好相反,就像个倒扣的碗,上面是实的,底下是空的。"离中虚",离是火卦,中间是空的,上下是实的,就像个风箱一样,可以生火。"坎中满",坎卦中间是满的,我们把坎卦倾斜90度,你就可以看到它实际上是古汉字"水"的形状。"兑上缺,巽下断",兑卦上面有个缺口,巽卦下面也断开了。

从有巢氏到燧人氏,到伏羲氏,再到黄帝,呈现为一个文明演化的历史进程。从有巢氏时,人们开始搭房子。因为地下都是野兽,所以就在树上搭个房子或者把房子建在木架子上,离开地面,这样远离潮湿,也不容易受到野兽的攻击。从燧人氏开始,人类开始使用火,从生食过渡到熟食。伏羲氏则代表有野兽被驯化,被家养,进入人类社会生活。

黄帝则是人文始祖。可见这是一个文明渐进的时代，在这一历史进程中，《周易》就逐渐形成了。伏羲氏开始制作八卦。八卦的最初意思应该是最早记载的在人类生产生活中最重要的八种事物或事件，通过结绳和符号来表达其含义。《周易》说："天垂象，圣人则之。"（《周易·系辞上》）八卦的卦象是古代圣王对天文星象的模拟和仿效，并赋予了义理内容。

第二个人物是文王。因为在伏羲的时候还只是制作八卦，文王曾经被商纣王拘禁，他被拘禁在羑里的时候完成了周易的推演。他将其两两相通，演绎为六十四卦和三百八十四爻。他确定了六十四卦的卦辞，比如乾卦的"元亨利贞"，确定了三百八十四爻的爻辞，如乾卦初九的"潜龙勿用"。在变化的现象中，以"卦"为符号象征；再依"卦"的组合与演变描摹六十四种格局或时势，是为六十四卦，每卦六爻，代表六个位置。我们以乾卦为例。最下面叫初九，因为九表示阳爻，六表示阴爻。初九潜龙，排在下面，然后一节一节上升，到九二、九三、九四、九五、上九，这是乾卦在不同的位置的情况。把握抉择的"时"与"位"，以趋吉避凶。"卦"者，挂也，是彰显的现象。"爻"者，效也，效仿万物的变化。《周易》以简明直观的图像和数字，以阴和阳的对立变化，来阐述纷纭繁复的社会现象，具有以少示多，以简示繁，充满变化的特点。

古人编写《上下经卦名次序歌》介绍六十四卦卦名及其顺序。

> 乾坤屯蒙需讼师，比小畜兮履泰否。
> 同人大有谦豫随，蛊临观兮噬嗑贲。
> 剥复无妄大畜颐，大过坎离三十备。
> 咸恒遁兮及大壮，晋与明夷家人睽。
> 蹇解损益夬姤萃，升困井革鼎震继。
> 艮渐归妹丰旅巽，兑涣节兮中孚至。
> 小过既济兼未济，是为下经三十四。

上经和下经就是古人把六十四卦分为两个部分，上经是三十卦，下经是三十四卦，按照卦象的顺序编成了顺口溜。"乾坤屯蒙需讼师"，乾卦、坤卦、屯卦、蒙卦、需卦、讼卦、师卦，一共七个卦。有一些卦名和现在的读音不一样，有的是多音字，我们把它们标注出来。"比小畜兮履泰否"，比卦、小畜卦、履卦、泰卦、否卦，一共五个卦。"同人大有谦豫随"，是同人卦、大有卦、谦卦、豫卦、随卦，一共五个卦。"蛊临观兮噬嗑贲"，蛊卦、临卦、观卦、噬嗑卦、贲卦，也是五个卦。"剥复无妄大畜颐，大过坎离三十备"，剥卦、复卦、无妄卦、大畜卦、颐卦、大过卦、坎卦、离卦，一共八个卦，这样上经加起来是三十卦，故曰"三十备"。大家可能注意到了，乾卦、坤卦、坎卦、离卦等八卦卦象，两两相重，在六十四卦里卦名不变，如乾卦两两相重还是乾卦，坤卦两两相重还是坤卦。"咸恒遁兮及大壮"，咸卦、恒卦、遁卦、大壮卦，一共四个卦。"晋与明夷家人睽"，晋卦、明夷卦、家人卦、睽卦，一共四个卦。"蹇解损益夬姤萃"，蹇卦、解卦、损卦、益卦、夬卦、姤卦、萃卦，一共七个卦。"升困井革鼎震继"，升卦、困卦、井卦、革卦、鼎卦、震卦，一共六个卦。"艮渐归妹丰旅巽"，艮卦、渐卦、归妹卦、丰卦、旅卦、巽卦，一共六个卦。"兑涣节兮中孚至"，兑卦、涣卦、节卦、中孚卦，一共四个卦。"小过既济兼未济，是为下经三十四"，小过卦、既济卦、未济卦，一共三个卦，下经加起来是三十四卦。

第三个人物是孔子，孔子作"十翼"。"翼"是什么意思呢？翼有"羽翼、辅助"义。为帮助大家深入理解《周易》的内容，孔子撰写了十篇解释性文章，就叫"十翼"。《周易》有经有传。伏羲始作八卦，而文王推演制作了《周易》卦爻辞在内的经文部分。孔子对经文做了解释，这十篇包括《彖传》上下、《象传》上下、《系辞》上下、《文言》、《说卦》、《序卦》、《杂卦》。《彖传》上下是两篇。彖者，断也，判定一卦之义，或说其卦之德，或说其卦之文，或说其卦之名，依六十四卦而分上下。乾卦至离卦三十卦为上篇，咸卦至未济卦为下篇。《象传》也分上下。象辞是对卦象及每一爻所指示或关联的事象给予注解。对六十四卦之象的注释，叫大象；对每一爻的注释叫小象。大象、小象合称象辞，分为象上、象下两篇。《系辞》因篇幅较长而分上下，主要解释了《易经》的哲理思想。在孔子之前《周易》是作为占卜术而存在的，孔子在做了《十翼》以后，就把《周易》转换成了一个哲学性比较强的著作。《文言》指依据《周易》经文所作的延伸理解。《易经》里面只有乾坤两卦有《文言》，其他六十二卦是没有的。这就凸显了作者对于乾卦和坤卦在六十四卦里面重要性的认识。《说卦》介绍了基本八卦的象征意义，是对《周易》整体及八卦的基本理解。《序卦》是解释《周易》六十四卦顺序原因或规律的说辞。《杂卦》分六十四卦为三十二组，作了简要精练的评述，但是没有按照《周易》顺序，也没有完全包括六十四卦，因此称为杂卦，类似阅读笔记。

先天八卦是伏羲做的，相传来自于《河图》。先天八卦讲对待，表现的是静止的状态，乾坤定南北，坎离定东西。所以我们看到乾在上代表天，坤代表地，叫作乾坤定南北。故先天八卦数是乾一、兑二、离三、震四、巽五、坎六、艮七、坤八。它的中间数为零，以代表五或十。它的序数对宫相加之和为九数。后天八卦相传来自于《洛书》，它讲流行，表现的是动态的过程，是周文王所做的。它是坎离定南北，震兑定东西。所以我们看乾卦实际上不在南北或东西方位上的，而是处在西北方位上。故后天八卦数是坎一、坤二、震三、巽四、中五、乾六、兑七、艮八、离九。它的中间数为五，与对宫纵横相加之和为十五数。这是先天八卦和后天八卦的区别，最重要的区别就是一个讲静，一个讲动，它们的方位是不一样的。所以古代有时候推算是以先天八卦为根据，有时候是以后天八卦为根据。

（二）象征符号

因为八卦属于象征符号，比较抽象，可以演绎推理出很多种含义。大致有五个方面的含义。第一是自然物象的角度。乾象征天，坤象征地，震象征雷，艮象征山，离象征火，坎象征水，兑象征泽，巽象征风。这是八种自然物象，也是最基本的一个含义。

第二从家庭来说，它象征着一家八口，这是《周易》作者理想的家庭结构。这和我们今天的一家三口或者一家四口是不同的。乾父坤母，乾象征着父亲，坤象征着母亲，这两个是最高的。然后分别是三男三女，震卦是长男。震卦是什么样的一个卦象呢？下面是一根阳爻，上面是两根阴爻。第一步，物以稀为贵，判断它属男或属女的性质取决于卦象中最少的爻。震卦只有一根阳爻，它代表着男性。第二步我们要看它的位置，要从下往上看，这是八卦的格局。阳爻在最下，说明它是长男。我们再看艮卦，一根阳爻，两根阴爻，说明它是男性。阳爻在最上面，说明是最小的儿子，就是少男。坎卦同样是两根阴爻一根阳爻，但是阳爻在中间，所以是中男。我们看到巽卦是两根阳爻一根阴爻，阴爻少说明它是女性，阴爻在最下，说明它是长女。离卦也是两根阳爻，一根阴爻，阴爻的位置在中间，所以它是中女。兑卦是两根阳爻一根阴爻，说明它是女性。兑卦的阴爻在最上面，所以我们称它为少女。一个理想的家庭结构就是有父母双亲，然后有三男三女六个子女，一家八口，其乐融融。

第三个角度是身体，八卦象征着身体的不同部位。例如乾就相当于是头首，坤相当于腹，因为孩子都是从母亲腹部所产生的。震为足，艮为手，离为目，坎为耳，兑为口，巽为股。股就是大腿。中医还把它延伸到五脏六腑，成为中医学的理论根据。

第四个角度是动物。用八卦比拟八种动物。乾象征马，坤象征牛。震象征龙。因为震是长男，望子成龙。艮是狗，离是雉，坎是豕，兑是羊，巽是鸡。这里鸡实际上就是凤，例如陕西的宝鸡是指凤。望女成凤，所以巽是长女。这都是来自于《周易》。

第五是功能角度。乾卦表示健，天行健。坤卦表示顺，代表女性的柔顺、顺从。震卦表示动，艮卦表示止。离卦表示丽，就是附着的意思。坎卦是陷，兑卦是悦，巽卦是入。所以从这个角度讲，它实际上代表一种功能或德性。

上一讲提到筷子文化圈或者儒家文化圈深受中国文化的影响。韩国的国旗很明确就是一个八卦，或者是一个简化的八卦，中间和太极图是非常相像的，只不过把那个阴阳鱼里面的阳中有阴，阴中有阳去掉了，作了一个简化。另外它保留了八卦里面四个最重要的卦象，乾坤坎离。韩国国旗非常接近八卦，是受到了儒家文化或者《周易》的影响。日本的国旗忽略了阴中有阳，阳中有阴，但它保留的那个太阳，也就是圆圈，也与《周易》有关。

（三）著作性质

"《易》有圣人之道四焉。"（《周易·系辞上》）实际上它不仅仅是一种占卜的著作，也是具有哲理的著作。从《易传》的评述来看，它实际上有四个方面的性质。第一，以言者尚其辞。重视语言文字的人会推尚它的文字，这突出了它的文学性。把《易经》《易传》当作文学著作来阅读。第二，以动者尚其变。推崇四时五行变化的人会推崇它变化的思想，强调它的变易性。第三，以制器者尚其象。善于制作器物的人会推崇它的象征意义。因为《周易》的卦象是用一种抽象方式表达了对宇宙万物的模拟和效仿，突出了它的技艺性。第四，以卜筮者尚其占。这是强调它的占卜性，推崇卜筮的人会重视它占卜的效用。所以《周易》具有文学性、变易性、技艺性、占卜性的特点。

　　在易学史上出现了不同的流派，一般认为主要有两派六宗。《四库全书总目》概括说："《左传》所记诸占，盖犹太卜之遗法。汉儒言象数，去古未远也；一变而为京（房）、焦（赣），入于禨祥；再变而为陈（抟）、邵（雍），务穷造化。《易》遂不切于民用。王弼尽黜象数，说以老庄；一变而胡瑗、程子，始阐明儒理；再变而李光、杨万里，又参证史事。《易》遂日启论端。此两派六宗，已相互攻驳。""两派"是象数派和义理派。"六宗"是指象数派的占卜宗、禨祥宗、造化宗，还有义理派的老庄宗、儒理宗和史事宗。《左传》里面记载的占筮筮例还是古代太史占筮的传统方法。到了汉朝，儒者都用象数来说明占验，还比较接近于古代的筮法。象数之学传到京房（《京氏易传》）和焦赣（《焦氏易林》），一变而为说明占验征兆的书。传到宋朝的陈抟（《易龙图》）、邵雍（《梅花易数》），再一次变成以河图、洛书探究天地奥秘的书，于是《周易》就不适用于民间了。三国时期魏国的王弼（《周易略例》）将象数全部黜除，用老子和庄子的思想来解释《周易》，于是出现义理派。义理派传到宋朝的胡瑗（《周易口义》）、程颐（《程氏易传》）以及朱熹（《周易本义》），才开始用儒家的思想来阐明易理。再传到李光（《读易详说》）、杨万里（《诚斋易传》），又用历史事实去考证它的卦爻辞，于是就出现了学术争论。以上象数、义理两大派，分出象数、禨祥、图书、义理、儒理、考史六个分宗，互相攻击驳斥。易学史上围绕《周易》有一个漫长的发展历程。我们讨论《周易》基本上是从义理的角度来展开。

（四）卦象例说

以乾卦为例。

"乾，元亨利贞。"指乾卦是创始、通达、合宜、正固。

"初九，潜龙勿用。"龙潜藏于地，不要有所作为。各位同学现在是大学阶段，属于"潜力股"，《周易》称为"潜龙"。在这个阶段要不断磨砺，发展壮大自己的实力，不要过早进入社会。

"九二，见龙在田，利见大人。"龙出现在地上，适宜见到大人。事物发展的第二个阶段，龙出现在地上，如果这时候有贵人相助，那么就可以成功了。例如大家考上研究生，碰到一个理想的导师，然后学业有明确的方向。

"九三，君子终日乾乾，夕惕若；厉，无咎。"君子整天勤奋不休，晚上还戒惕谨慎；有危险，但是没有灾难。到了事物发展的第三个阶段，要天天勤奋不休。上了研究生以后要学习培训，勤于学业不能荒芜。当然，这里面可能会有危险或诱惑的考验。

"九四，或跃在渊，无咎。"或往上跃升，或留在深渊，没有灾难。到事物发展的第四个阶段，可以上升或留在深渊，龙的状态是可升可降。

"九五，飞龙在天，利见大人。"龙飞翔在天空，适宜见到大人，这是事物发展的第五个阶段。比如你当公务员以后得到职位晋升，做科研产出了学术成果，都属于飞龙在天，利见大人。

"上九，亢龙有悔。"这是事物发展的最后一个阶段。龙飞得太高已经有所懊悔，表示事物发展的最高阶段，隐藏内在的危机，这时就要警惕了。

"用九，群龙无首，吉。"用在乾卦整体，显示六个阳爻无首无尾，吉祥。

这是从下到上表示事物发展的六个阶段。《象》曰："大哉乾元，万物资始，乃统天。云行雨施，品物流形。大明终始，六位时成，时乘六龙以御天。乾道变化，各正性命。保合太和，乃利贞。首出庶物，万国咸宁。"（《周易·乾卦》）《彖传》说：伟大啊！乾卦所象征的元气，万物借它而开始存在，它也由此主导了天体。云四处飘行，雨降落下来，各类物种在流动中成其形体；太阳的光明终而复始地出现，爻的六个位置也按照时序形成了；然后依循时序乘着六条龙去驾驭天地的运行。乾卦的原理是引发变化，让万物各自安顿本性与命运；万物保存聚合并处于最和谐的状态，就达到合宜而正固。乾卦为首，创生出万物，普世都可以获得安宁。

二　《周易》的智慧

（一）三才之道

孔子解释："《易》之为书也，广大悉备，有天道焉，有人道焉，有地道焉。兼三才而两之，故六。"（《周易·系辞下》）《周易》这本书广大悉备，囊括万有。它所讨论的是什么呢？既包括天道，也包括地道，还包括人道，故而是天地人三才之道。八卦为什么有三根爻呢？因为它表示天地人，表示三才。然后兼三才而两之，故六。将这三才重合起来，就是六根爻。从数学的角度实际上讲的就是二进制。根就是太极，0和1是两仪，四象就是00、01、10、11，然后分别变成八卦。德国哲学家莱布尼茨有一篇论文《关于仅用0与1两个符号的二进制算术的说明，并附其应用以及据此解释古代中国伏羲图的探讨》，专门讨论伏羲八卦图和二进制的关系。我们知道二进制是现代科学计算机技术原理的一个重要来源。他认为0和1的这样一种二进制实际上出自伏羲图，而伏羲图来源于5000多年前的中国。

从思维方式的角度言，它形成了中国人整体性的思维方式，先观乎其大者，重视综合、宏观、整体。我们举例揭示中国人重视整体、重视宏观、重视全面的思维方式。首先是姓名观念。中国人一般是姓在前，表示我的家族、我的姓氏、我的祖先，体现了历史的延续性，这是一条纵线。姓名的第二个字是我们的辈分，按照族谱的规定，同一辈分的人第二个字是同样的，指在家族、亲友的长幼先后中所处的地位，这是一条横线。第三个字是属于我自己的，显示了我在这个家族里面的位置，我就是纵横交织而成的那个点。中国人的 first name 是姓，后面是名，而西方人的 first name 是名，后面才是他的姓。先姓后名说明了中国人整体优先，先名后姓说明西方人个体优先。其次是地理观念。中国人写信的时候，由大往小写，例如中国陕西省西安市长安区再写门牌号码。西方人则先写门牌号码，再写区市省国家。西方人由小到大，中国人由大到小。因为中国人善于从天下、从全局来看待问题。再次，时间观念。中国人一般按年月日的顺序写，西方人则按照日月年的顺序来写。还有计算观念。我们去商店买东西，中国人会尽量先找整钞，再找零钱。但是西方人会先找零钱，最后给你整钞。

中国人之所以有整体性的思维方式，与《周易》是密切相关的。中国人从天下的角度来看自己，自己就处于天地当中，不在天地之外。大家可以结合日常生活来谈一谈中国人的整体性思维。

（二）生生之德

"天地之大德曰生"（《周易·系辞上》），"生生之谓易"（《周易·系辞上》）。促成万物的生长变化就是《周易》的功能。"是故《易》有太极，是生两仪。两仪生四象，四象生八卦。与天地合其德，与日月合其明，与四季合其序，与鬼神合其吉凶。"（《周易·系辞上》）符合天地的德性，彰显日月的光明，符合四季的时序，按照鬼神的规则来确定吉凶。方东美先生是 20 世纪的著名学者。他说："中国先哲所体认的宇宙，乃是普遍生命流行的境界。天大其生，万物资始，地广其生，万物咸亨，合天地生生之大德，遂成宇宙，其中生气盎然充满，旁通统贯，毫无滞碍。我们托足宇宙中，与天地和谐，与人人感应，与物物均调，无一处不随顺普遍生命，与之合体同流。"[①]《周易》彰显了天地生生之美德。《周易》六十四卦就是讨论六十四个不同环境下应该具备什么样的德性、思想来面对、来处理，所以中国人一生下来就掌握了这六十四个预案，可以随机应变，因为万变不离其宗，"宗"就是六十四个卦象及其相互关系。

[①] 方东美：《中国人生哲学》，台北：黎明文化事业股份有限公司 1980 年版，第 37—38 页。

"天垂象，圣人则之。"（《周易·系辞上》）天地的美德通过六十四个卦象表现出来，让人学习和效仿。例如，"履，德之基也；谦，德之柄也；复，德之本也；恒，德之固也；损，德之修也；益，德之裕也；困，德之辨也；井，德之地也；巽，德之制也。"（《周易·系辞下》）履卦，是德性的基础；谦卦，是德性的关键；复卦，是德性的根本；恒卦，是德性的巩固；损卦，是德性的修饰；益卦，是德性的充盈；困卦，是德性的检验；井卦，是德性的涵育；巽卦，是德性的规范。

古代有一种教学用具，叫作"欹器"，上面有六个字："谦受益，满招损。"这句话出自《周易》，表明谦虚是德性的基本依据。孔子和弟子们到祭祀鲁桓公的庙中去参观，见到一个尖底倾斜易覆的水壶状器具。孔子看了很好奇，问看守庙宇的人："这是什么器具？"守庙人答道："这是宥坐之器，大概是君主放在座位右边来警诫自己的器皿。"孔子说："我听说君主座位右边的器皿，它空着的时候会倾斜，灌入一半水就会端正，灌满水又会翻覆。"孔子于是让弟子试一试。弟子便舀了水来灌，果然，灌了一半就端正了，灌满后就翻倒了，空了就倾斜着。孔子感慨地说："唉，怎么会有满了而不倾覆的呢？"子路见状问孔子："请问保持满有什么方法吗？"孔子说："聪明圣智，要用笨拙来保持它；功劳惠及天下，要用谦让来保持它；勇敢有力而能压住世人，要用胆怯来保持它；富足地拥有了天下，要用节俭来保持它。这就是所谓抑制自满的道理啊。"古代君王和孔子借用这个古老汲水器的特性来告诫自己：人要保持谦虚，不可骄傲自满，做人和治国一样，要执中持衡，才能免遭覆灭的命运。

（三）变通之理

"一阴一阳之谓道。"（《周易·系辞上》）"一阖一辟谓之变，往来不穷谓之通。"（《周易·系辞上》）《周易》重视对变通、变化规律的揭示。比如"否极泰来"，否卦和泰卦正好是相反的。泰卦是地天泰，坤卦在上，乾卦在下，阴阳和会，天地交通，万物化育。否卦则相反，乾卦在上，坤卦在下。乾代表天，坤代表地，天本来就在上，地本来就在下，阳阴二气无法交汇，所以否卦的卦象是不好的，我们把不好的情况叫作否。天地和会，万物化育，我们把这样的情况叫作泰。用现在的话来说就是道路是曲折的，前途是光明的，要保持美好的希望。

还有一个成语叫"剥极而复"。剥为山地剥，艮为上卦，坤为下卦。剥卦的卦象从一爻到五爻全为阴爻，最后的六爻为阳爻，表示阳爻快要结束了，阴气很强盛，逐渐达到顶峰，阳气快要剥尽。复卦是相反的，一爻为阳爻，其他五爻为阴爻。这表示虽然冬至的时候很寒冷，但是井水是温暖的，地下还有阳气复生，预示着万物复苏的趋势，叫作一阳来复。剥极而复，表示阳气剥尽又复生。剥和复是相反的，但是它有变通之理蕴含其中。

我们来看咸卦，兑为上卦，艮为下卦，咸者，感也，表示感应的意思，如少年男女心灵的爱慕和感应，所以咸卦是表示少男少女恋爱的卦象。恒卦则与咸卦相反，阴阳爻数量相等，但是位置不同，正好倒转一百八十度。恒者，常也，恒卦是描述婚姻之后的状态，白头偕老百年好合，表达了对婚姻长久的期待和祝愿。

接下来是损卦和益卦。我们注意到损卦是山泽损，艮为上卦，兑为下卦。益卦是风雷益，也是与损卦相反的。这一组相反卦象的含义是：要迁善改过，惩忿窒欲，改过自新，这样即使原先是损卦，最后也能变得有益。

最后我们来看既济和未济卦。既济卦是第六十三卦，未济卦是第六十四卦。既济卦下火上水，火可以将水煮开，表示事情可以做成。但既济卦并非最后一卦，最后一卦是未济，下水上火。它的意思是狐狸过河的时候会将尾巴伸出水面辅助前行，但是如果尾巴被打湿，那么它将很难过河。所以六十四卦是以一个没有完成的卦象为结束，表示周而复始，又回到乾卦，又回到一个新阶段，开始新征程。"物不可穷也，故受之以未济。"（《周易·序卦》）未成不是不成，未成中蕴含着希望，孕育着无限可能。这就是《周易》给我们提供的重要哲理。孙中山先生说"革命尚未成功，同志还需努力"，这就蕴含着《周易》的思想。所以我们做事的时候不能一味只想着成功，想着十全十美，这反而容易将事情做坏，患得患失。毛主席也提出，务必使同志们继续地保持谦虚谨慎、不骄不躁的作风，务必使同志们继续地保持艰苦奋斗的作风，因为这还是万里长征的第一步，更艰苦的过程还在后面。龚自珍有一首诗："未济终焉心缥缈，百事翻从缺陷好。吟道夕阳山外山，古今谁免余情绕。"(《己亥杂诗272》) 六十四卦以未济卦结尾，让人浮想联翩。现实世界是不完美的，大家都会因为缺憾而苦恼忧愁，但这又提供了我们继续认识和改造世界与自我的动力。

（四）忧患之思

"作《易》者，其有忧患乎？"(《周易·系辞下》)《易》的作者大概是有忧患的情怀吧。"是故君子安而不忘危，存而不忘亡，治而不忘乱，是以身安而国家可保也。"(《周易·系辞下》) 作为士君子来说，他身处安逸的时候不会忘记危险，暂存的时候不会忘记失去的时候，处在太平的时候不会忘记祸乱。所以从小的方面来说可以保全自己的身体，从大的方面可以保存国家社稷。"君子终日乾乾，夕惕若，厉，无咎。"(《周易·乾卦》) 贤德君子始终是白天勤奋努力，夜晚戒惧反省，虽然处境艰难，但终究没有灾难。"既鹿无虞，惟入于林中，君子几不如舍。往吝。"(《周易·屯卦》) 君子在追赶鹿的时候，鹿进入山林，君子会选择舍弃，因为山林中可能会有危险。这种忧患意识形成了中华民族的安不忘危，存不忘亡的思想观念，古代就有太平的时候存粮食的说法，中国的储蓄率也是全世界第一。现在有些年轻人不一样，他们超额消费，喜欢每月收入每月光，我们称为"月光族"，还有"啃老族"，依赖父母的资助。

有一则流传甚广的小故事，说有个中国老太太攒了一辈子钱买了一套房子，但新房子只住了一天就去世了。还有一个西方老太太年轻的时候就贷款买房子，直到去世前一天才将贷款还完。这是促使中国人改变消费观念所编出来的一则故事，让大家及时行乐，趁年轻的时候享受生活。我的想法是，如果没有中国老太太在那里存钱，就不会有西方老太太获得贷款。因为银行不能生钱，只能将别人存的钱用来贷款，如果大家都是西方老太太的消费方式，都去借钱消费，不注重储蓄，那么整个社会的信用体系就会受到冲击。中国人注重量入为出，未雨绸缪，他们会为了将来的福祉而牺牲眼下的利益，这个观点来自于《周易》。《周易》

认为未来不可知，可能存在危险，我们现在要为以后的困难做好准备，这就是忧患之思。所以中国人一直强调居安思危，反复其道，提防无妄之灾。踩到寒霜就预示着隆冬即将到来，所以说"见微知著"，见到事情的苗头和征兆，就能知道它的实质和发展趋势。我们中华民族最可宝贵的民族性格恰恰是时刻准备着面对危机、预防危机，为下一步的危机做准备，避免更大的危机出现，始终保持着极强大的生命韧性。

  本讲重点介绍了《周易》这本书的内容和成书过程，性质和基本情况，尤其是介绍了它的哲学智慧，包括生生之德、三才之道、变通之理、忧患之思，给大家留下的思考题就是探讨周易哲学思想的现代价值。

第四讲
孔孟与儒家

　　本讲分为两个部分，一是孔子论仁，二是孟子论义。二者结合起来就是以孔孟为代表的儒家，讨论的是仁义道德之道。

　　习近平总书记指出："孔子创立的儒家学说以及在此基础上发展起来的儒家思想，对中华文明产生了深刻影响，是中国传统文化的重要组成部分。儒家思想同中华民族形成和发展过程中所产生的其他思想文化一道，记载了中华民族自古以来在建设家园的奋斗中开展的精神活动、进行的理性思维、创造的文化成果，反映了中华民族的精神追求，是中华民族生生不息、发展壮大的重要滋养。"（《在纪念孔子诞辰2565周年国际学术研讨会上的讲话》2014年9月24日）这是对孔子及儒学思想价值的重要论断。

　　他高度肯定儒家思想在历史上的贡献，有三个特点。第一点是说虽然以儒家的思想为主，但是它并不是一言堂，不是定于一尊，而是和而不同的百家争鸣的局面。第二点是指儒家的思想是与时变化的，在历史上表现为不同的理论形态。从儒学发展的历史中看，有先秦子学的形态，有两汉经学的形态，有魏晋玄学的形态，还有宋明理学和明清实学的形态，充分反映了儒家思想开放性的特点。第三点说明儒家思想有经世的取向，它注重文化育人的功能，既讲修身齐家，也讲治国平天下。这就是把对个人、社会的教化同对国家的治理结合起来，相互促进。这就是总书记概括的儒家思想的三个特点。

　　从历史上看，人们对孔子及儒学既有过神圣化的态度，也有过妖魔化的态度。在新文化运动以前中国社会对孔子及儒学采取的是一种神圣化的态度,各地都修建有文庙,把孔子作为"大成至圣先师"加以崇拜,以孔子之是非为是非。孔子所宣扬的儒家教义是不可以质疑,不可以颠覆的,成为判断真理的重要标准。但在新文化运动以后,出现了一种妖魔化的态度,要把孔子及其思想全部打倒,走向了另一个极端。

一 孔子

孔子出生于公元前551年,去世于公元前479年,字仲尼,鲁国陬邑人,在今天的山东曲阜。他是儒家学派的创始人。孔子是我国春秋时期著名的教育家、思想家。"天不生仲尼,万古如长夜。"(《朱子语类》卷九十三)天如果不让孔子诞生,就像万古处于长夜当中,将孔子比喻为太阳。孔子的学生子贡也认为孔子如"日月也,无得而逾焉"(《论语·子张》)。

孔子仁学包括五个方面,我把它称为"五仁月饼"。五"仁"就是"仁"的五个方面,"仁者爱人"讲仁的血缘性,"克己复礼"讲仁的规范性,"为仁由己"讲仁的主体性,"身通六艺"讲仁的阶段性,"杀身成仁"讲仁的超越性。大家掌握这五个方面,就能对孔子仁学有一个比较全面的理解。

(一) 仁者爱人

仁者爱人是以血亲之爱为基础,由近而远,由亲而疏,由家庭成员扩及社会成员。有子说:"孝弟也者,其为仁之本与!"(《论语·学而》)孝是要孝顺父母,悌是要敬爱兄长。父子关系和兄弟关系是五伦之中最重要的两对基本关系。所以为仁的根本就是要讲孝悌。孝悌之情反映的是父子和兄弟的血缘亲情,说明儒家是极为重视血缘关系和血缘亲情的。一个人的精神自觉,首先就通过"孝悌"体现出来,落实在"孝悌"之上,构成了人伦情结。因此,儒家把"孝悌"称之为"仁之本",是"为仁"的生根出发之处。在孔子看来,"君子笃于亲,则民兴于仁"(《论语·泰伯》)。你如果能对家人很好,家庭和睦,那么你治理国家当然就会很顺畅了,因为你能够视国人为亲人和家人,治国如治家,这是儒家治国的思路。

孔子使"仁"扎根于宗法血缘关系,但他并没有局限于宗法血缘关系。他不是只讲"亲亲"之爱,而是要超越"亲亲"之爱。他把"孝悌"原则作了进一步推扩。由有血缘关系的人推及没有血缘关系的人,由宗法血缘关系扩大为一般社会关系。他提出了"仁者爱人",这里的"人"包括"亲"但不限于"亲",也可以爱没有血缘关系的其他社会成员,"泛爱众,而亲仁。"(《论语·学而》)这种爱推扩到一般的社会成员,就接近于仁道了。所以孔子所主张的"仁"包括两个方面:"己欲立而立人,己欲达而达人"(《论语·雍也》),是从积极方面讲,自己要有所成就,同时也帮助别人有所成就,在自己通达的同时,也使别人通达;"己所不欲,勿施于人"(《论语·颜渊》),是从消极方面来讲,自己所不愿意接受的,如交通事故、意外灾难、重大疾患等,能够感同身受,不愿意施加到别人身上。孔子的马厩失火,"'伤人乎?'不问马"(《论语·乡党》)。孔子关心的是有没有人员生命的伤害,而不是具体马匹的损失。总之,儒家是诸子中最强调血缘关系的。

(二) 克己复礼

颜渊是孔子最得意的弟子。"颜渊问仁,子曰:克己复礼为仁。一日克己复礼,天下归仁焉。……非礼勿视,非礼勿听,非礼勿言,非礼勿动。"(《论语·颜渊》)过去曾经批判"克己复礼",但是复礼不是复辟,而是礼乐的复兴。"克己复礼"包含两个方面:"克己"是对个体修身的要求,"复礼"是要恢复周礼,这二者是统一在一起的。恢复周礼来加强修身自律、完善个体生命。人作为社会成员,必须遵循社会规范,通过恢复周礼而挽救"礼崩乐坏"的社会秩序和人伦纲常。春秋时期,社会失序,道德失范,礼乐征伐自诸侯出而非自天子出。诸侯也可以僭越使用天子之礼,老百姓也可以滥用礼乐名分。孔子强调要用周礼来重新确立人伦规范和社会秩序。

礼为什么如此重要呢?"必也正名乎?……名不正,则言不顺;言不顺，则事不成；事不成，则礼乐不兴；礼乐不兴，则刑罚不中；刑罚不中，则民无所措手足。"（《论语·子路》）有了礼乐和刑罚之后，民众就有了目标导向，否则民众就会不知所措，这就是"仁"的规范性的问题，人需要克己复礼。礼是孔子建立思想体系的出发点，他认为任何事情都应该从礼出发。儒家强调礼，法家强调法。在古代，礼既有非强制性的一方面，也有强制性的一方面。在古代熟人社会中，礼实际上具备了法律的强制性作用和规范性要求。有了礼，自然就确立和建构了社会秩序，这就是"天下有道"和"天下无道"的区别。"天下有道，则礼乐征伐自天子出；天下无道，则礼乐征伐自诸侯出。"（《论语·季氏》）在孔子看来，春秋时期社会之所以动荡不已，其根本原因就是"礼崩乐坏"，因此要使社会由乱变治，就必须恢复礼治。有子说："礼之用，和为贵。先王之道，斯为美；小大由之。有所不行，知和而和，不以礼节之，亦不可行也。"（《论语·学而》）礼的功能就是促进社会和谐，以和谐作为基本的价值取向。

从个体到社会，礼代表着等级名分，也象征着秩序准则。对于个人而言，它又是一种行为规范。孔子说一个人要成为完美的人，不可缺少的条件就是"文之以礼乐"（《论语·宪问》），用礼乐来进行教育和熏陶。我们现在做事情，一定要遵循相应的程序，换言之就是要有仪式感。古代的仪式感就是通过礼来实现的，例如大军出征，君主要登坛拜将，统帅要誓师三日，进士及第要"雁塔题名"。今天我们在重大节庆期间举行隆重的公祭活动，以及表彰颁奖典礼，这些都是礼，我们通过礼来强化我们的国家意识和民族精神。这些不同层次、不同领域、不同对象的礼构成了规范体系，整个社会的结构就不是自由散漫的，而是井然有序的。我们经常说中国是"礼仪之邦"，就体现了这个特点。

（三）为仁由己

孔子说："我欲仁，斯仁至矣。"（《论语·述而》）我想得到仁，那么仁就会来到。这句话是讲人的主体性问题，或者说是人的自觉性问题，强调在日常生活中践履仁道，从个体修身到为政以德，都是成就完满人格的必要途径。为仁要"由己"而不是"由人"，要通过主体内在的自觉实现它。如果为仁"由人"就被动了，处处受制于人，不是出于主体的自觉。孔子还说过："古之学者为己，今之学者为人。"（《论语·宪问》）古代的学术是为己之学，是为了提高自己内在的精神世界，丰富和充实自己，不是以考取分数，获得功名或者赢得别人的夸奖为尺度的。孩子考取了很好的中学，父母在亲朋之间就会感到很有面子，其实这就是为人之学，是为了博取别人的羡慕。

孔子既强调仁的外在要求，又强调仁的内在自觉。可见"仁"的结构是立体的、动态的。孔子主张通过"仁"的弘扬来追求并实现理想人格。为此他从"仁"出发塑造了士君子的理想人格。"君子无终食之间违仁，造次必于是，颠沛必于是。"（《论语·里仁》）"博学而笃志，切问而近思，仁在其中矣。"（《论语·子张》）旨在说明要用礼来修身经世，把外在的规范内化为主体的自觉，从而达到高度统一的过程。

（四）身通六艺

在人的生命历程当中，已经贯穿了这种为仁的要求和践履的要求，叫作"身通六艺"。"孔子以诗书礼乐教，弟子盖三千焉，身通六艺者七十有二人。"（《史记·孔子世家》）孔子有三千弟子，其中七十二贤者。称之为贤者，是因为他们都身通六艺。"六艺"有两个层面的理解。一个是礼乐射御书数，讲技能。礼就是做司仪；乐即吹拉弹唱，做演奏家；射是射箭，如果说君子之间有争，必也射乎，应采用射艺术较量的形式；御就是驾车；书即书法；数指会演算，这些都属于技能范畴，但孔子对学生的要求远远不止技能这个层面。汉代把"六艺"当作六经来理解，"身通六艺"就是身通六经，对《诗》《书》《礼》《乐》《易》《春秋》有比较深入的了解。

孔子晚年自述自己的学思经历："吾十五而有志于学，三十而立，四十而不惑，五十而知天命，六十而耳顺，七十而从心所欲，不逾矩。"（《论语·为政》）孔子把自己的人生分为六个阶段，孔子又删述六经，我们将之联系起来，可以把他的每一人生阶段对应到一部经，每个阶段都有一定的人生主题。他对学生也有类似的要求，这种要求恰恰是一种次第性、阶段性的学习进路。

第一个阶段是十五学《诗》而立志。年龄太小的少年人读《周易》读不懂,是因为没有相应的人生体验,所以首先应该学《诗》。如何培养十五岁少年的自然天性和情感呢?"诗三百,一言以蔽之,曰:'思无邪'。"(《论语·为政》)就是通过《诗经》的审美化熏陶,启迪心灵,培养纯真的情感。孔子从 3000 首诗中选编出 305 首成为《诗经》,这些诗都是可以吟诵的歌词。孔子教育自己的儿子孔鲤时曾说:"不学诗,无以言。"(《论语·季氏》)不学《诗》的话,说不出那种典雅、庄重、高贵的语言。"小子何莫学夫诗?诗,可以兴,可以观,可以群,可以怨。迩之事父,远之事君;多识于鸟兽草木之名。"(《论语·阳货》)孔子说:为什么不学习诗歌呢?诗可以激发情志,可以观察社会,可以交往朋友,可以怨刺不平。近可以侍奉父母,远可以侍奉君王,还可以知道不少鸟兽草木的名称。"诵诗三百,授之以政,不达;使于四方,不能专对;虽多,亦奚以为?"(《论语·子路》)孔子说:诵习了三百首诗,授他以政事,不能通达;派他出使四方,不能单独做主应对,那虽然多学些别的,亦有何用?

第二个阶段是三十而立而明《礼》。"三十而立"在《论语》中讲得很清楚,即"立于礼"。"不学礼,无以立。"(《论语·季氏》)"不知命,无以为君子也;不知礼,无以立也;不知言,无以知人也。"(《论语·尧曰》)不懂得天命,就不能做君子;不知道礼仪,就不能立身处世;不善于分辨别人的话语,就不能真正了解他人。在他看来,礼十分重要,代表了等级规范,蕴含着价值观念。一个人在三十岁的时候,应该形成他自己的世界观、人生观和价值观,学会进退取舍,学会礼仪程式,学会与他人交往的社会规则。

第三个阶段是四十知《书》而不惑。"不惑",不是无所不知,而是不为所惑,能够做到坚持固守不动摇。"为政以德,譬如北辰,居其所而众星共之。"(《论语·为政》)儒家倡导积极入世,治理社会,参与政治,在四十岁的时候,要确立德治的政治理想。《尚书》是上古政治文献的总汇,参与政治要把《尚书》的政治方略搞清楚,确立德治主义的政治理想。

第四个阶段是五十观《易》而知天命。"孔子晚而喜《易》,序《彖》

《系》《象》《说卦》《文言》。读《易》，韦编三绝。曰：'假我数年，若是，我于《易》则彬彬矣。'"（《史记·孔子世家》）"加我数年，五十以学易，可以无大过矣。"（《论语·述而》）"知天命"与《易》的主旨是不谋而合的，《周易》就是让人去知晓天命，按照天命的要求去行事，不要违逆天命。

第五个阶段是六十撰《春秋》而耳顺。《春秋》是鲁国的史书，孔子根据鲁国的历史作《春秋》，上自鲁隐公下至鲁哀公十四年，共十二公，二百四十二年历史，春秋笔法，微言大义。《孟子·滕文公下》说："世道衰微，邪说暴行有作，臣弑其君者有之，子弑其父者有之。孔子惧，作春秋。"孔子希望为未来提供历史的借鉴或教训，让后世的人避免这样做。孔子告诉弟子："后世知丘者以《春秋》，而罪丘者亦以《春秋》。"（《史记·孔子世家》）在六十岁的时候，他认为正反两方面的意见都能够听得进去，即"耳顺"，做到兼听则明。孔子说："君子有三畏：畏天命，畏大人，畏圣人之言。"（《论语·季氏》）良药苦口利于病，忠言逆耳利于行，偏听则暗，兼听则明，君子要能够听得进各种不同的意见，善于总结历史上正反两方面的经验教训，正人心而化天下。

第六个阶段是七十闻《乐》不逾矩。孔子曾说，"兴于诗，立于礼，成于乐"（《论语·泰伯》），这是一个人格完成的过程。这个过程的完成在于乐，乐是人生最高的境界。乐的形式是欣赏音乐，心中唤起共鸣，获得情感的喜悦，从效果来说是乐（快乐），达到合目的性与合规律性的统一。孔子在《论语》开篇就讲到"三乐"："学而时习之，不亦说乎？有朋自远方来，不亦乐乎？人不知而不愠，不亦君子乎？"（《论语·学而》）总结了学习的快乐、交友的快乐和谦逊的快乐。"饭疏食饮水，曲肱而枕之，乐亦在其中矣，不义而富且贵，于我如浮云。"（《论语·述而》）这是安贫乐道的快乐。孔子评价自己："其为人也，发愤忘食，乐以忘忧，不知老之将至云尔。"（《论语·述而》）他的快乐使他忘记了韶华的流逝。"贤哉，回也！一箪食，一瓢饮，在陋巷，人不堪其忧，回也不改其乐。贤哉，回也！"（《论语·雍也》）儒家的快乐不是来自富贵，而是来自对道义的坚守和执着，这种快乐是一以贯之、终身相随的。孟子也讲"三乐"："君子有三乐，而王天下不与存焉。父母俱存，兄弟无故，一乐也；仰不愧于天，俯不怍于人，二乐也；得天下英才而教育之，三乐也。君子有三乐，而王天下不与存焉。"(《孟子·尽心上》) 程颢有一首诗："闲来无事不从容，睡觉东窗日已红。万物静观皆自得，四时佳兴与人同。道通天地有形外，思入风云变态中。富贵不淫贫贱乐，男儿到此是豪雄。"(《秋日偶成》) 最后一句引用了孟子的话。可以看出儒家的乐不是一般世俗的欢乐，而是对道义的承担、坚守和执着，这也是孔子的生命体悟和人生智慧。

（五）杀身成仁

血缘性是"仁"的生根之处，克己复礼是"仁"的外在规范要求，内在有主体精神的自觉，在人的生命历程中又呈现次第性的动态生成。最后我们来讲仁的超越性。如果没有超越性，"仁"就只是世间智者的道德箴言，缺乏形而上的指向，我们中华民族的哲学思维水平也会逊色得多。我女儿在上幼儿园的时候问我孔子的"仁"怎么写，我告诉她是左边一个"人"右边一个"二"，合起来就是"仁"。下面我准备告诉她"仁者爱人"的道理。"父在，观其志；父没，观其行；三年无改于父之道，可谓孝矣。"(《论语·学而》) 孝悌是"仁"的前提，所以"仁者爱人"，首先要爱她的爸爸。没等到我说这番话，我女儿就说我懂了，"仁"的意思就是做人要有点"二"。她的回答出乎我的意料，但仔细想一想，好像又有道理。儒家的精神可以说是一种"二"的精神。为什么这么说呢？

首先，孔子名丘，字仲尼。孔子为什么名丘？因为他家附近有一个小山丘，这个山丘的名字叫作尼山。他排行老二，所以叫仲尼。从他的行为上来说，孔子知其不可为而为之，头撞南墙也不回，杀身成仁，敢于抛弃自己的生命去追求道义。"義"是义的繁体字，上面是善良的善的上半部，底下是一个我，意思是这个世界上有超越小我的至善值得我去牺牲，值得我去追求，这就是"义"的含义。孔子曰"杀身成仁"，孟子曰"舍生取义"，他们以这样的方式提出了仁的超越性问题。人之所以为人而之所以异于禽兽，是因为人有理想信念。人不是行尸走肉，人有高贵的灵魂和良善的心性，为了理想信念可以牺牲自己的生命。这个理想信念是隐形的，但是值得去献身，值得你去赴汤蹈火、鞠躬尽瘁。所以说儒家的精神是一种"二"的精神。与之相反道家则是"一",因为道就是"一"。一生二,二生三,三生万物。《道德经》说:"天得一以清,地得一以宁,神得一以灵,谷得一以盈,万物得一以生,侯王得一以为天下贞"(《老子·三十九章》),"圣人执一为天下式"(《老子·二十二章》)。中国文化从孔子开始就高扬人的理性,从而形成了儒家的积极入世精神。

二 孟子

孟子(约公元前372年—前289年),名轲,字子舆,战国中期邹(今山东邹城)人。孔子之后,儒家一分为八,出现了不同的学术派别。孔伋是孔子的嫡孙,字子思,受业于孔子的学生曾子,孟子则受业于子思之门人,因孟子和子思有师承和思想联系,故称之为"思孟学派"。这部分重点讲孟子的"三辨":"善恶之辨"讲人性论,"义利之辨"讲伦理观,"王霸之辨"讲政治观。

(一) 善恶之辨

孟子认为:"人皆有不忍人之心。先王有不忍人之心,斯有不忍人之政矣。以不忍人之心,行不忍人之政,治天下可运之掌上。"(《孟子·公孙丑上》)所谓王道政治的前提是君王有"不忍人之心",即怜悯体恤别人的本心。"皆有"说明"不忍人之心"是人人都普遍具有的。先王也是人,故有"不忍人之心",感应到民众百姓的疾苦,"斯有"说明"不忍人之政"(仁政)的必然性。对于今王而言,要依据"不忍人之心",实行"不忍人之政",如此治理天下就非常容易了。

为什么"不忍人之心"具有先天普遍性呢?孟子告诉我们:"所以谓人皆有不忍人之心者,今人乍见孺子将入于井,皆有怵惕恻隐之心——非所以内交于孺子之父母也,非所以要誉于乡党朋友也,非恶其声而然也。由是观之,无恻隐之心,非人也;无羞恶之心,非人也;无辞让之心,非人也;无是非之心,非人也。恻隐之心,仁之端也;羞恶之心,

义之端也；辞让之心，礼之端也；是非之心，智之端也。人之有是四端也，犹其有四体也。"(《孟子·公孙丑上》)

孟子提出了一个伦理思想实验：其中的角色是"孺子"，是弱小无助的稚子幼童；情境是"乍见"，是当下直觉的道德判断，不是反复计算权衡的结果；后果是孺子"将入井"，看到即将发生灾难性事件。由此，孟子作出否定推论和肯定推论。他从否定推论强调"内交、要誉、恶声"不是根本原因，无四端之心，即"非人"也；从肯定推论得出人人"皆有"不忍人之心，是人的普遍必然的本性，心具四端，犹人有四肢。

孟子指出人不仅有共同的生理需求，更重要的是具有共同的心理需要，而心理需要才是人类区别于动物的根本标志。这种共同的心理需要就是人具有仁、义、礼、智四种向善的本能，这就是孟子所提的"四端"说。孟子把恻隐之心、羞恶之心、辞让之心、是非之心，称之为仁、义、礼、智四端，而这四种善端是人心所固有的，是人与"非人"的根本区别之所在。"人之所以异于禽兽者几希，庶民去之，君子存之。"(《孟子·离娄下》)君子能够把这种善端保存下来，这就是人跟禽兽最大的区别。这里讲的善恶之辨，强调人性本善，是儒家的一个基本取向。

(二) 义利之辨

《孟子》首篇首章是《孟子见梁惠王》。大家知道梁惠王是哪国的国君吗？梁惠王是魏国的国君，也叫魏惠王。魏国位于大国之间，东齐，西秦，北赵，南楚。战国初期，李悝在魏国变法，使得国力强盛起来，在诸侯中是最早称霸的。梁惠王继位后穷兵黩武，不断与邻国发生战争，失败后割地求和，导致国土沦丧，最后被迫从安邑迁都到大梁。史书上就说他不再是魏国的国君了，顶多是大梁的国君罢了，所以贬称为梁惠王。孟子去见的就是这么一个穷兵黩武、比较好战的国君。所以开始梁惠王就问："叟！不远千里而来，亦将有以利吾国乎？"(《孟子·梁惠王上》)梁惠王是短视的功利主义者，所以劈头就问：老人家千里而来，对我的国家有无好处？孟子回答道："王！何必曰利？亦有仁义而已矣。王曰：'何以利吾国？'大夫曰：'何以利吾家？'士庶人曰：'何以利吾身？'上下交征利而国危矣。万乘之国，弑其君者，必千乘之家；千乘之国，弑其君者，必百乘之家。万取千焉，千取百焉，不为不多矣。苟为后义而先利，不夺不餍。未有仁而遗其亲者也；未有义而后其君者也。王亦曰仁义而已矣，何必曰利？"（《孟子·梁惠王上》）

孟子说，我一听你关心的问题，就知道你的国家有极大的危机和隐患，因为你考虑的是功利的路线，而不是仁义的路线。在孟子看来，仁义的路线应该是从"不忍人之心"到"不忍人之政"一体贯通的治理方案。而梁惠王画出的功利路线图，"利吾国"是大王之利，"利吾家"是大夫之利，"利吾身"是士庶人之利，每个阶层、等级、集团都考虑自己的利益诉求，结果必然是"上下交征利"，体现为利益的攫取和博弈。"万取千""千取百"，不夺不餍；"遗其亲""后其君"，唯利是图。孟子指出，作为君主真正要关心的是"天下之利"，重视理想、信念、道义、节操的培育与涵养，这就是"仁义"之道。如此，则君为仁义之君，臣为仁义之臣，民为仁义之民，师为仁义之师。

"仁者人也，亲亲为大；义者宜也，尊贤为大。"（《中庸》）"仁者，人也；义者，我也。"（《春秋繁露·仁义法》）这就构成了儒家的基本伦理思想。仁是对于他人的义务和责任，义是对于自己的义务和责任。

孟子认为："生亦我所欲也，义亦我所欲也；二者不可得兼，舍生而取义者也。"（《孟子·告子上》）孟子认为一个人应该坚定不移地捍卫自己的理想，不惜为之献出生命，绝不能丧失气节，背"义"而生，从而把"义"提高到至高无上的地位。孟子认为"义"应是君子矢志不移遵循的道德规范，提出："大人者，言不必信，行不必果，惟义所在。"（《孟子·离娄下》）通达的人，所说的话不一定句句需践诺，所做的事不一定桩桩有结果，只要以道义为准绳。"故士穷不失义，达不离道。穷不失义，故士得己焉；达不离道，故民不失望焉。古之人，得志，泽加于民；不得志，修身见于世。穷则独善其身，达则兼善天下。"（《孟子·尽心上》）士君子穷困时不失去仁义，努力加强自身修养；显达时不背离道德，利益民众，福泽苍生。

《孟子》从开篇就严义利之辨，讲理想信念，凸显了儒家伟大而崇高的道义精神。为钱卖命的军队肯定比不上仁义之师。雇佣军是容易被收买的，为民族解放事业牺牲的军队是有崇高理想的，是任何物质利益都无法动摇的。实现中华民族的伟大复兴尤其需要弘扬理想信念。

(三) 王霸之辨

王道与霸道是中国古代政治史上相互对立的两大政治主张。王道学说是儒家有鉴于春秋战国时期的群雄割据、诸侯纷争的事实提出的理想政治主张。孟子严"王霸之辨",提倡"王道"政治。他说:"以力假仁者霸,霸必有大国;以德行仁者王,王不待大——汤以七十里,文王以百里。以力服人者,非心服也,力不赡也;以德服人者,中心悦而诚服也,如七十子之服孔子也。"(《孟子·公孙丑上》)以力服人就是"霸道",以德服人就是"王道"。"孔子曰:'道二,仁与不仁而已矣。'"(《孟子·离娄上》)判断政治的有道与无道,就是看其是否符合仁义原则。在孟子看来,霸者崇尚"力",可以成为大国;王者崇尚"德",可以一统天下。霸者以力服人,但无法收服人心;王者以德服人,才会使人心服。"不仁而得国者,有之矣;不仁而得天下者,未之有也。"(《孟子·尽心下》)

《荀子·正论》列举了正反两个例子加以阐述:正面的是汤武"以德兼人"的王道模式:"汤武非取天下也,修其道,行其义,兴天下之同利,除天下之同害,而天下归之也。"(《荀子·正论》)指出汤武并非主动地去取天下,而是由于其仁政德治使得天下人自然地归附。反面的是桀纣"以力兼人"的霸道模式:"桀纣非去天下也,反禹汤之德,乱礼义之分,禽兽之行,积其凶,全其恶,而天下去之也。"(《荀子·正论》)指出桀纣也不是主动地舍弃天下,而是由于其暴政恶行使得天下人自然地抛弃之。荀子精辟地辨析了"王"(天下归之)与"亡"(天下去之)的两种路径,强调仁义教化、怀德附远、协和万邦、兼济天下的王道,反对穷兵黩武、弱肉强食、以力服人、唯利是图的霸道。

《吕氏春秋》记载了"网开一面"的故事。据说成汤有一次出城,看见猎人在打猎,将树林四面都围住。汤下令将摆在三面的网都撤去,只留下一面,并且向上天祷告,让禽鸟野兽赶快逃脱出去。汉水以南的国家听说此事,说:"商汤的仁德已经泽及禽兽啦!"那么做商汤的百姓自然也是幸福的,所以有四十个国家向商汤归顺。《吕氏春秋》评价道:

"人置四面，未必得鸟；汤去其三面，置其一面，以网四十国，非徒网鸟也。"（《吕氏春秋·孟冬纪·异用》）商汤怀德附远，所以王道之德天下无敌。汉武帝在长安上林苑狩猎，曾效仿商汤故事，只张网一面，以示上天好生之德。他说："天有好生之德，人当效之，网开一面，不绝珍禽异兽。南张一面，放南山之鹿；北张一面，放沣滨之麋。"至今在西安市长安区还有南张村和北张村，村名即暗含了儒家王道政治的理想。

　　孟子反对通过兼并战争来实现统一，他在对历史和现实的统治经验进行总结的基础上，提出了"民贵君轻"的命题，君民关系有了新的定位。大家熟知的"三纲五常"实际上是出自汉代的董仲舒的概括，"三纲"出自法家，"五常"出自儒家。孟子的君臣观与"三纲"有明显不同。他说："君之视臣如手足，则臣视君如腹心；君之视臣为犬马，则臣视君如国人；君之视臣如土芥，则臣视君如寇仇。"（《孟子·离娄下》）在这里看不出"君为臣纲"的思想，君臣之间的关系是相对而言的，君怎样看待臣，臣就怎样看待君，各负有责任和义务。君主对待臣下如同自己的手足，臣下则视君主如自己的腹心；君主对待臣下如同犬马，臣下则视君主如路人；君主对待臣下如同泥土草芥，臣下则视君主如强盗仇敌。"贼仁者谓之'贼'，贼义者谓之'残'。残贼之人谓之'一夫'。闻诛一夫纣矣，未闻弑君也。"（《孟子·梁惠王下》）败坏"仁"的是"贼"，败坏"义"的是"残"，败坏"仁义"的叫作"一夫"。只听说过诛杀独夫商纣，这说明武王对商纣的征讨是正义的，周取代商是合法的，这体现了儒家的君臣观。黄宗羲说："故我之出而仕也，为天下，非为君也；为万民，非为一姓也。"（《明夷待访录·原臣》）他作为士君子出仕是为了道义，为了天下苍生，不是为了皇帝一个人。

　　课后请大家阅读三个故事，就是"父子相隐""窃负而逃""封象有庳"。这三个故事出自《论语》和《孟子》，都与儒家的伦理思想有关，由此引发了学术界关于儒家伦理的争鸣。希望大家能够精心准备，通过讨论加深对儒家思想的体悟。

第五讲
老庄与道家

本讲介绍老庄与道家,分两个部分,第一部分介绍老子,第二部分介绍庄子。

一 老子

老子姓李名耳,楚国苦县人,是道家学派的创始人。关于老子的身世、生卒年,史书记载不是很清楚。据说,他与孔子同时,大概比孔子大二十岁左右,因为传说孔子曾经问礼于老子。陕西省周至县楼观台老子祠有一个匾额,内容是孔子评价老子的一句话,"其犹龙乎",也就是赞赏老子是一条见首不见尾的神龙,隐在云雾中。可见,孔子对老子赞誉有加。

目前中国哲学史教材,有的是以孔子为开端,有的是以老子为开端。我认为儒家与道家是中国哲学史上的两大思想派别,而中国哲学的特点之一是儒道互补,所以我先讲儒家,再讲道家。这是基于儒道历史影响的大小,而非根据创始人的生卒年来确定的。

我们知道老子和庄子都属于道家,老子是道家的创始人,那么什么是"道"呢?"道"的本义是指道路。春秋时期,人们又以"道"来表示自然天象的规律和人类社会的行为准则。例如"天道""人道"等,只有在《老子》书中才把"道"作为哲学最高范畴提出来,使之具备了本体论的意义,从而开辟了"道"的形上境界。所以有学者认为,老子是中国哲学史上第一个哲学家,而道家是第一次对"道"作了哲学阐释。对于老子的"道",人们向来是聚讼纷争、莫衷一是。

在老子思想中,"道"有五个方面的含义。告诉大家一个顺口溜,浑沌道之体,弱者道之用,反者道之动,自然道之法,无为道之治。

(一) 浑沌道之体

庄子有一个寓言:"南海之帝为倏,北海之帝为忽,中央之帝为浑沌。倏与忽时相与遇于浑沌之地,浑沌待之甚善。倏与忽谋报浑沌之德,曰:'人皆有七窍,以视听食息。'"(《庄子·应帝王》)人都有七窍,用来看东西,听声音,吃饭,呼吸,因为浑沌长得像鸭蛋,所以没有七窍:"此独无有,尝试凿之。日凿一窍,七日而浑沌死。"(《庄子·应帝王》)所以每天给浑沌开凿一个窍,七天后浑沌死了,这实际上是一个寓意,寓意道家对于浑沌未开的一种自然状态的倾慕。而像儒家所讲的文明日开、知识日进,反而造成智慧出有大伪,所以以浑沌来形容道体,浑沌死了,道体也会受到损害。

浑沌道之体有三层意思。首先,宇宙的浑沌。老子认为"道"是世界万物的总根源,"道"是无,万物是有,整个宇宙都是从浑沌的"道"中生化出来的,即无中生有。"天下万物生于有,有生于无。"(《老子·四十章》)在老子这里,"无"并不是一无所有,而是"有"的根据和本源。老子说:"道生一,一生二,二生三,三生万物。万物负阴而抱阳,冲气以为和。"(《老子·四十二章》)这是说,从"道"中产生出统一的气,气又分化为对立的阴阳二气,阴阳交会,产生万物,体现了道家的宇宙生成论。

其次,语言的浑沌。对"道"的表述是浑沌、模糊的,视之不见,听之不闻,搏之不得。老子说"道"是什么呢?"道可道,非常道;名可名,非常名。"(《老子·一章》)"道"是不可言说,不可思议的,一定要说的话,只能用模糊的语言来表述:"道之为物,惟恍惟惚。惚兮恍兮,其中有象;恍兮惚兮,其中有物。窈兮冥兮,其中有精;其精甚真,其中有信。"(《老子·二十一章》)任继愈先生曾经担任国家图书馆馆长,这个职位和老子当年在周王室的职位是一样的。他一生四次用现代汉语翻译《老子》，第一部是20世纪50年代的《老子今译》，第二部是1978年结合马王堆帛书修订的《老子新译》，第三部是20世纪90年代的《老子全译》，在八十多岁的时候，他对老子进行了最后一次翻译，第四部的书名叫作《老子绎读》。他说以前不了解中国哲学的独特性，也不知道老子哲学的思想性质，就是简单地贴标签，要么是唯心主义，要么是唯物主义。一开始认为老子哲学是主观唯心主义，为什么呢，因为"窈兮冥兮，其中有精"，所以是精神因素起决定作用。后来又把它定性为客观唯心主义，因为"恍兮惚兮，其中有物"，也就是说老子哲学也肯定物质。任先生对此进行了深刻反思，他指出对于老子、对于中国哲学，不能采取唯心或者唯物的分判，因为这种理解模式并不符合中国哲学的特点。任先生通过他的学思经历告诉我们，套用马克思主义哲学关于唯心主义或唯物主义的划分不能够解释中国哲学的基本性质和问题。

"有物混成，先天地生。寂兮寥兮，独立而不改，周行而不殆，可以为天下母。吾不知其名，强字之曰'道'，强为之名曰'大'。大曰逝，逝曰远，远曰反。"（《老子·二十五章》）所以"道"是什么呢？是先于天地的，所以是独立的，又是周行的，独立是说它的地位是独立超然，不受其他外物的干扰，同时它是有规律的运行的，周而复始、永不停息的，成为天下事物的根源，所以又叫"天下母"，这样的事物只能勉强称之为"道"。称之为"道"，也是因为"道"没有具体的含义，实际上，"道"还可以有别的概念来表示，比如"大""逝""远""反"。"大"形容其浩瀚无边，"逝"形容其周流不息，"远"形容其迁化多变，"反"形容其终而复始，都难以用语言来表述。老子在《道德经》里用浑沌模糊的语言向我们展示了一个充满寓意和暗示的哲学之境。所以《道德经》要翻译成典雅畅达的现代汉语就很困难，翻译为外文则尤为困难。因为老子的描述里充满了诸多巧妙的暗示和蕴含，而恰恰是这种暗示和蕴含，给予了解释和思考极大的空间和诠释的可能。在老子看来，"道"作为万物的总根源，与万物是不同的。他用了很多形容性的言辞，说明"道"不同于万物的特性。换言之，对"道"欲作明确的规定，既不可能，也无必要。

"浑沌道之体"的第三层意思是什么呢？生命本身也是浑沌的。"浑沌道之体"指向了一种老道、成熟的人生智慧，这种智慧因其饱含了人生的阅历、沧桑、感悟、体贴，所以显得内涵丰厚，意蕴深远。我们从老庄思想体会最深的是从成熟生命里渗透出来的一种智慧。每个人都年轻过，一个成熟的生命和一个简单、幼稚的生命是不一样的。如果说青春是阳光灿烂的日子，是繁花似锦的春天；那么成熟就是致青春，是心旷神怡的秋季。同样的一句话，从一个涉世未深的年轻人嘴里说出来，和从一个饱经沧桑的老年人嘴里说出来是不一样的。南宋辛弃疾说："少年不识愁滋味，爱上层楼。爱上层楼，为赋新词强说愁。而今识尽愁滋味，欲说还休。欲说还休，却道天凉好个秋。"（《丑奴儿·书博山道中壁》）少年的时候没有人生历练，所以为赋新词将愁思愁绪的辞藻加以堆砌。识尽人生况味、世态炎凉之后，只说了一句大白话"天凉好个秋"，秋在心头之意一览无余。生命就是浑沌，宇宙就是浑沌。郑板桥说"聪明难，糊涂尤难，由聪明转入糊涂更难"，所以"难得糊涂"是世事洞明、人情练达之后获得的一种生命智慧。

（二）弱者道之用

老子说："弱者道之用。"（《老子·四十章》）柔弱是道的功用。老子强调"贵柔"，肯定"守雌"，力主"不争"，提倡"处下"。"贵柔"就是以柔为贵。所谓的柔，是和刚对应的，儒家可以说是尚刚，而道家是尚柔。"守雌"，即居于含藏、内敛、凝聚、收摄的状态。所谓的雌，是与雄对应的，雄主动、刚健、有为，雌则居于被动、柔弱、无为的守势。"不争"，指一种柔顺的手段。所谓的争，就是针尖对麦芒，互不相让，不争就是退后一步，海阔天空。所以，老子认为有时候"争"可以达到目的，有时候"不争"更可以达成目标，他说"夫唯不争，故天下莫能与之争"（《老子·二十二章》）。"处下"，就是保持谦虚、低调的姿态。所谓的下和上相对应。儒家是力争上游，而道家则甘居下流。

老子发现柔弱、刚强与生死联系在一起。"人之生也柔弱，其死也坚强。"（《老子·七十六章》）他指出，人生之初，小朋友的身体是柔软的、有弹性的，打打闹闹，摔了一跟头，没事，爬起来继续玩。但是，人之将死，身体是僵硬的，老人年纪大了，骨头硬了，钙质流失，俗话说"人老腿先老",不小心摔跤,容易摔断骨头。同样,"草木之生也柔脆,其死也枯槁"(《老子·七十六章》)。春天到来的时候,柳树发芽,万条垂下绿丝绦,迎风摇曳。隆冬到来的时候,草木凋零,看起来树木的枝干很硬,却是枯干的,很容易就折断,这是生命力消逝的表现。所以"柔弱"是生命力蓬勃发展的表现,"坚强"是生命力不断萎缩消逝的表现。"故坚强者死之徒,柔弱者生之徒。"(《老子·七十六章》)这是老子提出来的一个重要命题。看起来貌似强大的事物,往往外强中干,是生命力衰弱的表现;而看起来很柔弱的事物,反而是生命力蓬勃向上的表现。毛主席有个著名论点"一切反动派都是纸老虎",反动派看起来像老虎一样强大,但因其违背历史发展的规律和潮流,所以缺乏生命力,迟早要灭亡的。这就是老子所说的"坚强者死之徒"的现代版本。

"是以兵强则灭,木强则折。强大处下,柔弱处上。"(《老子·七十六章》)所以真正看起来强大的,实际上很容易就覆亡了,木头看起来很坚强,很容易就折断了。前几年有一款网络游戏风靡一时,名字叫《植物大战僵尸》。那些向日葵、豌豆射手等植物,看起来很柔弱,实际上是富有生命力的表现,而那些僵尸呢,身体是梆硬的,一步一步往前挪,看起来很强大,实际上是丧失生命力了。所以大家可以玩玩这一款网络游戏,体会一下"坚强者死之徒,柔弱者生之徒"中蕴含的"道"。

老子把圣人比作"含德归厚"的赤子和婴儿,仍然保持着"与道为一"的精神状态。婴儿想哭就哭,想笑就笑,情感率真,绝不像成年人那样矫揉造作。有人请教老子真正的大道是什么?老子张开嘴,伸了伸舌头,什么也没说。为什么呢?因为人最坚硬的是牙齿,最柔弱的是舌头。而到老子这个年龄,看起来很坚硬的牙齿光荣地下岗了,柔弱的舌头还存在,这就是大道的真谛,这就是"弱者道之用"的至理。在性别上也是如此:马克思曾经说最欣赏的女性优点是温柔,女性最重要的特点就是温柔,从平均寿命来看,温柔的女性比看起来壮硕的汉子预期寿命要长五岁,这充分说明"柔弱者生之徒"。

水是世界上最柔弱的,却水滴石穿,摧山撼岳,展现出无可匹敌的强大力量。对于万物而言水是最柔弱的。"天下莫柔弱于水,而攻坚强者莫之能胜,以其无以易之。弱之胜强,柔之胜刚,天下莫不知,莫能行。"(《老子·七十八章》)"上善若水。"(《老子·八章》)水包含了最高的德性,这就是"处下"。处下,换言之就是不争。"水善利万物而不争。"(《老子·八章》)不与人争功名、争利禄、争地位、争是非,不争是天地的美德。譬如太阳、月亮与谁争过光芒呢,而万物不能掩其光辉。"以其不争,故天下莫能与之争。"(《老子·六十六章》)老子再三强调学习水之"不争"的上善之德。

老子还说:"我有三宝,持而保之。一曰慈,二曰俭,三曰不敢为天下先。慈故能勇;俭故能广;不敢为天下先,故能成器长。"(《老子·六十七章》)老子提到了事物发展过程中的"弱者道之用"(《老子·四十章》),强调贵柔、守雌、不争,这是非常重要的判断。老子强调贵柔。我们用"柔"来组词的话,会涉及柔软、柔弱,这两个词是不一样的。老子强调的是柔弱而不是柔软,弱和软体现了不同的思想内涵。比如,《诗经》形容女孩子的手,手若柔荑,富有弹性,而如果我们说"软荑",那就意境全无。一个女孩子家中出了重大变故,但没有中断学业,勇敢地承担起家里的责任,我们会夸她是"一个柔弱的女子",在这个柔弱的生命里面包含了韧性,包含了强大的意志,没有被生活的重担压垮。我们反过来指着某个人说,"你真是一个软弱的男人",那意思就完全不同了。

(三) 反者道之动

道的运动是循环往复、永不停息的,而且一切事物都是向相反的方向变化。这是老子对事物发展变化规律的深刻表述,掌握了"反者道之动"的规律,就可以治国,可以修身。

一是表现为矛盾的客观性与普遍性。"天下皆知美之为美,斯恶已;皆知善之为善,斯不善已。有无相生,难易相成,长短相形,高下相盈,音声相和,前后相随。"(《老子·二章》)我们知道,之所以会有美的事物,是因为有不美的事物作比照映衬。为什么会有善的事物?因为有邪恶存在。所以老子的结论是,有和无是相互促进形成的,难和易是相互比较而得出来的,长和短也是通过相互参照而凸显出来的;高下、音声、前后也是通过这种对比性而得到确证的,这就指出了宇宙、社会颠扑不破的真理。老子认为矛盾是自然界和人类社会普遍存在的客观现象,肯定了事物发展变化的普遍性和永恒性，这是"道"的"周行而不殆"的现实表现。他总结了90多对矛盾范畴，这些矛盾是普遍存在的，又是相反相成的。

二是表现为矛盾双方的相互依存。"贵以贱为本，高以下为基。"（《老子·三十九章》）所以不要看不起低贱的东西，尊贵的东西也来自于低贱，高大的事物要以低矮的事物为铺垫和基础。"三十辐，共一毂，当其无，有车之用。埏埴以为器，当其无，有器之用。凿户牖以为室，当其无，有室之用。故有之以为利，无之以为用。"（《老子·十一章》）所以一般的人只看到了实体的作用、结构的作用，而老子看到了虚空的作用，看到了非结构的作用，空间的作用。三十个条辐能够支撑在一个车轴上，正因为它有运作的空隙，所以车轴才能转动，秦铜车马提供了这样的文物例证。实的用处比较直接，往往支撑性的东西缺少了，整个结构就撑不起来。但虚也很重要，甚至是比实更重要。车轮上没有车毂容纳车辐，车就没法用；器皿，没有盛东西的虚处，器物就没法使用；房子，只有屋顶和墙，没有门窗，就不能出入，无法采光透气，不能住人。所以叫"有之以为利，无之以为用"。实的东西可以发挥作用，但是真正决定它的功能则是虚的部分、是无的部分。

三是表现为矛盾双方的相互转化。矛盾双方的相互转化在自然界，"物壮则老"（《老子·五十五章》），事物发展到一定的阶段就会发生转化，成熟的阶段就是同时到了衰败的阶段。"木强则折"（《老子·七十六章》），木头看起来很强，但是一折就断，因为它的生命力已经损耗了。"企者不立；跨者不行。"（《老子·二十四章》）踮起脚尖，立不久；叉开腿，不得前行。在社会生活中，"祸兮，福之所倚；福兮，祸之所伏"（《老子·五十八章》）。我们经常看到"正复为奇，善复为妖"（《老子·五十八章》），正常与怪异可互相转变，善良与邪恶也能彼此循环。老子非常重视事物的反面或负面，善于把握事物向其对立面的趋势，这就是"反者道之动"（《老子·四十章》）。所以，要学会在飞黄腾达时，安不忘危，警惕盛极必衰的规律；在落魄失意时，看到危机中蕴藏着机遇，等待否极泰来的时机。

四是表现为矛盾的量变与质变。所谓"飘风不终朝，骤雨不终日"

(《老子·二十三章》)。刮大风不会整个早上都刮大风，下大雨也不会一直下大雨，越是狂风骤雨，电闪雷鸣，就越不会持续很长时间，这说明老子对天象有很深的研究。老子还指出："合抱之木，生于毫末；九层之台，起于累土；千里之行，始于足下。"(《老子·六十四章》)"天下难事，必作于易，天下大事，必作于细。"(《老子·六十三章》)所以矛盾双方发展积累到一定的程度，就会引起事物性质的变化，即质变。他强调千里之行始于足下，做好当下的事情，日积月累也可以实现伟大的目标。中国古代的三大辩证法思想，就是以道家为主的柔性辩证法，以兵家为主的刚性辩证法，以及儒家以中庸为主的辩证法思想。所谓中庸之道，强调刚柔并济，既讲刚也讲柔。

（四）自然道之法

"道"不仅是世界万物的总根源，而且是世界万物的总规律。"道"所依据的是一种自然而然的法则。故说"人法地，地法天，天法道，道法自然"(《老子·二十五章》)。人效法地的博厚，地效法天的高远，天效法道的深邃，道效法本身的自然而然。因为道本身是最高的，道无非是遵循自己内在的规律而已。所以"大方无隅，大器晚成，大音希声，大象无形"(《老子·四十一章》)。最方正的东西，反而没有棱角；最贵重的器物总是最后完成；最大最美的声音乃是无声之音，是和谐之音；宇宙如此恢宏壮观，大得难以形容描述它。"大直若屈，大巧若拙，大辩若讷。"(《老子·四十五章》)真正正直的人外表反似委曲随和；真正灵巧的人，貌似笨拙；真正有口才的人表面上好像不善言辞，真正智慧的人看起来比较拙笨。"清水出芙蓉，天然去雕饰"是道家的美学观点，反对粉饰雕琢，拒斥整容美颜。还有"为学日益，为道日损"(《老子·四十八章》)，"绝智弃辩"(《老子·十九章》)，"绝伪弃诈"(《老子·十九章》)，这些观点是老子对儒家仁义学说的批评，他拒绝假仁假义，不要虚伪乡愿，而要求回归法天贵真的自然状态，对待社会与政治亦是如此。

（五）无为道之治

老子与孔子、墨子不相同。孔子主张行周礼，墨子主张用夏政，老子则对人类已有的文化发展和文明成果持否定态度。老子认识到自然是最高的价值，采取了无为的治理理念。"不出户，知天下；不窥牖，见天道。其出弥远，其知弥少。是以圣人不行而知，不见而名，不为而成。"（《老子·四十七章》）不出门户，就能够推知天下的事理；不望窗外，就可以认识日月星辰运行的自然规律。人向外奔逐得越远，他所获得的启发就越少。所以，有"道"的圣人不出行却能够推知事理，不窥见而能明了"天道"，不妄为而可以有所成就。老子是喜欢宅在家里的。我读《道德经》，感受到老子的哲学气质就是宅男，老子的哲学就是宅男的哲学，老子就是老宅男。所谓的"不出户，不窥牖""致虚极，守静笃"，一直到庄子的"心斋""坐忘"，实际上"宅"就是道家精神气质的表现。老子指出："天之道，损有余而补不足。人之道，则不然，损不足以奉有余。"（《老子·七十七章》）天道是公正无私的，然而现实的社会制度却不是公正无私的，存在着贫富不均的两极分化。老子认为这是不正常、不合理的。所谓的"天之道"就是把富人的财富分给不足的人家，所谓的"人之道"会造成不足者的财富反而流向富裕者。最近的统计数据说，人类社会最富有的26个人拥有的财富和排在后面的38亿人拥有的财富相当，很明显这是属于"人之道"，是不合理不正常的。所以老子指出："民多利器，国家滋昏；人多伎巧，奇物滋起；法令滋章，盗贼多有。"（《老子·五十七章》）"民之难治，以其智多。"（《老子·六十五章》）"智慧出，有大伪。"（《老子·十八章》）他提出"治大国，若烹小鲜"（《老子·六十章》）。做鱼不能老翻腾，社会如此，人民如此，不能朝令夕改，否则民众就无所措手足。从老子的这句话发展出汉代清静无为、休养生息的治理政策。老子还说："圣人无常心，以百姓心为心。"（《老子·四十九章》）无为就是不折腾。老子将统治者的横征暴敛、贪图享乐与百姓的饥饿贫困作了强烈对比。正因为统治者多忌讳，老百姓才弥贫；统治者多食税，老百姓是以饥；统治者服文采，带利剑，厌饮食，老百姓田甚芜，仓甚虚；统治者多法令，老百姓才多生盗贼。基于这种对人类文明的批判，老子描绘了一个"小国寡民"的社会，这就是他的理想国。

无为是权力的自我节制。"为无为，则无不治。"（《老子·三章》）

无为不是无所作为，而是把无为当作一个目标，当作治理理念，这样就可以治理天下了。"是以圣人处无为之事，行不言之教；万物作而不为始，生而不有，为而不恃，功成而弗居。夫唯弗居，是以不去。"（《老子·二章》）因此圣人用无为的观点对待世事，用不言的方式施行教化，听任万物自然兴起而不为其创始，有所施为而不加自己的倾向，功成业就而不自居。正由于不居功，就无所谓失去。所以说："小国寡民……甘其食，美其服，安其居，乐其俗。邻国相望，鸡犬之声相闻，民至老死，不相往来。"（《老子·八十章》）请大家思考一下，如果"小国寡民"是道家的理想社会，那么道家能否治大国？我认为老子是比喻的讲法，类似于我们今天说的"地球村"。"小国寡民"切莫理解为"土地狭小，人民稀少"，而是"小其国，寡其民"，正如老子所言"治大国若烹小鲜"，体现了一种国家治理的方式，就是治大若小，治众若寡，大道至简，举重若轻。道家非但可以治大国，而且治大国必用道家的治理策略。关于老子就讲到这里。

二 庄子

庄子是一位风趣诙谐的哲学家，深受中国古代士大夫和知识分子的喜爱。庄子（约前369—前286），名周，字子休，战国时代宋国蒙（今安徽蒙城）人。著名思想家、哲学家、文学家，是道家学派的代表人物，老子哲学思想的继承者和发展者，先秦庄子学派的创始人。《庄子》共三十三篇，分"内篇"（七篇）、"外篇"（十五篇）、"杂篇"（十一篇）三部分。内篇被认为是庄子本人所作，外篇、杂篇被认为是庄子后学所作，我们认为都可以作为庄子研究的文本。"其学无所不窥"（《史记·老子韩非列传》），"其文则汪洋辟阖，仪态万方，晚周诸子之作，莫能先也"[1]。善用寓言、重言、卮言，寓言是比喻论证，重言是引用论证，卮言是事实论证。

---

[1] 鲁迅：《汉文学史纲要》，人民文学出版社1977年版，第42页。

我们讲过，老子是宅男气质，老子的哲学是宅男哲学。那么庄子的精神气质就是屌丝，庄子的哲学就是屌丝的哲学。"屌丝"在这里是中性的用法。我们认为他符合"屌丝"的三大标准：一是出身寒微，庄子担任过很小的官职"漆园吏"，有人认为这是管理漆树的园子，也有说是管理漆器的，总归这个官职不大，草根阶层。二是受过一定的文化教育，庄子受过的教育还是比较广泛，与他讨论的很多是大学者，所以庄子的文化教育程度还是不错的。三是自嘲精神，"屌丝"是出身寒微的年轻人对自己的揶揄，庄子也有这样的自嘲精神。在哲学史上，有哲学家把自己比作乌龟的吗？大概只有庄子吧。所以我们认为庄子的精神气质就是屌丝，庄子的哲学就是屌丝的哲学。

下面从三个方面介绍庄子哲学。

（一）齐物论

庄子哲学的一大特点就是采取相对主义的观点观察世界和人类社会，他否认事物质的规定性，不仅主张"万物齐一"，而且主张"是非齐一"。他的相对主义的认识论可以从以下六个层面加以认识和把握。

一是齐大小。庄子指出："天下莫大于秋毫之末，而大山为小。"（《庄子·齐物论》）秋毫是什么？秋毫就是秋冬时候动物为了过冬而长出的细密绒毛。秋毫如此细小，却没有比秋毫更大的了；泰山如此高大，却没有比泰山更小的了。与肉眼看不到的微生物相比，秋毫之末已经是很大的了；泰山和日月相比自然是很小的了，不足一提。所以从相对主义的角度把握大与小，就会得出和常识完全不同的结论，泯除大与小的物理差别。

二是齐寿夭。"莫寿于殇子，而彭祖为夭。"（《庄子·齐物论》）殇子是没有成年就去世的小孩子，没有比这种小孩子更长寿的了。彭祖据史书记载寿臻八百岁，而长寿如此的彭祖被称为是短命的。如何理解？这就是时间的相对性的问题。有些生物春生夏长秋天死亡，生命周期就一个春秋，有些生物的生命周期就在一日之内，可谓朝生暮死。与这些生物相比，殇子是不是非常长寿？彭祖八百岁，但和天地相比，就算得上很短命了。所以"齐大小"是空间的相对性问题，"齐寿夭"是时间的相对性问题，庄子旨在破除人们对日常经验的固定化认识。

三是齐美丑。"毛嫱、西施，人之所美也；鱼见之深入，鸟见之高飞，麋鹿见之决骤。四者孰知天下之正色哉？"（《庄子·齐物论》）毛嫱、西施是古代的美女，大家都认为这是绝代佳人，但是她们的美只是相对于人来说是美的，不具有跨物种的意义。鱼见了赶快就逃走了，鸟见到了就远远地飞走了，麋鹿见到这样的美女也撒腿就跑。鱼鸟麋鹿谁知道正色呢？雄鸟只认为雌鸟是美的，公鹿只认为母鹿是美的，鱼鸟麋鹿只知道同物种的异性是美的。庄子提出了审美的相对性问题。

四是齐是非。这涉及是非判断标准的问题。"故有儒墨之是非，以是其所非而非其所是。欲是其所非而非其所是，则莫若以明。"（《庄子·齐物论》）儒墨各有它的是非，他们各自肯定他所认为的是，而否定他所认为的非。现在想要判定他们究竟谁是谁非，那是永远也不可能的。所以他提出一个概念，叫"辩无胜"，辩论是没有胜者的，谁也不能充当真理的拥有者，因为甲有甲的是非，乙有乙的是非。我们只能再请出丙，丙或者认同甲，或者认同乙的是非，但如果丙不认同甲或乙的立场，那就莫衷一是了。所以没有所谓是非判断的标准，也无所谓是非。

五是齐生死。在庄子看来，人生是一次旅行，死亡就是回家。在庄子病重的时候，弟子们为庄子准备后事。庄子问道：你们都为我准备了什么仪式啊？弟子们说：我们准备了很隆重的葬礼，很昂贵的棺椁，要把你深埋在地下，还准备了很多陪葬品，来表达我们的敬重和悼念。庄子说：你们不要这样，你们为什么要把我深埋在地下呢？没有必要，你们把我赤身裸体放在野外就行了。弟子说：不行啊，这样会有秃鹫来啄食您的身体。庄子说：你们为什么要厚此薄彼呢？你们用棺椁把我深埋在地下，任由老鼠吞食，而不愿意让秃鹫享用，为什么厚此薄彼呢？你们把我赤身裸体放在旷野上，这样大地就是我的棺材板，高天就是我的棺材盖，日月星辰就是我的陪葬品。宇宙间还有如此豪华盛大的葬礼吗？

所以在庄子看来，生死都是自然现象，要理性、正确看待。《周易·离卦》九三爻辞："日昃之离，不鼓缶而歌，则大耋之嗟，凶。"意为夕阳余晖，叩缶而歌是垂暮老人的挽歌，缶即瓦盆，当时葬礼上用的是缶。《庄子·至乐》里记载："庄子妻死，惠子吊之，庄子则方箕踞鼓盆而歌。"庄子是敲着瓦盆来表达对妻子的思念，妻子死去了，也就是回家了。"老聃死，秦失吊之，三号而出。……曰：适来，夫子时也；适去，夫子顺也。安时而处顺，哀乐不能入也。"（《庄子·养生主》）一个人偶然来到世间，这是他顺时而生，偶然离去了，这是他顺时而死。安于时运而顺应自然，一切哀乐之情就不能进入心怀，古时候称此为自然的解脱。安时处顺是道家对生死的重要看法。

六是齐物我。讲是非是说真理的相对性，讲生死是讲生命的相对性。庄周梦蝶的故事是说庄子睡觉时，梦见自己变成了蝴蝶，翩翩起舞，醒来之后提出一个哲学问题：到底是庄周变成了蝴蝶，还是蝴蝶变成了庄周？这就是何者为第一性的问题，到底庄周是根本，还是蝴蝶是根本。《庄子》回答了这个问题："天地与我并生，而万物与我为一。"（《庄子·齐物论》）天地万物与我一体同源，都来自虚空大道，并且要复归于虚空大道。万物和我只不过是具体形态的差别，其实质都是太虚之气的具体体现。所以不论是庄周还是蝴蝶，都是气化流行，具有根源性的同一。在这个意义上，不要执着于是庄周还是蝴蝶更根本，物我都是一样的。

唐代诗人李商隐《锦瑟》诗引用了这个典故：

锦瑟无端五十弦，一弦一柱思华年。
庄生晓梦迷蝴蝶，望帝春心托杜鹃。
沧海月明珠有泪，蓝田日暖玉生烟。
此情可待成追忆？只是当时已惘然。

（二）逍遥游

道家对逍遥的精神境界非常的憧憬和向往，"逍遥游"体现了道家的自由之思，包含三层含义。

一是"游于大"。庄子强调"游于大"的空间感。"乘云气，骑日月，而游乎四海之外。"（《庄子·齐物论》）一般讲"四海之内"，而庄子讲"四海之外"，凸显空间的宏大壮美。"不就利，不违害，不喜求，不缘道，……而游乎尘垢之外。"（《庄子·齐物论》）圣人远离社会，不急功近利，不回避祸害，不贪求外物，不攀缘道理，游弋于红尘之外。庄子对惠子说："今子有大树，患其无用，何不树之于无何有之乡，广莫之野，彷徨乎无为其侧，逍遥乎寝卧其下。"（《庄子·逍遥游》）庄子劝告惠施，如今你有这么大一棵树，却担忧它没有什么用处，怎么不把它栽种在什么也没有生长的地方，栽种在无边无际的旷野里，悠然自得地徘徊于树旁，优游自在地躺卧于树下呢。最典型的就是《逍遥游》开篇所说的："北冥有鱼，其名为鲲。鲲之大，不知其几千里也。化而为鸟，其名为鹏。鹏之背，不知其几千里也；怒而飞，其翼若垂天之云。"这段文字为我们展示了体量巨大、超乎想象的鲲鹏形象，它们的鳞甲羽翼巨大无比，而鲲鹏又游泳翱翔于一个超大空间里，意态逍遥从容，游乎天地之中，庄子极力渲染这种大。

二是"游于心"。"游心于淡，合气于漠，顺物自然而无容私焉。"（《庄子·应帝王》）能够保持本性无所修饰的心境，交合形气于清净无为的方域，顺应事物的自然而没有个人的偏私。"不知耳目之所宜而游心乎德之和。"（《庄子·德充符》）"且夫乘物以游心，托不得已以养中，至矣。"（《庄子·人间世》）"游于大"只是外在场域和超大生物的描述，更重要的是游于心，游于心体现了一种精神的愉悦与逍遥。庄子和他的好朋友惠施郊游，在濠水（位于安徽省）上观鱼，河水很清澈，可以看到水里的游鱼。庄子说：鱼在水里自由自在，这是鱼的快乐。惠施就和他抬杠，惠施是名家，精神气质是杠精，他故意质疑：你不是鱼，怎么知道鱼的快乐？庄子答道：你不是我，焉知我不懂得鱼快乐呢？惠施说：我不是你，我固然不知道你；你不是鱼，你也不能知道鱼的快乐。庄子说：请从头说起。你先说我怎么知道鱼之乐？也就是说，你已经知道我知道鱼的快乐，你是故意问我的，我在濠上观鱼获得了这样的快乐。人和人之间是可以沟通理解的，但是鱼和人之间能否实现跨物种的交流，这还是一个科学问题，我们无法断定。庄子在这里采取了一种审美的通感，他是从鱼的一种游泳姿态引发了自身的欣赏与愉悦，但是鱼本身是否快乐，并不影响庄子的判断。因为"游于心"，是一种主观感受，不是认识论的范畴，而是审美的愉悦观照，这种观照无关利害，无关是非，而只是审美直观。所以我们说"游于心"是主观精神的审美把握。

三是"游于无"。《庄子》里有很多"游于无"的表述。"立乎不测，而游于无有者也。"(《庄子·应帝王》)"乘天地之正，而御六气之辩，以游无穷。"(《庄子·逍遥游》)"堕肢体，黜聪明，离形去知，同于大通，此谓坐忘。"(《庄子·大宗师》)"吾所谓无情者，言人之不以好恶内伤其身，常因自然而不益生也。"(《庄子·德充符》)庄子的精神自由表现为无心无情，无心即无思无虑，无情即无好无恶。无情就是超脱于喜怒哀乐，一切顺其自然，不会因感情波动而损耗精神。"有人之形，无人之情。有人之形，故群于人，无人之情，故是非不得于身。"(《庄子·德充符》)具备了人的形貌，但不要投入人的情感。具备了人的容貌，就可以和其他人沟通；没有投入人的情感，那所谓的是非利害就和我没有关系，不会损耗我的精神。不要带着自己的情感投入，这样的话，从没有在意，自然无所谓失意。"至人无己，神人无功，圣人无名。"(《庄子·逍遥游》)能够摆脱个体束缚的，是至人；能够摆脱功利束缚的叫神人；能够摆脱名誉是非束缚的就是圣人。"不食五谷，吸风饮露"(《庄子·逍遥游》)，"乘云气，御飞龙，而游乎四海之外"(《庄子·逍遥游》)的至人、神人、真人是庄子理想人格的化身。很显然，这是在一种超世之游中摆脱了世俗伦理是非、名利贵贱，以至生死存亡等一切现实困顿和矛盾的神游。这就是庄子所追求的"逍遥游"，即人生自由的境界。这种境界不是通过实践而获得的结果，而是通过人的主观精神的超越而获得的自由。

（三）材不材

"材不材"出自《庄子·山木》篇。庄子有一天要去拜访他的老朋友，经过一座高山时，看到山上有樵夫在砍树，庄子的学生问樵夫，这棵树长得很高大，盘根错节，枝繁叶茂，你们怎么不砍呀？樵夫回答说，这棵树长得曲曲弯弯，而且树木的品质很差，任何一段砍下来都没有用，所以我们都不肯枉费力气去砍伐。然后他们翻过了山，到了老朋友家里。老朋友热情款待，请庄子他们吃当地的特产烧鹅。童子向主人禀报：家里有两只野鹅，一只会叫，一只不会叫，请问杀哪一只？鹅性比较警觉，夜里很机敏，一有风吹草动就叫，所以能够起到和狗类似的作用。古罗马有一个城市,曾经被敌人围困了大半年,城市在高坡之上,易守难攻,但时间长了,人困马乏,防御就松懈了。有一天夜里,敌人偷偷爬上了城墙,被一只鹅发现了,叫了一声,还在休息中的士兵就抓起武器把敌人赶下去了,鹅就成了这个城市的保护神。主人就说:杀那只不会叫的吧。酒足饭饱后,庄子的学生就问了庄子一个问题,昨天山中之木,因为不材得终其天年,今天主人之鹅,因为不材而成了盘中餐。如果换成先生的话,您到底怎么做,材还是不材呢?同学们,这是一个哈姆雷特式的问题。"To be or not to be, it's a question."有的因为不材而死亡,有的因为不材而终其天年,是偶然的吗?是命运的侥幸吗?这很容易落入宿命论。庄子回答,我将处于材与不材之间吧。什么是材与不材之间呢?有同学说,左边是材,右边是不材,取它们的中点,一半对一半,是不是这样的?有人因此说庄子是混世主义、滑头主义,实际上并不是。

庄子是这样回答的:"周将处乎材与不材之间。材与不材之间,似之而非也,故未免乎累。若夫乘道德而浮游则不然。无欲无訾,一龙一蛇,与时俱化,而无肯专为;一上一下,以和为量,浮游于万物之祖;物物而不物于物,则胡可得而累邪!"(《庄子·山木》)我所讲的与你们所说的墙头草是不一样的,因为这样就会拘束劳累。如果能够顺应自然而自由自在的游乐,就没有这种烦恼了,没有赞誉与诋毁。时而像龙一样飞腾,时而像蛇一样蛰伏,伴随着时间的推移而变化,而不会偏执于某一个方面。时而进取,时而退缩,一起以顺和作为度量的标准,悠然自得,生活在万物初始的状态,驭使外物,而不被外物驭使,这样怎么会受到外物的牵累呢?庄子在这里体现了道家真正的智慧,指出有时候要像飞腾云雾中的龙,有时候要像潜伏草丛里的蛇,既不要表现得太有用,也不要表现得太没用。举例而言,如果工作一直表现不太出色,这次疫情开始公司裁员,你就首当其冲了。如果一贯高调,以至于功高震主、趾高气扬,会让人觉得你有企图心,权力欲膨胀,一把手就会排挤你,给你穿小鞋。材与不材之间,就是一龙一蛇,变幻莫测,该高调时高调,该谦逊时谦逊,该出手就出手,该缩头就缩头。如果公司在艰苦创业阶段,就要勇于奉献,敢于担当;如果已经是上市公司,个人实现财务自由,就要趁机功成身退、金盆洗手。这就是道家明哲保身、安时处顺的智慧与哲理，以免被权力斗争所波及。历史上有范蠡、张良这种明哲保身的楷模。所以庄子说："为善无近名，为恶无近刑。缘督以为经，可以保身，可以全生，可以养亲，可以尽年。"（《庄子·养生主》）做好事但不要贪图名誉，做坏事但不要涉及刑罚，这样就能师法道的宗旨，可以呵护生命，保全天性，侍养亲人，尽其天年。孔子说过："有道则见，无道则隐。"（《论语·泰伯》）"道不行，乘桴浮于海。"（《论语·公冶长》）儒家依据天下有道、无道作出仕或隐逸的人生抉择和政治判断。而《史记》称："老子修道德，其学以自隐无名为务""老子，隐君子也"。（《史记·老子韩非列传》）道家不是把"隐"当作博取功名的终南捷径，而是把"隐"本身就当作人生追求。陶渊明有诗曰："采菊东篱下，悠然见南山。山气日夕佳，飞鸟相与还。此中有真意，欲辨已忘言。"（《饮酒》其五）这首诗让我们领略士大夫隐匿于自然，真正忘我的精神境界。同样辛弃疾也说："味无味处求吾乐，材不材间过此生。"（《鹧鸪天·博山寺作》）前一句出自《道德经》，后一句出自《庄子》。从平淡处体会到人生的真谛，这才是真正的快乐；在材与不材之间能够恰到好处，就能平安度过一生，保养天年，这就是道家的人生智慧。

第六讲
墨子与墨家

　　《墨子》现存五十三篇，韩非认为儒、墨并为"显学"，也就是在春秋时期，儒、墨成为社会学术思潮中的两大显学。显，显著、显要、显赫义。《吕氏春秋》说："孔、墨之弟子徒属充满天下，皆以仁义之术教导于天下。"（《吕氏春秋·有度》）孔子弟子三千，墨门徒众也不少，他们传授的看起来都是仁义之术，但实际上大相径庭。《墨子》现存有《非儒》篇，批驳以孔子为代表的儒家礼义思想，说明墨子要比孔子晚一些。孟子将墨家视作儒家的主要论敌，认为："杨朱、墨翟之言盈天下。天下之言不归杨，则归墨。"（《孟子·滕文公下》）杨朱就是先秦黄老道家的一个派别，这个派别的特点是"拔一毛以利天下，不为也"（《孟子·尽心上》）。儒家、墨家都讲集体主义哲学，但是杨朱讲的是个人主义哲学。天下的学问，不是在杨朱手里，就是在墨家手里。当时杨、墨构成了对先秦儒家的思想挑战，故孟子以"辟杨墨"为己任。儒家和墨家有同有异，相同的地方是都围绕人展开，都关心人、爱护人，但儒家讲的是做人的学问，鼓励人们做正人君子。墨家既讲做人的学问，也讲做某种人的学问，鼓励人们做能工巧匠。中华民族是勤劳勇敢、艰苦朴素、吃苦耐劳、热爱和平的民族，这些优秀的品质几乎都与墨家有关。下面从五个方面介绍墨家。

一　禹墨精神

禹是大禹，墨是墨子，之所以把他们联系在一起，是有原因的。先介绍一下墨子生平。墨子（约公元前480—前400），名翟，邾国人（今山东滕州）。所以山东是出圣人的地方。他是墨家学派的创始人，战国时期著名的思想家、科学家、军事家。墨子生平材料很少，只在《史记·孟子荀卿列传》里有24个字的介绍，而且很含混。所以墨子的生平很神秘，仿佛他的档案被处理过一样。

"盖墨翟，宋之大夫，善守御，为节用。或曰并孔子时，或曰在其后。"（《史记·孟子荀卿列传》）司马迁首先点出了墨子的姓名，然后说是宋之大夫，但并不意味着他是宋国人。经过现代学者考证，墨子是邾国人。司马迁肯定墨子善于防御、提倡节俭，最后讲他的生卒时间，有两种看法，一是与孔子同时，二是稍后于孔子。墨子材料很少，在先秦其他文献中还有相关记载。如《庄子·天下》说："墨子称道曰：'昔者禹之湮洪水，决江河而通四夷九州也，名川三百，支川三千，小者无数。禹亲自操橐耜而九杂天下之川；腓无胈，胫无毛，沐甚雨，栉疾风，置万国。禹大圣也，而形劳天下也如此。'使后世之墨者，多以裘褐为衣，以跂蹻为服，日夜不休，以自苦为极，曰：'不能如此，非禹之道也，不足谓墨。'"这里庄子点出了大禹和墨子的关系，大禹是墨子的精神偶像。我们总结出一个文化规律。文化学的研究表明，越是晚出的事物，其上溯就越早。在儒家，孔子是实际创始人，其精神偶像是周公，周公是西周著名政治家，在儒家便称之为周孔。在墨家，墨子则上溯到大禹，所以墨子是晚于孔子的，因为越是晚出的事物上溯得就越早。战国时还有黄老学派，黄老学派的出现很明显晚于儒家和墨家，因为"老"是老子，"黄"是黄帝，上溯最早，所以应该是最晚出现的。

墨子对大禹治水的历史功绩极为称颂。大禹采用疏导的办法，使得肆虐九州的洪水得到控制，包括三百条大河、三千条支流和不可胜数的小河。大禹亲自操作劳动工具而使得天下的河道得以疏浚，以至于劳苦奔波，自己的大腿上没有肉，小腿上不长毛，迎着暴雨狂风，安顿天下的黎民百姓。像大禹这样的圣贤，为了天下苍生，而使得自己的身体操劳憔悴如此，所以后世的墨者都以大禹为榜样。他们都穿着粗布衣服和草鞋，日夜不停劳作，以自苦为乐，而且发出感叹：我如果不这么艰苦朴素，就不能称之为大禹之道、不能称之为墨家。这就是禹墨精神的来历。可以说墨家深刻打上了大禹的精神烙印。

这种禹墨精神在墨家身上体现为若干特点。一是面貌奇特。"手足胼胝，面目黧黑"（《墨子·备梯》），"农与工肆之人"（《墨子·尚贤上》），"摩顶放踵"（《孟子·尽心上》），"枯槁不舍"（《庄子·天下》）。墨者，黑也。墨子长得黑，因为长期从事一线劳动，所以手脚都长了厚厚的老茧，面容黪黑，头发秃了，光着脚，身体消瘦。所以学界还有观点认为，墨子长得相貌奇特黝黑，判断墨子可能是一个印度人。对此我并不赞同，墨子是因为劳作而造成了这种形貌上的特点，体现了劳动群众的本色。

二是宗旨明确。墨家代表农民和小手工业者，主张"背周道而用夏政"（《淮南子·要略》），"学儒者之业，受孔子之术"（《淮南子·要略》）。据说墨子早年受儒者教育，受孔子之术，后来醒悟，自成一家，背离周公之道，实施大禹之道，所以和儒家划清了理论界限。

三是生活艰苦。墨家提倡粗茶淡饭，吃多少做多少，饱腹即可，而孔子是"食不厌精，脍不厌细"（《论语·乡党》）。墨家根据自己身材的尺寸，就穿多大的衣服，而儒者有衣冠品级的要求。墨子从事劳作，着短衣打扮，饮食简单，活着的时候十分勤劳，死去的时候葬礼非常简单。儒家强调厚葬，而墨家强调薄葬。

四是身份神秘。墨子本人的档案仿佛经过删改，墨门弟子也大抵如此。孔子弟子三千，能考证出不少人，而墨门弟子，能考证出来的只有十几个名字，其他的完全没有线索，而且弟子们的名字听上去非常古怪，如禽滑釐、公尚过、胡非子等。这些人都是齐国的狂暴之徒，横行乡里，非常狡猾，大多是不法分子，受过刑罚处分。孔子学生的名字和墨子学生的名字相比，二者的气质迥异。孔门的颜渊、冉雍、仲由、端木赐等，一看名字就是温良恭俭让的谦谦君子。墨子学生的名字一看就不像好人，类似化名，以掩盖之前的斑斑劣迹。我认为墨家隐含着"以刑为姓，以过为名"的命名规则。"以刑为姓"，即受过什么样的刑，就用这种刑作为自己的姓氏。例如汉初，刘邦手下有一个大将英布，后来被封为淮南王，其早年受过刑罚——黥刑，在脸上刺字涂墨，也称墨刑，所以早期英布也叫黥布，这是有同样案例可循的。墨子可能受过官方的处罚，尽管这种刑罚或许并非公正。上古有五刑，即墨、劓、剕、宫、大辟等五种法定刑，墨刑是五刑里最轻的，这种刑罚不仅是肉体刑，而且是耻辱刑，会造成受刑人在社会交往中的不名誉、不体面。故墨子很可能是受过这种刑罚后以此为姓。"以过为名"，比如《神雕侠侣》中杨过被称为"过儿"，就是因为杨过的父亲杨康干过很多坏事，郭靖就给其子起名为过。依照这样的案例推溯，其弟子公尚过、胡非子可能是犯过错误、胡作非为的人。犯错不可怕，墨子的本事在于能让这些人成为侠义之士，我认为这是墨子最伟大的地方。在对人的改造上，孔子是把一个好人教导成文质彬彬的君子，墨子则把不法之徒教育为侠义之士，在这一点上，墨子或许比孔子更加出色。当然，这只是我的一家之言，欢迎讨论。

五是组织严密。墨子手下有八十人，都是可以赴汤蹈火、一往无前的侠士。举一个腹䵍行墨子之法的例子。墨家在诸国都有分会，如楚墨、齐墨、赵墨等。秦国的巨子叫腹䵍，有一次，他的儿子杀了人，秦王本来要按律治罪，但考虑到他年龄大了，只有这一个儿子，提出要赦免其子。他说大王可以从国法上赦免自己的儿子，但墨家有墨家的成规。他就根据墨家的规定把自己儿子处死了。正因为具备极强的组织性、纪律性，所以墨家的战斗力极强。

六是侠义济世。墨家为万民除害，甚至不惜牺牲自己的利益。案例有"止楚攻宋"。宋国是小国，孟胜是巨子，率领一百八十人慷慨赴死，守城殉难。所以鲁迅先生提出来，墨之后者为侠。墨学中绝，而墨家并未消亡。在后来的中国社会中，墨家精神始终是存在着的，转化为侠士袍哥、江湖豪客，凝聚为燕赵悲歌、剑胆琴心、干云豪气。

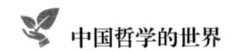

二　和平理想

中华民族是热爱和平的民族，无论是儒家还是墨家，都追求和平，都希望天下大治。

"兼相爱"是墨家的一个重要命题："天下兼相爱则治，交相恶则乱。"（《墨子·兼爱上》）"治"就是天下和平，"乱"就是天下混乱。要使天下的人彼此兼爱，这就达到了和平的状态；天下的人彼此交恶，就会造成秩序混乱，而乱的根源在于"不相爱"。墨子看到当时"不相爱"是一个普遍现象。"诸侯不相爱则必野战，家主不相爱则必相篡，人与人不相爱则必相贼，君臣不相爱则不惠忠，父子不相爱则不慈孝，兄弟不相爱则不和调。"（《墨子·兼爱中》）所以诸侯不相爱就会发生战争，家主不相爱就会篡权，人与人不相爱就会互相伤害，君臣之间不相爱就会造成君不惠、臣不忠，父子之间不相爱，就会造成不慈不孝，兄弟之间不相爱就会造成紧张关系，争夺伤害。墨子提出的对策是："视人之国若视其国，视人之家若视其家，视人之身若视其身……天下之人皆相爱，强不执弱，众不劫寡，富不侮贫，贵不傲贱，诈不欺愚，凡天下祸篡怨恨可使毋起者，以相爱生也。"（《墨子·兼爱中》）把别人的国家当成自己的国家来敬爱，把别人的家族当成自己的家族来亲近，把别人的身体当成自己的身体来养护。所以，天下之人彼此兼爱，强者不会凌夺弱者，多数人不会劫掠少数人，富人不会欺侮穷人，贵人不会鄙视贱民，狡诈的人不会欺负愚笨的人，这样天下的祸篡怨恨就不会产生了，因为大家都充满了关爱，都处在相互兼爱的关系中。"兼相爱"，让世界充满爱，这是墨子提出的最核心的命题。

墨子提出："爱人不外己，己在所爱之中。己在所爱，爱加于己。伦列之爱己，爱人也。"（《墨子·大取》）兼爱并非将自己排除在外，自己也处于被关爱的关系之中。自己处于被关爱的关系中，爱就会施加在自己身上，无差等地爱自己，就是爱所有人。所以墨家强调视人如己，其出发点不是自己而是他人。墨子认为当时国与国之间的战争都是由于

"不相爱"，应以"兼"来代替"别"。"兼"，在墨子看来是大公无私、不分彼此、关心别人如同关心自己一样的高尚品质。具有这种高尚品质的士，墨子称他"兼士"；具有这种高尚品质的国君，墨子称他"兼君"。和"兼"相对立的是只顾自己、不为旁人设想的自私自利的恶劣品质，墨子把这种品质叫作"别"。具有这种恶劣品质的士，墨子称他"别士"；具有这种恶劣品质的国君，墨子称他"别君"。

通过"兼相爱"思想的讨论，我们看到儒家与墨家在爱的问题、和平的问题上有"同"，有"不同"。"同"就是都提倡爱，"不同"就是一种是仁爱的路线，一种是兼爱的路线。仁爱就是推己及人，以爱有差等的血亲之爱为基础，强调"己欲立而立人，己欲达而达人"（《论语·雍也》）。而兼爱则突出视人如己，强调爱无差等，不以血缘为基础。实现仁爱理想的人叫作君子，实现兼相爱的人叫作兼士。我们从墨子早年的学习经历看出他对孔子的仁爱思想是有了解的，他从儒家的思想路线中走出来，开辟出一条更强调大公无私的高贵品质的新路线。

下面讲第二个命题"交相利"。交相利是手段，兼相爱是目的，彼此相爱会促进双方的利益。墨子提倡"兴天下之利，除天下之害"（《墨子·尚同中》），从利害角度阐述兼相爱的道理。墨子从其兼爱说推演出人己两利、各不相害的思想。墨子以利作为社会伦理规范的基础，以行为是否利于人作为判断义与不义的标准，利于人则义，不利于人则不义。"所谓贵良宝者，可以利民也，而义可以利人，故曰：义，天下之良宝也。"（《墨子·耕柱》）在这个意义上，"义，利也"（《墨子·经上》）。义就是利。儒家的思想不是谋部分阶层、部分人的利益，而是谋天下人的利益，这就是仁义，这一点上儒墨是达成一致的，提倡仁义应当有利于天下苍生。"故衣食者，人之生利也。"（《墨子·节葬下》）交相利的基本内容是"利人者，人必从而利之……害人者，人必从而害之"（《墨子·兼爱中》），交相利必须做到人己两利，决不能亏人以利己。墨子将个人利益与社会利益糅合在一起，认为利人即是利己，损人即是损己，只有人们各不相害，彼此有利，才可以避免天下的祸篡怨恨。在一定程度上，墨子实际上已经触及"人类命运共同体"这样的理念。大家互相兼爱，才能互相不伤害。通过这次疫情，我们彼此关爱，当湖北一方有难，全国八方支援武汉和湖北，当中国有难，如果大家都秉持"人类命运共同体"的理念，那么就会彼此支援，同理，欧洲、美洲有难也是如此。这不仅仅是利益攸关，也是情感认同。

过去常说"春秋无义战"（《孟子·尽心下》），春秋时期发动的兼并战争都是不义的战争。墨子深刻认识到这一点，指出："以攻罚无罪之国，入其沟境，刈其禾稼，斩其树木，残其城郭，以御其沟池，焚烧其祖庙，攘杀其牺牲。民之格者，则劲拔之，不格者则系操而归。丈夫以为仆、圉、胥、靡，妇人以为舂、酋。"（《墨子·天志下》）仆、圉、胥、靡、舂、酋是指做不同工作的奴隶。诸侯之间发动不正义的战争，攻打无罪之国，悍然侵入他的边境，收割他的庄稼，斩伐他的树木，残害他的城郭，夷平他的沟池，焚烧他的祖庙，掠夺他的牛羊，如果有人敢于反抗，那就杀掉，不敢反抗的就用绳子穿起来带回国做奴隶。男人充作仆、圉、胥、靡，女人充作舂、酋。"春则废民耕稼树艺，秋则废民获敛。今唯毋废一时，则百姓饥寒冻馁而死者，不可胜数……国家发政，夺民之用，废民之利，若此甚众，然而何为为之？"（《墨子·非攻中》）只要是战争，都会造成民生凋敝，经济衰退，人口大规模死亡。这种不义的战争，劳民伤财，使得生灵涂炭，怎么会有好处呢？

墨子主张非攻，是特指反对当时的"大则攻小也，强则侮弱也，众则贼寡也，诈则欺愚也，贵则傲贱也，富则骄贫也"（《墨子·天志下》）的掠夺性战争。墨子以是否兼爱为准绳，把战争严格区分为"诛"（诛无道）和"攻"（攻无罪），即正义与非正义两类。"兼爱天下之百姓"（《墨子·法仪》）的战争，如禹攻三苗、商汤伐桀、武王伐纣，是上符合天之利、中符合鬼之利、下符合人之利的，因而有天命指示，有鬼神帮助，是正义战争。反之，大攻下，强凌弱，众暴寡，"兼恶天下之百姓"（《墨子·法仪》）的战争，是非正义的。

清代学者俞樾认为墨子"惟非攻，是以讲求备御之法"，诚为的见。墨子制止非正义的战争不只是口头讲说，而是落到实处。从"非攻"出发，《墨子》论述了作为弱小国家如何积极防御的问题。有句成语叫"墨守成规"，讲的是墨子守城时遵循防御的具体规定。墨子几乎谙熟当时各种兵器、机械和工程建筑的制造技术，并有不少创造。在《墨子》一书中的"备城门""备高临""备水""备穴""备蛾""备突""迎敌祠""杂守"等篇中，他详细地介绍和阐述了城门的悬门结构，城门和城内外各种防御设施的构造，桔槔和各种攻守器械的制造工艺，以及水道和地道的构筑技术，体现出在当时极为先进的军事思想。备城门就是对城门的防御，因为城门是进出的通道所在，城门的防御应当是重中之重；备高临就是如何对付敌人采用居高临下攻城方法的战术；备水就是提防敌人水攻；备穴就是提防敌人挖地道进入城内；备突就是防备敌人从城墙突门攻入的战术方法；备蛾是什么呢？有成语"飞蛾扑火"，这里讲的就是提防敌人组织敢死队进行短促的攻击；迎敌祠就是讲敌人大搞祭祀仪式以高扬士气的情况下如何处置；以及其他防御的措施。墨家有自己的一整套防御思想，也有自己的防御器械、措施，这是对和平理想最好的贯彻和维护。

三　义政原则

如果说儒家提出了"仁政"的原则，那么墨家就提出了"义政"的原则。对待什么样的国家，就采取什么样的对策。墨子指出："国家昏乱，则语之尚贤、尚同；国家贫，则语之节用、节葬；国家熹音湛湎，则语之非乐、非命；国家淫僻无礼，则语之尊天、事鬼；国家务夺侵凌，即语之兼爱、非攻。"（《墨子·鲁问》）对待昏昧混乱的国家，就要告诉他们推崇贤明、强调统一，这样国家的组织力就会提高；如果这个国家落后，就要提倡全社会的节俭意识，以及推广节葬的风俗，不能采取儒家厚葬模式，这是对社会财富极大的浪费；如果国家耽于音乐、纸醉金迷，这样国家的靡靡之音可以乱政，就要取消音乐，同时因为其喜欢巫术、提倡鬼神，不相信主观人力，所以要强调非命；国家没有法度，没有礼的约束，就要告诉他们相信天志，崇尚鬼，鬼是代表天的，实行赏善罚恶的功能；如果国家穷兵黩武、发动侵略战争，就告诉他们要兼相爱、交相利。这是墨子对于不同的国家采取的不同对策，墨子的思考比较缜密，考虑到了不同的社会、国家状况。

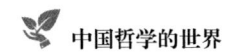

墨家的义政原则体现在这样几个方面：

一是"天志"。天是有意志的，我们从古代的天人合一思想可以知道，天有三种含义，有主宰之天、有义理之天，有自然之天。在这里，墨子所强调的天，是有意志的，是主宰之天。"且夫义者，政也。"（《墨子·天志上》）他把义和政结合，义一定要作为政治的首要原则看待。"顺天意者，义政也。反天意者，力政也。"（《墨子·天志上》）这里他指出有义政和力政，类似于孟子所讲的王道和霸道。顺从天意的称为义政，违反天意的称为力政。故"天子为善，天能赏之；天子为暴，天能罚之"（《墨子·天志中》）。天子做有利于百姓的事，天就会赏赐他，比如风调雨顺、海晏河清，相反，天子如果做暴虐百姓的事，天就必然会处罚他。"天必欲人之相爱相利，而不欲人之相恶相贼也……曰爱人利人者，天必福之；恶人贼人者，天必祸之。"（《墨子·法仪》）天希望人能够互相兼爱、互利，而不是互相伤害；关爱他人、有利他人的，天会福佑他，损害他人的、伤害他人的，天会降祸于他。墨子还指出："我有天志，譬若轮人之有规，匠人之有矩。"（《墨子·天志上》）我掌握着天志，就像制作车轮的工匠有圆规，就像木匠有直尺。而"轮匠执其规矩，以度天下之方圆，曰：'中者是也，不中者非也。'"（《墨子·天志上》）符合天意的就是义政，不合天意的就是力政。"天之意，……欲人之有力相营，有道相教，有财相分也。"（《墨子·天志中》）天喜欢义，憎恶不义，希望人们相互帮助、相互教导，反对人们相互攻击、相互敌视。"人无幼长贵贱，皆天之臣也"（《墨子·法仪》），"天之爱民之厚者有矣"（《墨子·天志中》）。天志相当于规矩，无规矩，不成方圆，墨子的义政原则以天志为核心，因为他本身就是天意的代言者。

二是"明鬼"。"若鬼神之能赏贤如罚暴也，盖本施之国家，施之万民，实所以治国家、利万民之道也。"（《墨子·明鬼下》）墨子强调明鬼，鬼有其功用，即代表上天的意志，实行赏罚，既可以赏贤，也可以罚暴，这样的鬼具有极大的威慑作用。而鬼是否存在呢？我们从唯物主义立场认为鬼神是不存在的，但墨子认为鬼的存在是必要的。他通过"三表法"加以论证："表"即"仪"，有法式、准则之义，"三表"就是三项准则和标准，分别是"有本之者""有原之者""有用之者"。首先，

"上本之于古者圣王之事"(《墨子·非命上》),古书上有对鬼神的记载,这说明有历史经验的佐证,孔子是温和的无神论者,没有明确说鬼神不存在,而是说不要把重心放在祭祀鬼神上,"未能事人,焉能事鬼?"(《论语·先进》)而墨子认为鬼神的存在见诸典籍,属于间接经验的文献记载;其次,"下原察百姓耳目之实"(《墨子·非命上》),要征诸百姓的耳目感官的实际认识,考察是否有关于鬼神的直接经验,这说明有现实评价的佐证;最后,"废(发)以为刑政,观其中国家百姓人民之利"(《墨子·非命上》),将言论应用于实际政治,看其是否符合国家百姓人民的利益,来判断真假和决定取舍,民众如果相信有鬼神存在,那么他就会敬畏,统治者如果相信有鬼神存在,那么就不敢反抗天志,这是政治政策实施效果的佐证。所以墨子认为鬼神不仅存在,而且对人间的善恶做出赏罚,对人间的统治有普遍的威慑作用,对君权有限制,使统治者不能为所欲为。所以他认为鬼神不仅应该存在,并且代表"天志"。

三是"尚贤"。"夫尚贤者,政之本也。"(《墨子·尚贤上》)他认为,国家治理需要人才,国家治理的根本在于崇尚贤人。"贤人"的标准是"有力者疾以助人,有财者勉以分人,有道者劝以教人"(《墨子·尚贤下》)。贤人的标准是具有兼相爱的高贵品质,符合墨子理想的人格,有余力者应该帮助人,有余财可以分给别人,具备知识、文化、德性,就应该教化他人。"尚贤"不仅是一个理念,还是一项社会措施。"尚贤"包含三个环节。第一是众贤。统治者要使贤良之士增多,提升整个社会的文化水平、财富水平。故要"富之贵之,敬之誉之"(《墨子·尚贤上》)。使他们富贵,给他们地位,对他们敬重有加,使贤良之士增多。第二是进贤。扩大推荐他们的途径,要任用贤良之士,"不党父兄,不偏富贵,不嬖颜色"(《墨子·尚贤中》),不因为血缘任用私人,不因为富贵而任用仕宦子弟,不因为走门路说好话就任用结党营私者。第三是使能,依据能力慎重使用,"听其言,迹其行,察其所能,而慎予官"(《墨子·尚贤中》),"高予之爵,重予之禄,任之以事,断予以令"(《墨子·尚贤中》)。要给予爵位、重禄,让他们办大事,看是否果断,看能否取得好的效果。西周时期是"尊尊",后来是"亲亲",到墨子时代就是"贤贤"。"尊尊"是推崇有身份有地位的人,"亲亲"是推崇有血缘关系的人，"贤贤"就是任用贤良之士。这些贤良之士的标准是能力本位而不是血缘关系。墨子希望通过尚贤，实现"官无常贵，民无终贱"（《墨子·尚贤上》）的社会阶层的流动。

四是"尚同"。当把贤良之士引入官僚集团后，就必须强化指挥、统一号令。"人是其义，以非人之义，故交相非也。"（《墨子·尚同上》）每个人都肯定自己的意见，而否定别人的意见，就会莫衷一是，没有办法统一决策。"明乎天下之所以乱者，生于无政长。是故选天下之贤可者，立以为天子。"（《墨子·尚同上》）天下祸乱的根源在于没有首领，所以要选择天下最贤明的人担当天子。天子选择贤良之士立为三公、国君、卿宰、将、大夫以及乡里之长。一定要任用才能贤良、道德出众的人担任官职。天子的职责是统一天下的是非，"一同天下之义"（《墨子·尚同》）。"上之所是必皆是之，所非必皆非之。"（《墨子·尚同上》）天子统一意见谨慎地加以决断，成为政府的法令，大家都要不加折扣的执行，这一观点强调政令的畅通，集中统一领导。"尚同为政之本，而治要也。"（《墨子·尚同下》）在墨子看来，尚同是为政之本，尚同是要求百姓与天子皆上同于天志，上下一心实行义政。所以我们所说的"义政"就是包括"天志""明鬼""尚贤""尚同"四个方面，它们共同组成了墨家关于"义政"的整体构想。

四　节俭意识

首先是"节用"。"去无用之费，圣王之道，天下之大利也。"（《墨子·节用上》）去掉没有必要的花费，节约成本，不能毫无限度地铺张浪费，所以治理国家要有成本意识，不能挥霍社会财富。墨子敏锐地把握到了治国理政的成本效用，不能做事不计成本，这不是吝啬，而是看有没有必要。墨子认为，古代圣人治政，宫室、衣服、饮食、舟车只要适用就够了，这样就不会过多消耗社会财富，而当时的统治者却在这些方面穷奢极欲，大量耗费百姓的民力财力，使人民生活陷于困境。这些成本最终都要转化到对民众的剥削上，比如维持很多的歌伎侍女，使很多男子过着独身生活。因此，他主张凡不利于实用，不能给百姓带来利益的，应一概取消。

其次是"节葬"。对于葬礼也要有节俭意识，不要无限铺张浪费。儒家认为："棺椁必重，葬埋必厚，衣衾必多，文绣必繁，丘陇必巨。"（《墨子·节葬下》）这就造成了一般人家不堪重负。在墨子看来，这些都是铺张浪费，没有必要。墨子提倡："衣三领，足以朽肉，棺三寸，足以朽骸，堀穴深不通于泉，流不发泄，则止。"（《墨子·节用中》）三件衣服就可以了，到最后衣服都会和身体一样腐朽，为什么要制作那么华贵精美的衣服呢？儒家强调有棺有椁，墨子提倡薄棺就可以了，只要能保存骸骨就可以了，不要深埋，浅葬就可以了。墨家提倡节葬、薄葬的观点很好，但如果古代采取这种做法，那么现代考古学的成就会黯然失色的多。

再次是"非乐"。儒家是很重视音乐的，根据礼乐，就可以判断这个国家的治理情况、政治水平，而墨子反对从事音乐活动，即非乐。在这一点上，可能因为墨子从事手工劳动，他大概认为天地间最美的声音，就是铁器敲击的声音，劳动号子是最美的，那种表演性质的音乐是不美的。墨子认为凡事应该利国利民，而百姓、国家都在为生存奔波，制造乐器需要聚敛百姓的钱财，荒废百姓的生产，而且音乐还使人耽于荒淫，没有时间从事劳动生产，因此必须要禁止音乐。墨子还是通过成本意识去理解音乐的创作、表演和欣赏。因为制作乐器需要一定的材料，需要匠人的精心制作，乐器制作出来后需要有经过训练的人弹奏，这种训练不是朝夕可以完成的，需要花费大量的社会劳动时间，造成一些人无暇从事劳动生产，只能进行歌舞表演。而欣赏歌舞表演也需要时间，是对社会财富的极大浪费。在这一点上，墨子认为不论是雅乐还是靡靡之音，都要禁止并加以反对。

五 劳动价值

墨子出身于"农与工肆"，他从事农业生产，也从事小手工业。如果说孔子是知识分子的圣人，那么墨子便是劳动人民的圣人。墨子从劳动者的朴素立场出发，反对音乐、反对浪费，提倡劳动的价值。

第一，墨子主张"赖其力"。"赖其力者以生，不赖其力者不生。"（《墨子·非乐上》）人必须依靠劳动才能维持生活，墨子在一定程度上看到了劳动是人的本质需要。墨子讲的"其"不是外在的上帝，而是内在于人的主体力量和能动精神。人的本质和劳动是密切联系在一起的，没有劳动就没有人的生存和发展，没有劳动就没有人类社会的发展和文化的繁荣，在这里墨子已经接触到了劳动是人的本质这个光辉的命题。

第二，墨子主张"非命"。儒家提倡生死有命，富贵在天。在《论语》里，孔子学生司马牛忧曰："人皆有兄弟，我独亡。"子夏曰："商闻之矣；死生有命，富贵在天。君子敬而无失，与人恭而有礼。四海之内，皆兄弟也——君子何患乎无兄弟也？"（《论语·颜渊》）而墨子认为："命者，暴王所作，穷人所术，非仁者之言也。"（《墨子·非命下》）他认为儒家提倡的"命"，出于暴虐君主的杜撰，而为穷困潦倒的人所迷信，不是真正的仁者之言。而墨子提倡天志，不相信命定论，提倡人定胜天。"执有命者之言曰：'命富则富，命贫则贫，命众则众，命寡则寡，命治则治，命乱则乱，命寿则寿，命夭则夭。'"（《墨子·非命上》）卜算的人就会说：所谓的富贵贫穷，治乱寿夭就是命定论，人只要安于这种命定论就可以，人的能动的方面体现在什么地方呢？显然这是有问题的。"今用执有命者之言，则上不听治，下不从事。上不听治，则刑政乱；下不从事，则财用不足。"（《墨子·非命上》）大家如果都相信这种蛊惑人心之言，相信命定论，就不会听君主的意见，不会听政府的法令，而会听这些蛊惑人心的妖言，让人丧失自己的主观努力和人事作为。墨子认为命定论使人不能努力治理国家，从事生产；反而容易放纵自己，走向坏的方面。命定论是那些暴君、坏人为自己辩护的根据，因此命定论不是仁者之言。

第三，在反对命定论的同时，墨子强调"自强"的一面，这是彰显劳动是人的本质的重要方面。墨子强调："今也王公大人之所以蚤朝晏退，听狱治政，……何也？曰：彼以为强必治，不强必乱；强必宁，不强必危，故不敢怠倦。"（《墨子·非命下》）为什么王公大臣，早上上朝，晚上才回来，听取司法诉讼、治理社会，因为他们都秉持这样的信念，一个国家社会，只有强大了才会太平，不强大就会发生祸乱，这是王公大人不敢怠倦之所在。"今也卿大夫之所以竭股肱之力，殚其思虑之知，内治官府，……何也？曰：彼以为强必贵，不强必贱；强必荣，不强必辱。故不敢怠倦。"（《墨子·非命下》）而卿大夫也秉持着这样的信念，他们认为要殚精竭虑保持谋划，认为只有强大了才有上升的空间、加官晋爵，不自强就会低贱、免职，就会丧失荣誉、受到耻辱。所以不敢怠倦。"今也农夫之所以早出暮入，强乎耕稼树艺，……何也？曰：彼以为强必富，不强必贫；强必饱，不强必饥。故不敢怠倦。"（《墨子·非命下》）农夫也秉持着这样的理念，只有自强，才能富裕，不自强就会贫困饥饿。"今也妇人之所以夙兴夜寐，强乎纺绩织纴，……何也？曰：彼以为强必富，不强必贫；强必暖，不强必寒，故不敢怠倦。"（《墨子·非命下》）妇人也是这样，自强就可以致富，不自强甚至没有衣服穿。

可以看到，墨子思想和孔子思想有迥然不同的精神。我们今天强调发挥工匠精神，墨子本身就是古代的能工巧匠，所以请同学们思考墨子思想对塑造新时代工匠精神的启示。

第七讲
惠施、公孙龙与名家

　　惠施和公孙龙都属于中国哲学史上的思辨型学者，他们的讲法类似于西方哲学史上的智者学派，他们对哲学概念的辨析水平比较高。

　　本讲分三个部分，第一部分是名辩思潮，第二部分是惠施的合同异，第三部分是公孙龙的离坚白。

一　名辩思潮

　　名是概念，辩是关于概念的辨析与辩难，名辩构成了对概念的定义、分析、推理、论证的过程。《礼记》指出："名者，人治之大者也，可无慎乎！"名词概念是涉及政治的大问题，一定要采取谨慎的态度。春秋战国时期的社会变动，使许多旧有的"名"已经不能适应新的内容（实）了，同时新起的"名"又未得到社会的承认，这就是所谓的"名实之相怨久矣"（《管子·宙合》）。"怨"就是背离、冲突的意思，名实之间的矛盾达到了很严重的程度。名词概念是价值观的反映，尤其在社会大变动时代，名实不符、名实相悖，体现了社会价值观的迅速变迁。春秋时期礼乐崩坏的背后隐藏了社会秩序的瓦解与重构，所以孔子说"必也正名"（《论语·子路》），"正名"是治国理政的第一要务。我们今天也处于价值观念迅速变动的时期，名实关系会随之发生变化。比如，过去"表哥"指某类近亲属，但现在"表哥"也有收集名表的贪官的意思。名词本身没有变，但它实际指称的事物发生了变化。过去称"美女"是指沉鱼落雁、闭月羞花、相貌出众的女性，侧重点在于美，我们今天见到年轻女性会普遍称呼为美女，侧重于性别。

诸子百家敏锐地捕捉到名实的内在矛盾。道家主要从本体论的角度提出："道常无名"（《老子·三十二章》）；"道可道非常道，名可名非常名"（《老子·一章》）。这里涉及道和名的矛盾，道难以用名词概念来定义和概括，如果道可以用名词来表述，那它就不是一种常道。道家彰显了道与名之间的紧张和对立。

儒家从伦理学的角度指出："必也正名"（《论语·子路》）；"名不正则言不顺，言不顺则事不成"（《论语·子路》）；"君君、臣臣、父父、子子"（《论语·颜渊》）；"制名以指实"（《荀子·正名》）。对社会秩序的整顿要从正名开始，如果名词概念没有得到很好的规定，那么制定的道德内容和伦理规范就难以实施。所以儒家提出君君、臣臣、父父、子子，名要回归实，指向具体的事物本身。

法家从政治学的角度来探讨："用一之道，以名为首；名正物定，名倚物徙"（《韩非子·扬权》）；"循名责实"（《韩非子·定法》）。法家强调名的重要性，进而落实名实的内涵，主要从政治与国家治理角度确立名实关系。

墨家从知识论的角度来论说："取实予名。所以谓，名也；所谓，实也。"（《墨子·经说》）"名实耦，合也。"（《墨子·经说》）"所以谓"就是对具体事物的称谓，"所谓"就是所称谓的事物。概念和具体的事物能够合在一起就是名实相副，这是一种知识论的立场。

名家从逻辑学的角度来论述："控名责实。"主要围绕名词概念本身来谈论。其他思想各派都是基于各自的思想立场来谈论名实问题，而名家把名实问题当作哲学的基本问题来进行建构和阐释。

名家的先驱是春秋时期的邓析。他的特点是"治怪说，玩琦辞"（《荀子·非十二子》），"可不可，然不然""操两可之说"（《列子·力命》）。他认为对于任一问题都可以从两个方面加以论证，是概念游戏的大师。儒家讲"善不善"，道家讲"材不材"，名家则讲"可不可"，不论善恶、是非。有一个富翁落水而亡，遗体顺流而下，被一个渔夫偶然捞出。富翁的儿子到处寻访父亲的遗体，悬赏重金，以便入土为安。邓析听说后，就告诉渔夫要把价格抬得高高的，因为富翁的遗体只有渔夫有，在别的地方还买不到。然后邓析又跑去对富翁的儿子说，你应该把价格压得低低的，因为渔夫只能将遗体卖给你，别人不会买的。邓析之流"操两可之说"，不论是从原告还是被告的方面，都可以找到立论的依据。

战国中期以后，出现了专门探讨名词和概念问题的专家，汉代司马谈称之为"名家"。名家是专研"名实"关系的学术派别，偏好辩说理论，"能胜人之口，不能服人之心"（《庄子·天下》），对逻辑学的思维方式有重要贡献。惠施、公孙龙等专研解析概念，不过其中含有混淆辩证的矛盾观念，类似于"杠精"。我们认为名家是专门探讨名词概念关系的，把名实关系作为哲学基本问题来研究。

下面给大家出两个脑筋急转弯来预热。先看第一个。我女儿曾经说过："我比姚明高。"她说这句话的时候大概一米二六，而姚明是两米二六。那么同学们认为这句话在什么意义上能够成立？我们想到姚明的时候，容易陷入思维定式和认识误区，姚明就是一个两米二六的篮球运动员。但姚明生下来就那么高吗？不是呀，但小时候的姚明也是姚明。我们要把姚明理解成一个从1岁到10岁，再到20岁、30岁、40岁的连续体。我女儿比1岁的姚明高。这个脑筋急转弯告诉我们要从事物的发展角度看问题。

再看第二个。有人问我女儿："你多大啦，你爸爸多大啦？""我8岁了，我爸爸也8岁了。"为什么呢？因为别人问的不是许宁多大，而是"你爸爸"多大了。许宁没有孩子的话，到80岁也不会成为爸爸。许宁因为有了女儿之后才成为爸爸，女儿有8岁了，意味着许宁成为爸爸也有8年了。我的"爸龄"是8岁。

现在，我们看先秦名家的"脑筋急转弯"：

一是"卵有毛"。鸡蛋会长毛，并非是鸡蛋发霉了，而是说鸡蛋里会孵化出长毛的小鸡。鸡从鸡卵到小鸡的成长过程体现了一种连续性发展的观点，从而否定孤立、片面、静止地看待事物的方式。

二是"火不热"。火为什么不热呢？有同学说距离远所以不热，还有说虚拟仿真的火所以不热。实际上"热不热"是主体对客观对象物理特性的感受和认知,"如人饮水,冷暖自知",但对火本身而言,不存在"热不热"的问题。

三是"轮不碾地"。飞驰的车轮为什么没有碾到地?不是先秦时期就有磁悬浮的设想。我们知道车轮是圆形的,在马车行驶的过程中,车轮始终只是一部分接触到地面,而部分并不能代表整体,接触到地面的只是车轮的某一部分,只能说轮子的部分碾到地,而不能说轮子的整体碾到地,因此"轮不碾地"。有个小偷被控盗窃罪,法官裁决他罪名成立,入狱服刑。小偷辩解说,偷财物的只是他的手,手只是他身体的一部分,因此要入狱服刑的应该是他的手,而不是他。法官随即宣判他的手入狱三年,至于他本人愿不愿意一起入狱,随便。我们看到小偷采取了类似名家的论辩策略,试图通过夸大部分和整体的矛盾来逃脱惩罚。但法官的观点是正确的,整体由部分所组成,部分总是一个整体的部分,不能将部分视为与整体无关的抽象物。

四是"鸡三足"。鸡为什么长了三只脚?名家认为任何事物都有具体的概念和抽象的概念。具体的概念,如苹果、梨子。抽象的概念是对事物进一步的抽象,如苹果、梨子都可以称之水果,水果是对所有苹果、梨子等抽象而来的概念。现实生活中所谓"买水果",买到的不是抽象的"水果",而只能是具体的苹果、梨子等。任何一个事物都是抽象与具体、普遍与特殊、共相与殊相的统一。所以"鸡足"既可以是抽象的一般,也可以是具体的个别。当我们说"鸡有两只脚"是指具体的个别,而当我们说"鸡有脚"时,是指"鸡足"具备抽象的一般特征,使得"鸡足"与他事物区别开来。我们一看就是鸡足,而非鸭掌。正因为"鸡足"的概念同时涵摄了具体的个别义与抽象的一般义,二加一,我们就可以说"鸡三足"。

五是"飞鸟之影,未尝动也"。飞鸟的影子,是没有移动的,这是因为运动的是主体,影子是主体的光学投射。运动者是飞鸟,而鸟影伴随鸟的飞行跳跃而生变化,本身并不运动,鸟影之所以有面积、光影的变化,取决于鸟,但它本身不是运动的发动者。"影"的出现和消亡都在于光的变化,常识所谓"影动",实由影的不断消失和出现造成的。

六是"一尺之棰,日取其半,万世不竭"。一尺长的木棒,每天取它的一半,万世都不会分完,这是讲物质的无限可分割性。毛泽东主席多次引用名家的"一尺之棰,日取其半,万世不竭"的命题,指出:"以哲学的观点来说,物质是无限可分的。质子、中子、电子也应该是可分的。一分为二,对立统一嘛!"在他看来,宇宙是无限的,无论从时间上,还是从空间上都是无限的。从宏观来说是无限的,从微观来说它也是无限的。原子可以分,电子可以分,因此我们对世界的认识是无穷无尽的。1977年,世界第七届粒子物理学讨论会在夏威夷召开,诺贝尔物理奖获得者格拉肖发言,把物理学家逐层研究物质结构的历程形象地比作剥洋葱。他说:"洋葱还有更深的一层吗?夸克和轻子是否都有共同的更基本的组成部分呢?许多中国物理学家一直是维护这种观念的。我提议把构成物质的所有这些假设的组成部分命名为'毛粒子',以纪念已故的毛泽东,因为他一贯主张自然界有更深的统一。"

名家深入分析了名词概念及其内在矛盾,辨名析理,提高了先秦时期的理论思维和逻辑能力。

二 惠施:合同异

惠施(约公元前370—前318),原本可能有一本《惠子》,但后来失传了,惠施的思想主要保存在《庄子》中。惠施是战国中期宋国人,为魏相。"惠施多方,其书五车,其道舛驳,其言也不中。"(《庄子·天下》)说明惠施很博学,具备多方面知识。过去的书是竹简,五车就代表很多竹简,后世用"学富五车"形容学识丰富。惠施在学术上比较驳杂,他的思想重点在名实关系上,但左说右述,思想不确切。当时南方有一位叫黄缭的奇人,对宇宙自然有浓厚的兴趣,专程拜访求教惠施:"天上的日月星辰为何不会坠落?大地上的高山峻岭为何没有塌陷?风雨雷霆为何会形成?"惠施不假思索,应对如流,"不辞而应,不虑而对,遍为万物说"(《庄子·天下》)。

我们讲到道家思想时提到庄子和惠施有一场精彩的濠梁之辩。庄子和惠施是志同道合的好朋友，以至于留下一个成语形容二人的关系。在惠施去世后，庄子和弟子们路过惠施的坟墓。在惠施的墓前，庄子深情地讲述了一个故事，叫作"运斤成风"（《庄子·徐无鬼》）。斤就是斧头。楚国郢都有一个姓石的匠人，他有一个神奇的本领，斧技特别高超，找个人在鼻子头上抹上白石灰，薄如蝉翼，他将斧子抡起来像旋风一样，闪电般地砍下去，只削掉一层薄薄的白石灰，而鼻子毫发无损。后来宋国的国君听说了，盛情邀请匠人表演一番，匠人回复：大王，我的技艺没有丢，但今天在大王面前没有办法表演了，因为那个敢在鼻子上抹上白石灰让我去削的郢人已经去世了。庄子讲述这个故事的意思是，如果他是匠人的话，惠施就是在鼻子上抹白石灰的郢人，惠施去世了，自己在哲学上就缺少了难得的搭档和诤友。夫子死了，我的话该向谁说呢？谁又能懂呢？这充分反映了庄子和惠施深厚的情谊。

惠施的哲学核心观点在于"合同异"。所谓"同"，指一般、共相或同一性；所谓"异"，指个别、殊相或差别性。惠施看到同与异是相互转化的，异中有同，同中有异。《庄子·天下》记载的十个命题"历物十事"体现了惠施的哲学思想，其基本特点是"合"。

第一事："至大无外，谓之大一；至小无内，谓之小一。""大一"就是无限大，"小一"就是无限小。在经验世界只有"有限"的概念，在哲学世界才会获得对"无限"的认识。如何定义无限大和无限小呢？非常困难。惠施以"无外"界定"至大"，以"无内"界定"至小"。"无外"即不可能再有什么东西在其外，有外则非"至大"，故"至大"为无限大；"无内"即不可能再有什么东西在其内，有内则非"至小"，故"至小"为无限小。惠施关于"大一""小一"的论断不是科学上的定义，而是哲学上的定义，核心是"合大小"。

第二事："无厚不可积也，其大千里。""厚"相当于几何学上的"体积"，"无厚"就是薄之至，没有体积，只有"面积"。"无厚"指一个事物没有体积、厚度，但其大千里。平面的、没有厚度的东西是累积不起来的，它在体积上表现为无，而在面积上却表现为有，而且延伸千里。惠施用"无厚"来对几何学上的平面进行逻辑定义。没有厚度的东西，不可能成为有体积的东西，这可以叫作小。但几何学中的"面"虽然无厚，却可以很长，这又可以叫作大，这就是"无厚不可积也，其大千里"。惠施的立场是"合薄厚"。

第三事："天与地卑，山与泽平。""卑"不是尊卑之义，而是"比"的意思，相当于齐等。《荀子·不苟》说："山渊平，天地比。"我们在看地平线的时候，实际上天和地连成一片，在这个意义上，天和地的高低是一样的。低处的小山和高原的湖泊的高低实际上是一样的。如长白山天池和海拔比较低的山差不多高。惠施的观点可以称为"合高下"。

第四事："日方中方睨，物方生方死。"方，刚刚；中，正；睨，偏斜。太阳刚刚升到了正中就开始西斜了，一个事物刚刚产生出来就开始走向死亡了。这个命题表达事物在发展的过程中包含了生和死，同时包含肯定和否定两个方面。任何事物都有内在的矛盾，都有正面和反面，都有积极的和消极的因素。但名家的局限在于夸大了这种内在矛盾，以致否定了事物相对存在的稳定性，惠施的观点可以概括为"合生死"。

第五事："大同而与小同异，此之谓小同异；万物毕同毕异，此之谓大同异。"这是惠施哲学具有普遍性的思想纲领。认为每一大类事物都有共同的性质，这是"大同"，每一大类事物中不同的种属又各有自己共同的性质，这是"小同"。例如大家都是人，这是"大同"，"人上一百，形形色色"，可以具体分为男人女人、老人小孩、白人黑人，这是"小同"。基于种属关系来考察事物之间的同异的，称"小同异"。"万物毕同毕异"是从事物差异性的角度上讲，每个事物都有独特的规定性，与其他任何事物都是不一样的，天下找不到两片完全相同的树叶，这叫万物"毕异"。同时，万物从根源性上来讲又是同一的，庄子有类似的概括"万物与我为一"，例如都由气构成的，这叫万物"毕同"。无论是"毕同"还是"毕异"，称之为"大同异"。这个命题可以称为"合同异"。

第六事："南方无穷而有穷。"这是讲空间的地理方位问题。南方是一个地理名词，中国大陆向南是面朝大海，如三亚的"天涯海角"，古人认为是天之涯海之角，天地到此是尽头。南方似乎是无穷的，称之为天涯海角好似又有穷，但再往南还有海，可谓陆之终，海之始。惠施以"无穷"和"有穷"相对比，说明无穷和有穷自身的同一都包含有差别，都包含有对立面，而且对立面之间是互相转化的，可以称为"合有无"。

第七事:"今日适越而昔来。"今天去越国,而昨天已经到了。说明今昔是相对的,是转化的,今天的昔是昨天的今,今天的今,明天就成为昔,今昔相互依存,无昔便无今,无今便无昔。将第六事的空间性指向和第七事的时间性指向结合起来,名家可能猜测到地球是圆的。第七事可以概括为"合今昔"。

第八事:"连环可解也。"连环是整块玉雕成的,实际上不可解,之所以可解,是把它击碎,破碎本身就是一个解法。《庄子·齐物论》说:"其分也,成也;其成也,毁也。"结合第四事"日方中方睨,物方生方死"的讲法,当连环镂空雕刻,玉环分开时,即是大功告成的时候,也即是趋向毁灭之时。马其顿攻打波斯,波斯神庙中有一个预言:有一个绳结,谁能够解开,就能够成为东方的征服者。亚历山大大帝用剑把它劈开了,劈开了也是一种解法。第八事可以概括为"合成毁"。

第九事:"我知天下之中央,燕之北,越之南也。"越国在南方,燕国在北方,相对于中原地区而言,都属于边陲地区。先秦时期认为中国是世界的中央,而处于燕之南、越之北的中原地区又是中国的中心,故而认为燕之南、越之北是天下的中央。惠施从宇宙无限的观点出发,要求去除对"天下之中央"的成见,认为"至大无外"的宇宙是无边际的。无边际也就不存在一个"中央",因为"中央"总是相对于边际而言的。无限的宇宙没有"中央",反过来也可说到处都是"中央"。燕之南、越之北固然可以说是天下的"中央",燕之北、越之南也可以说是天下的"中央"。名家认识到地理方位的相对转化,这种观点可称之为"合南北"。

第十事:"泛爱万物,天地一体也。"世间的万事万物都在变动中,一切的事物也都是互相转化的,因此我们应当对万物有一个泛爱尊重的态度,认识到天地万物一体。惠施显然认识到万物都是一体的,这是"历物十事"十个命题的结论。人与宇宙万物构成了一体的关系,可以概括为"合物我",这与庄子"天地与我并生,而万物与我为一"是相似的。

"历物十事"分别体现了"合大小""合薄厚""合高下""合生死""合同异""合有无""合今昔""合成毁""合南北""合物我",贯穿始终的是"合"的思想主旨。惠施"合同异"的深刻处在于看到了概念之

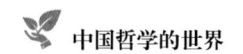

间的逻辑联系,看到了同与异的转化关系,看到了概念的不确定性,认识到任何个别都是一般中的个别,常识中相反的观念其实是可以相通和转化的。惠施所提出的命题虽然有些导向了相对主义,但他遍历万物,注重对事物的观察,重视逻辑分析,对中国古代的逻辑思维研究是个良好的开端。

请大家思考名家的泛爱和墨家的兼爱、儒家的仁爱的关系,这三种爱对天地万物、对他人的态度有没有什么关系;以及惠施的"合物"与庄子的"齐物"的关系。这样我们就可以把儒家、道家、墨家、名家的讨论联系起来思考。

三 公孙龙:离坚白

公孙龙(约公元前 320—前 250),赵国人。为平原君食客,以善辩闻名,为"辩者之徒"(《庄子·天下》)。公孙龙的主要思想,保存在《公孙龙子》一书中。《汉书·艺文志》名家有《公孙龙子》十四篇,今存六篇。《迹府》,是后人汇集公孙龙的生平言行写成的传略。其余五篇是《白马论》《指物论》《通变论》《坚白论》《名实论》。

惠施注重同与异的转化,强调一般与个别的联系,认为个别就是一般,突出一个"合"字;公孙龙注重一般与个别的差异,认为个别不是一般,突出一个"离"字。所以冯友兰先生认为,惠施是"合同异",而公孙龙是"离坚白"。学界也按照这个讲法把名家分为"合同异""离坚白"两派,一个注重综合,一个注重分析。

我们讲公孙龙的"离"主要从三个方面来展开:一是"离形色",二是"离坚白",三是"离指物",环环相扣,层层深入。

(一)离形色

"白马非马"是公孙龙的著名命题,讲共相与殊相的关系。

> 马者,所以命形也;白者,所以命色也。命色者,非命形也,

故曰：白马非马。(《公孙龙子·白马论》)

所谓"马"，是对形状的规定；所谓"白"，是对颜色的规定。所谓"白马"，是"白"和"马"构成的复合概念，既包含了形状的规定，又包含了颜色的规定。这样就与关于形或色的单一性质的规定不同了。所谓"非"，不能理解为"不是"，而是"不同"。"白马"不能理解成是"马"，因为需要同时对颜色和形状进行规定才是"白马"的概念，所谓"马"只能是对形状的规定，二者是不一样的。因此，"白马非马"就不是经验论的提法，而是逻辑学的提法。我们不能用日常经验去反对逻辑规则。

(二) 离坚白

> 视不得其所坚而得其所白者，无坚也；拊不得其所白而得其所坚者，无白也。得其白，得其坚，见与不见离。见与不见离，一一不相盈，故离；离也者，藏也。物白焉，不定其所白；物坚焉，不定其所坚。不定者兼，恶乎其石也？坚未与石为坚，而兼未与物为坚，而坚必坚其不坚，石物而坚。(《公孙龙子·坚白论》)

坚、石、白是三个概念，对应着三个事实，处于"离"的状态。石是个别，属于坚物类，也属于白物类。坚与白是一般，一般寓于个别（石）之中，坚白相盈。但公孙龙强调个别与一般对立面的矛盾，坚只是坚，白只是白，有不为任何东西所决定的坚和白，所以坚、白与石分离，坚与白分离。我们认识它是白的，用眼看，得其白；我们认识到它是坚的，用手摸，得其坚。名家注意到人的感知能力是不同感知器官的体现，所以把每个感觉器官所认识到的结果看作各自独立、不可兼容，眼不能听，触不能嗅。感觉白时不能感觉坚，感觉坚时不能感觉白，感觉的分离使得坚、白也是分离的。因为人的感觉器官、认识能力的不同，所以公孙龙把人感觉认识到的成果分离开来，但没有进一步说人有综合判断的能力。

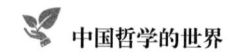

(三) 离指物

下面我们讲到一个更根本的问题，"指"与"物"的关系，即"离指物"。

"物莫非指，而指非指。"（《公孙龙子·指物论》）"物"是具体事物，"指"是概念的一般。万物皆有称谓，但个别不同于概念的一般。"物"是概念的个别，"指"是概念的一般，万物都有其称谓，但概念的个别不同于概念的一般。苹果是概念的个别，水果是概念的一般。

"指也者，天下之所无也；物也者，天下之所有也。"（《公孙龙子·指物论》）概念的一般是具体事物的抽象，"天下本所无"，现实世界只有具体事物，没有抽象的一般，是主体的认识能力通过知觉活动把它分离出来；"物"是客观普遍存在的，"天下本所有"，概念的一般是从具体事物的共同本质抽象出来的。

"天下无指，物无可以为物。"（《公孙龙子·指物论》）"物"的存在，依赖于"指"的存在。名家把概念独立化、实体化，认为概念是脱离于事物之外的具有主宰性的、第一性作用的事物。

"指者，天下之所兼。"（《公孙龙子·指物论》）概念的一般，是天下万事万物的抽象，可以互相兼有。如我们都是人，无论男女、美丑、老弱，都兼有人的属性。

"使天下无物指，谁径谓非指？天下无物，谁径谓指？天下有指无物指，谁径谓非指，径谓无物非指？"（《公孙龙子·指物论》）事物的本质是"指"，"指"决定了"物"与"物指"，一般可以脱离个别而存在，并且决定个别。这个一般就是概念的一般、共相、指。名家对概念推崇，对概念夸大，"指"可以决定"物"，"名"可以决定"实"，这是名家的特点。

我们了解一下公孙龙与孔子的后人孔穿的辩论，这个故事是后世附会的材料，但能够很好地说明名家的思想特色。公孙龙举了个故事：楚王狩猎时遗失了一张贵重的宝弓，左右急忙寻找。楚王阻止了，说道："楚人遗弓，楚人得之，又何求焉？"孔子听说了此事，评论道："楚王仁义而未遂也，亦曰人亡弓，人得之而已，何必楚？"（《公孙龙子·迹府》）孔子认为只说人就可以了，何必再分为秦人、鲁人、楚人。"仁者爱人"，何必只爱秦人、鲁人、楚人？天下人天下爱之，人人都是天下人，无非彼此。

老子听说了孔子的评论，也进行点评："为什么要把人和天地分开呢，亦曰遗之，得之，何必人？"为什么要把人和天地分开，只突出人呢？丢了一张弓罢，得到了一张弓罢，这就是天地的自然，何必"人"？

公孙龙抓住一般与个别在表现上的差异，而否定它们在本质上的共性，把本质与现象截然割裂开来，试图寻找一种无现象的本质。惠施夸大了一般与个别的统一性，而公孙龙则夸大了一般与个别的差异性。但他和惠施一样，强调要明确区分个性与共性、个别与一般等不同概念，为古代逻辑思维的发展做出了重要贡献。

名家思考重点是在逻辑学方面，对儒家、道家之后的发展都起到了推动作用。可惜的是，名家的理论贡献没有得到重视，在后世没有得到很好的传承。到了佛教因明学说的引进，以及西方形式逻辑的引介之后，中国哲学的思维水平获得很大的提升。

第八讲
商鞅、韩非与法家

商鞅、韩非与法家包括三个部分：一是法家学派，二是商鞅的哲学思想，三是韩非的哲学思想。

一 法家学派

"礼崩乐坏"意味着原有社会秩序的崩塌，春秋战国时期诸子的思想表现为对社会秩序的重构与价值观念的整合，通过"礼法之辨"展现出来。

孔子提出："道之以政，齐之以刑，民免而无耻；道之以德，齐之以礼，有耻且格。"（《论语·为政》）如果用政令、刑罚的方式去规定人们的行为，人们就会想办法钻政令、刑罚的空子，而没有羞耻之心，但是如果采用道德礼义的方式去教化百姓，这样百姓就会人人有羞耻之心，会自我检点，回归正道。

孟子说："徒善不足以为政，徒法不足以自行。"（《孟子·离娄上》）匡世之道，光靠人性善是不够的，还需要有相应的制度建构，这样仁政才有保证，光靠制定法律规章是不行的，还需要有相应的执行力，不然法令就没有威力。

荀子说："隆礼尊贤而王，重法爱民而霸。"（《荀子·大略》）隆重礼义、尊重贤明，是王道政治的内涵；重视法令、仁爱民众，是霸道政治的内涵。可以看出，在荀子那里，王和霸、礼和法实际上已经结合在一起了。

墨子也很重视法："天下从事者不可以无法仪，无法仪而其事能成者无有也。虽至士之为将相者，皆有法。"（《墨子·法仪》）天下从事政治活动都要有法的依据，没有法的依据是做不成事的。虽然是最聪明的王侯将相，出将入相都要以法为依循，就像木匠要有规矩一样。

老子指出："夫礼者，忠信之薄，而乱之首。"（《老子·三十八章》）礼是忠信不足而产生的，是祸乱的开端，因而提出"法令滋彰，盗贼多有"（《老子·五十七章》）。法律越严密，想钻空子的就越多，造成社会更加动荡失序。"人法地，地法天，天法道，道法自然。"（《老子·二十五章》）所以人要效法博厚的地，地要效法高远的天，天要效法深邃的道，道效法其自身，保持自然而然的状态而已。

庄子说："礼相伪也。"（《庄子·知北游》）在庄子看来，儒家所谓的礼就是相互欺骗，其本质是虚伪的。"礼者，道之华而乱之首。"（《庄子·知北游》）庄子继承了老子的观点，认为礼的浮华表象是祸乱的开端。

名家也有自己的看法："以名蹈虚实，以法定治乱，以简治烦惑，以易御险难，万物皆归于一，百度皆准于法。"（《尹文子·大道上》）法在名家处很重要，要用名来考察虚实，要用法来判断治乱，要用简要来治理烦惑，要用简易来抵御险难，这样万物都准于法了，以法为唯一的根据。

法家强调"不别亲疏，不殊贵贱，一断于法"（《史记·太史公自序》），主张强化君主专制，以严刑峻法治民。法家是先秦诸子里突出强调法的作用的学派。

法家的先驱可以上溯到春秋时期的邓析、子产等人，关于邓析我们曾经讲到，他也是名家前期的人物。但法家学派的形成则通常以战国初中期的李悝、吴起、申不害、慎到和商鞅等人掀起的变法运动为代表，按其主张大致归结为法、术、势三派。慎到指出："官不私亲，法不遗爱，上下无事，唯法所在。"（《慎子·君臣》）法家强调以法作为唯一的标准来衡量和判断。法家的主要代表是战国时期的商鞅和韩非。

二　商鞅

商鞅（约公元前395—前338），战国时期政治家、改革家、思想家，法家代表人物，卫国人，姬姓公孙氏，故又称卫公孙鞅。后封于商，号为商君，故称之为商鞅。商就是陕西省的商洛市。他的著作名为《商君书》。担任魏国国相的公叔痤病重，梁惠王亲自前去探望，询问说："您的病如有不测，魏国的社稷将怎么办呢？"公叔痤回答说："我的中庶子公孙鞅，虽然年轻，但有奇才，希望大王能任命他去治理国事。"梁惠王默不作声，没有答允。于是公叔痤屏退左右说："大王如果不任用公孙鞅，那就一定要杀死他，不能让他离开魏国。"梁惠王也没有答应。梁惠王走后，公叔痤召来公孙鞅，向他道歉说："今天大王询问可以做相国的人，我举荐你，看大王的表情是没有答应我。我应当先尽忠君之礼，后尽人臣之责，对大王说如果不任用公孙鞅，就应当杀死他。你要速速离开魏国，不然将被捉拿。"公孙鞅说："魏王不能听您的话任用我，又怎能听您的话杀死我呢？"公孙鞅没有逃离魏国，他的判断非常正确，梁惠王既没有重用他，也没有加害他。（《战国策·魏一》）

他后来到了秦国，见秦孝公，第一次献"帝道"，第二次献"王道"，都没有被采纳，第三次献"霸道"，秦孝公非常欣赏，请他实行变法。"虑世事之变，讨正法之本，求使民之道"（《商君书·更法》），废井田、开阡陌，实行郡县制，奖励耕织和战斗，实行连坐之法。

有一个成语叫"作法自毙"（《史记·商君列传》），这是形容商鞅的。商鞅在秦孝公死后，由于得罪了太子，被问罪，被迫逃亡，但是到国境的时候，由于要住旅店，旅店的老板告诉他，商君有令，没有身份证不能登记入住。商鞅没有办法，无法住宿，也没能逃出去，所以就留下了这个成语，自己因为自己所设立的法令而受到惩处。

（一）更法富强

商鞅认为："苟可以强国，不法其故；苟可以利民，不循其礼。"

(《商君书·更法》)但凡是可以强国的,不需要看它有没有什么根据;但凡是有利于民众的,不需要看它是不是有旧的礼制根据。

"三代不同礼而王,五霸不同法而霸。故知者作法,而愚者制焉;贤者更礼,而不肖者拘焉。拘礼之人不足与言事,制法之人不足与论变。"(《商君书·更法》)正因为时代不一样,所以不同时代的情况需要制定不同时代的对策,三代不一样,五霸时期也不一样,所以聪明的人能够制定法令,而愚昧的人只知道照抄照搬;贤明的人能够改变礼制,而不肖的人只能为礼制所拘束。

"伏、神农,教而不诛;黄帝、尧、舜,诛而不怒;及至文、武,各当时而立法,因事而制礼。礼、法以时而定;制、令各顺其宜;兵甲器备,各便其用。臣故曰治世不一道,便国不必法古。"(《商君书·更法》)所以治世良方没有一个模式,只要是有利于强国的,不需要效法古代的做法。他还说:"效于古者,先德而治:效于今者,前刑而法。"(《商君书·开塞》)古代的做法是德治礼教的做法,而今天一定要采取刑罚的做法。

商鞅还指出:"法令者,民之命也,为治之本也,所以备民也。"(《商君书·定分》)所以要遵从法律,把法律的神圣性与权威性树立起来,这是法律和国家的命脉。"君好法,则臣以法事君;……君好法,则端直之士在前。"(《商君书·靳令》)国君对法令很重视,那么臣下就会依法侍奉君主,就会有贤达正直之士出现。

"孝公既用卫鞅,鞅欲变法,恐天下议己。……令既具,未布,恐民之不信,已乃立三丈之木于国都市南门,募民有能徙置北门者予十金。民怪之,莫敢徙。复曰:能徙者予五十金。有一人徙之,辄予五十金,以明不欺。卒下令。"(《史记·商君列传》)秦孝公任用商鞅之后,商鞅要进行变法,唯恐天下议论,法令颁布以后,没有公布,担心民众对于法令不遵循、不信任,所以立了三丈之木在国都的南门,只要有人能够把这块木头从南门搬到北门就赏赐给十金,这是很厚重的赏赐。老百姓很奇怪,没有人做这件事情,担心受骗。商鞅把赏额提高到五十金,这时候有一个人就把这块木头从南门搬到了北门,马上就兑现了五十金。商鞅通过此事要传达的是,官府发布的公告是有效力的。后来把变法措施公布出来，老百姓就信奉遵循了。商鞅所颁布的法令包括下面几个方面。

一是将民众编为"什伍"，实施"连坐"，鼓励告密，强化控制。

二是"民有二男以上不分异者，倍其赋"（《史记·商君列传》）。如果你家里有两个成年的男子，必须分家，不然就加重你的赋税，这是限制宗族势力的扩张。

三是鼓励公斗，按军功大小授爵，禁止私斗，按情节轻重量刑。禁止打群架，禁止街头斗殴，而是强调要把这种好勇斗狠的战斗精神运用到为国家效力，以军功重新划分社会等级。

战国时期的商鞅方升（现存上海博物馆，是镇馆之宝）上的铭文是这么写的："十八年，齐率卿大夫众来聘，冬十二月乙酉，大良造鞅，爰积十六尊五分尊壹为升。"器壁与柄相对一面刻"重泉"二字。古代量器多用于计算农作物的多少，是商品交换和农业赋税的重要参照物。我们经常说秦始皇平定天下统一度量衡，所谓"度"，就是长度的单位；所谓"量"，就是容积的单位；所谓"衡"，就是重量的单位。而我们所看到的商鞅方升，升是通行的容积单位。

"为田开所陌封，而赋税平。平斗桶权衡丈尺。"（《史记·商君列传》）废除旧的井田制，建立新的阡陌封疆，实行平等的赋税制度，统一度量衡。这件商鞅方升便是当时布标准度量衡的实物证明，也是商鞅变法的重要物证。"重泉"是指商鞅方升制造或者使用的地方，位于今天陕西省蒲城县。商鞅方升前后经历了120多年的实际使用时间，从秦孝公变法时商鞅统一秦国度量衡，到秦始皇统一六国，它是天下尽用秦制最有力的物证，同时也充分说明秦始皇统一度量衡，是商鞅在秦国变法的继续和发展。商鞅方升有二百零二毫升左右。可以看出，以战国商鞅方升为主要标志的车同轨、书同文等政策措施，使得天下尽用秦制，这是秦帝国统一天下的一个重要标准和方面。

"行之十年，秦民大悦，道不拾遗，山无盗贼，家给人足。民勇于公战，怯于私斗，乡邑大治。"（《史记·商君列传》）商鞅推行变法之后，在秦国收到了很好的效果，受到上至国君、下至百姓的欢迎。

四是宗室非有军功论，不得为属籍，以军功重新划分社会等级，加强阶层流动。

(二) 以刑去刑

《尔雅·释诂》解释说:"刑,法也。"在法家看来,所谓的"法"主要就体现在刑法处罚的方面。

一是"威刑",强调刑罚的严肃性。商鞅指出:"刑生力,力生强,强生威,威生德。德生于力,德生于刑。"(《商君书·说民》)刑罚衍生实力,实力衍生强大,强大衍生权威,权威衍生德行,所以德行来自实力,来自刑罚。刑罚的严肃性在于它强大的惩罚力,只有不敢触犯刑罚的行为才是合乎道德的。

《旧唐书·酷吏传序》说:"盖仁义既废,然后齐之以威刑;威刑既衰,而酷吏为用,于是商鞅、李斯谲诈设矣。"认为秦国废除了仁义礼教,威刑衰败,酷吏就产生了。所以威刑与酷吏相为表里,特别指出:"至如商、韩,六虱、五蠹,弃孝废仁,轘药之祸,非虚至也。"(《文心雕龙·诸子》)商鞅把礼乐、诗书、修善孝悌、诚信贞廉、仁义、非兵羞战列为毒害国家的"六虱",指出"国贫而务战,毒输于敌,无六虱必强;国富而不战,偷生于内,有六虱,必弱"(《商君书·靳令》),并把把儒家和墨家强调的核心价值观认为是毒害国家的"六虱"。国家贫穷落后,一定要发动战争,发动战争之后,就会把祸患带给敌国,从而使本国没有"六虱",这个国家就强大起来了。国家富裕,经济发展,就耽于安乐,就会骄奢淫逸、偷生于内,国家就会产生这六种不好的社会风气与现象,就会削弱国力。同样,韩非将学者(儒者)、言谈者(纵横家)、带剑者(墨家游侠)、患御者(依附贵族并且逃避兵役的人)、商工之民称为有害社会的"五蠹"。在法家看来,"六虱""五蠹"都是需要清除的,都是需要用刑来加以惩治的。

二是"重刑",强调刑罚的惩罚性。他指出:"行刑,重其轻者,轻者不至,重者不来,是谓以刑去刑。"(《商君书·靳令》)所以在实行刑罚的时候,对于轻罪的人一定要行使重罚,按顶格甚至是加倍地处罚,这样的话,民众就会胆战心惊,大罪不敢犯,小罪也不敢犯。即使是小罪、轻罪也会招来极大力度地处罚,这样就能去除民众敢于犯罪的念头和行为,这就是"以刑去刑,虽重刑可也。不刑而民善,刑重也。刑重者,民不敢犯,故无刑也"(《商君书·画策》)。所以加大对刑罚的惩处力度,民众就不敢犯罪了,这样刑罚就不再需要了。商鞅颁布变法法令以后,有很多人反对,尤其是贵族集团。商鞅对这些人不遗余力加以打击,包括太子的老师也被割了鼻子,其他人则被流放,有的被判死刑。还有一些人对商君拍马屁说法律制定的很严密,社会效果很好,商鞅把这些人也流放了。在商鞅看来,法律就是用来执行的,不需要人们来臧否法律的好与坏,只要知道遵循和服从就可以了。所以在《商君书》中有两篇,一篇是《弱民》,怎么样削弱民众的力量,一篇是《去强》,怎样铲除豪强之士,都是讲怎么样让老百姓对法律持敬畏之心,不敢肆意妄为。

三是"壹刑",强调刑罚的统一性。商鞅指出:"圣人之为国也,壹赏,壹刑,壹教。"(《商君书·赏刑》)在赏赐方面、在刑罚方面、在教化方面都是一致的。"壹赏,则兵无敌。"统一赏赐标准,士兵的力量就无敌于天下。"壹刑,则令行;壹教,则下听上。"(《商君书·赏刑》)要服从法律的规定,下级要服从上级。"所谓壹刑者,刑无等级,自卿相,将军以至大夫、庶人,有不从王令、犯国禁、乱上制者,罪死不赦。有功于前,有过于后,不为损刑。有善于前,有过于后,不为亏法。忠臣孝子有过,必以其数断。守法守职之吏有不行王法者,罪死,不刑及三族。"(《商君书·赏刑》)即便是功臣,那么也不会因为前面有功,后面有过,就可以将功补过,立功不会减少对你的处罚。刑罚不会根据你的身份地位而有差别,不会根据你的军功地位而有差别,也不会因为你的德行高低而有差别,忠臣孝子也不例外,守法守职的人也不会宽赦。"刑公族以立威。"(《盐铁论·非鞅》)要拿那些有头有脸的名门望族立威,要确立法律的权威。商鞅指出:"杀刑之反于德,而义合于暴。"(《商君书·开塞》)这样的一种刑罚实际上是合乎仁义的,是和道德同一的,这就是他所讲的"以刑去刑"的意思。

(三)以战去战

他指出:"圣人知必然之理,必为之时势,故为必治之政,战必勇之民，行必听之令。是以兵出而无敌，令行而天下服从。"（《商君书·画策》）圣人知道必然的法则，所以要根据当时的时势确定政治措施，然后要动员强悍的民众，统一号令。

"故以战去战，虽战可也。"（《商君书·画策》）用战争来制止战争，就算发动战争也是可以的。秦国之所以能够统一六国，无敌于天下，与商鞅的战争观是有关系的，他理解的战争是一种耕战结合的新型战争模式。

"国之所以兴者，农战也。"（《商君书·农战》）"国待农战而安，主待农战而尊。"（《商君书·农战》）农就是农民，农民在平时可以提供必要的农产品，在农闲的时候就成为战士，这样，农战结合，平战结合，既节约了社会成本，也提高了社会效率。

他指出："圣人知治国之要，故令民归心于农。归心于农，则民朴而可正也，纷纷则易使也，信可以守战也。"（《商君书·农战》）要让民众在农忙的时候从事农业生产，这样就会有社会财富积累。"利出于地，则民尽力；名出于战，则民致死。"（《商君书·算地》）通过耕地获取利益，这样民众就会尽力耕作，这样就可以获得军功和荣誉，民众就会战斗至死。"入使民尽力则不荒；出使民致死则胜敌。胜敌而草不荒，富强之功，可坐而致也。"（《商君书·算地》）所以在国内农忙的时候使民众尽力，这样使土地不荒芜。出国打仗，人人奋勇争先，这样就可以打败敌人，既可以打败敌人，也同时使得自家的土地不荒芜，这样的话，这个国家的富强就可以很自然的获得了。"故吾教令：民之欲利者非耕不得，避害者非战不免。境内之民，莫不先务耕战，而后得其所乐。"（《商君书·慎法》）可见商鞅提倡耕战结合的新型作战方式。

商鞅变法在历史上赞贬不一。有的认为他是贻祸万年，例如汉代的贾谊就说："商君遗礼义，弃仁恩，并心于进取，行之二岁，秦俗日败，……不同禽兽者亡几耳。"（贾谊《治安策》）他认为商鞅遗弃了礼义、弃绝了仁恩，使得秦国的风俗基本上等同于禽兽了，人人唯利是图。毛泽东也有评价："商鞅之法，良法也。今试一披吾国四千余年之纪载，而求其利国福民伟大之政治家，商鞅不首屈一指乎？"[1] 这又是对商君变法的高

---

[1] 毛泽东：《商鞅徙木立信论》，《毛泽东早期文稿》，湖南人民出版社2008年版，第1页。

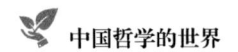

度评价。

三 韩非

韩非（公元前280—前223），韩国人，战国末期法家思想的集大成者。他痛感当时韩国政治腐败，日益削弱，曾多次上书韩王，力主变法图强。写了《孤愤》《五蠹》等政论作品十余万言。他的著作受到秦始皇的赞赏。"嗟乎，寡人得见此人与之游，死不恨矣！"（《史记·老子韩非列传》）如果能够见到韩非，与之晤谈，死也瞑目了。但韩非到秦国后，受到李斯、姚贾的诬陷，下狱后自杀而死。韩非的政治思想基本上为秦始皇所采用，对秦统一中国起了重要的指导作用。现存《韩非子》一书，共55篇。谭嗣同说："二千年之政，秦政也，皆大盗也；二千年之学，荀学也，皆乡愿也。"① 所谓"秦政"，就是实行法家思想的政治制度；所谓"荀学"，因为荀子是韩非子的老师，实际上是指法家之学，商鞅、韩非之学。

"喜刑名法术之学，而其归本于黄老。"（《史记·老子韩非列传》）司马迁认为法家和黄老有相似的地方，韩非对老子有深入的研究。在《韩非子》里面有《解老》《喻老》诸篇。

（一）以利为性

韩非通过对社会历史现象的观察，注意到人与人之间最基本的关系是物质利益关系，一般人都具有趋利避害的本性。所以他说："安利者就之，危害者去之，此人之情也。"（《韩非子·奸劫弑臣》）对自己有好处的就趋近它，对自己有害处的就远离他，这是人之常情。"好利恶害，夫人之所有也。……喜利畏罪，人莫不然。"（《韩非子·难二》）所以喜好利益、憎恶危害、畏惧惩罚，这是人人都有的常情。基于这个预设，韩非分析了几种最普遍的人际关系。

---

① 谭嗣同：《仁学》，《谭嗣同全集》，中华书局1998年版，第337页。

一是父子关系。从人际关系来讲，莫近于父子关系，但是父子间也存在利益关系。韩非曾经做了这样的分析："人为婴儿也，父母养之简，子长而怨；又盛壮成人，其供养薄，父母怒而谯之。"（《韩非子·外储说左上》）在小孩子的时候，父母抚养他的时候条件比较差，情况不是很好，别人都是肯德基、麦当劳，而自己家给孩子只能是包子、馒头、稀饭。小孩子长大后就说，同学小时候都是肯德基、麦当劳，我小时候是包子、馒头，你们对我太不好了，天下哪有你们这种父母呢？所以对父母的供养也很差，父母也很生气，就责骂他。所以你看，是不是父母子女之间也存在利益关系？

"父母之于子也，产男则相贺，产女则杀之，此俱出父母之怀袵，然男子受贺，女子杀之者，虑其后便，计其长利也。故父母之于子也，犹用计算之心以相待也，而况无父母之泽乎？"（《韩非子·六反》）父母对小孩子的态度分两种情况。如果生了男孩，就互相庆贺，生下了女孩，就有溺婴的举动。都是父母所生，为什么产男受祝贺，产女就杀之呢？是因为生下男孩是有好处的，可以传宗接代，可以光宗耀祖，可以成为家里的壮劳力。产下女孩，养到十四岁、十六岁就要出嫁，这是给别人家提供劳动力。从长远的角度来看，生女孩不划算，生男孩划得来，所以古代称生男孩为弄璋之喜，璋是玉器；生女孩就是弄瓦之喜，瓦是纺锤。璋和瓦就是生育利益计算的反映。所以即便是父子关系，也仍然用计算之心相互对待，何况是那些没有父母血缘关系的呢？

二是君臣关系。按照儒家的讲法："君使臣以礼，臣事君以忠。"（《论语·八佾》）国君要以礼义对待臣属，臣属要以忠诚事奉国君。而在韩非看来，君臣之间是相互交易的。"臣尽死力以与君市，君重爵禄以与臣市，君臣之际，非父子之亲也，计数之所出也。"（《韩非子·难一》）臣尽死力是和君做交易，市是交易的意思。臣子提供的是自己的死力，是计谋，君主给予大臣的是重爵厚禄，所以君臣之间没有父子血缘关系，也同样有经济利益的考量，你给我多少俸禄，我给你做多少事。"君上之于民也，有难则用其死，安平则尽其力。"（《韩非子·六反》）君上对于民众也是这样，一旦有困难，就收买他的性命，让他为自己效忠；太平时日就让他提供能力、本领。"君不仁，臣不忠，则可以王霸矣。"（《韩非子·六反》）所以什么时候国君不谈仁义、臣子不尽忠，那就可以称霸天下了。为什么呢？因为君臣之间不需要假仁假义、假慈假孝，他们之间就是赤裸裸的交易关系，而儒家非要戴上温情脉脉的面纱进行调和，实际上这是错误的。君臣关系就是赤裸裸的物质利益交换关系。

三是人己关系。儒家讲的是"己所不欲，勿施于人"（《论语·颜渊》），"己欲立而立人、己欲达而达人"（《论语·雍也》）。但在韩非看来，人与人之间的关系就是赤裸裸的利害关系，人都是"为己""自为"的，无论其言行举止被视为善良或恶劣，最终都是由"私心"支配的。

所以他提出："舆人成舆，则欲人之富贵；匠人成棺，则欲人之夭死也。非舆人仁而匠人贼也，人不贵则舆不售，人不死则棺不买。情非憎人也，利在人之死也。"（《韩非子·备内》）做马车的人为了要把马车卖出去，他希望别人都当官，当官的人、发财的人才会乘坐马车，社会上富贵之士越多，购买马车的需求就越旺盛。这样的话，他希望人人富贵，马车才能卖出去。棺材匠卖棺材，人死才需要棺材，所以他需要人早点死，未成年就叫作早夭。并不是说做马车的工匠是仁义厚道的，而做棺材的匠人内心肮脏丑恶。因为人如果不富贵就不会购买马车，人不死棺材就卖不出去，所以并不是说他们本身的仁义与否，而是说他们可以从中得到好处。"医善吮人之伤，含人之血，非骨肉之亲也，利所加也。"（《韩非子·外储说左上》）医生吸吮病人的伤口，去救助他，并不是因为他们有什么血缘关系，而是因为这里面有利益交换关系：我把病人的病治好了，可以得到更好的酬劳和回报。

这类似于法国空想社会主义者傅立叶对早期资本主义的批判。每个人都企图用不正当的手段谋取私利，医生希望病人越多越好，越重越好；建筑师希望家家房子起火；律师希望家家打官司；玻璃商希望下冰雹，把所有的玻璃都砸烂。他们都体现了一种赤裸裸的物质利益关系。

所以，韩非指出："凡治天下，必因人情。人情有好恶，故赏罚可用。"（《韩非子·八经》）对天下的治理，必然要根据天下的人情。人情有好恶两种，所以必然要用两种手段——赏与罚。"夫耕之用力也劳，而民为之者，曰：可以得富也；战之为事也危，而民为之者，曰：可以得贵也。"（《韩非子·五蠹》）这是借商君耕战的思想指出，民众很勤劳地耕地，因为能得到富裕，粮食能多收一点，在从事战争的时候，虽然很危险，民众赴汤蹈火也在所不辞，因为有军功，能够获得相应的身份地位，得到富贵。"夫严刑者，民之所畏也；重罚者，民之所恶也。故圣人，陈其所畏以禁其邪，设其所恶以防其好，是以国安而暴乱不起。"（《韩非子·奸劫弑臣》）严刑重罚，这样能防止民众作奸犯科，这样的话，国家就能太平，没有动乱。法家根据对人性的分析，认为人性是恶的，这种恶就体现在就利、避害，所以就可以赏罚可用。这就是第一点"以利为性"。

（二）以法为教

韩非继承和发展了商鞅等前期法家历史理论和法治思想，形成了"古今异俗"的历史进化论和"法""术""势"相结合的法治思想，建立"事在四方，要在中央，圣人执要，四方来效"（《韩非子·扬权》）的中央集权体制。

首先，我们要注意韩非的历史观。韩非认为人类历史是不断进化的。他把人类发展史划分为"上古""中古""近古"三个时期，每个时代都有自己的特点："上古竞于道德，中古逐于智谋，当今争于气力。"（《韩非子·五蠹》）上古时期，人民少而财有余，故民不争，以"礼治""德治"就能治理好天下，所以古代采取禅让制，因为财物和人民少，互相谦让是可以治理下去的。"今人有五子不为多，大父未死而有二十五孙，人民众而财货寡，事力劳而供养薄，故民大争。"（《韩非子·五蠹》）在韩非的时代，家里有五个孩子是正常的，祖父没有死，五个儿子各自又有五个孩子，这就有二十五孙了。既然财富少，那就是僧多粥少、人民大争了。"文王行仁义而王天下，偃王行仁义而丧其国，是仁义用于古而不用于今也。"（《韩非子·五蠹》）文王行仁义而获得了天下，偃王行仁义而丧失了国土，这就是仁义之道可以任用于西周而不能适用于今天的例证。所以，韩非批评儒家因循守旧的保守主张，认为"礼治""德治"那一套是行不通的。他用一些成语来形容儒家因循守旧的思想，如"守株待兔"（《韩非子·五蠹》）、"郑人买履"（《韩非子·外储说左上》）等，这些都是讽刺不知道变通而只知道因循的人。"事因于世，而备适于事。"(《韩非子·五蠹》)"世"指时代,"事"指一个时代的事业,"备"指完成这个时代的事业的办法,而法家提出了适用于当时社会状况的具体对策。

其次,从"当今争于气力"的时代特点出发,韩非力主实行法治。他通过对前期法家理论的批判总结,创立了以"法"为本,"法""术""势"相结合的法治理论体系。所谓"法","编著之图书,设立于官府,而布之于百姓者也"(《韩非子·难三》),指由君主统一公布施行的政策法令。"宪令著于官府,刑罚必于民心,赏存乎慎法,而罚加乎奸令者,此臣之所师也"(《韩非子·定法》),"其行制也天"(《韩非子·八经》),表示依法而行,像天一样大公无私。这是出自商鞅一派。"明主之所导制其臣者,二柄而已矣。二柄者,刑德也。何谓刑德?曰:杀戮之谓刑,庆赏之谓德。"(《韩非子·二柄》)所谓"刑"就是杀戮惩罚,所谓"德"就是赏赐利禄。"为人臣者畏诛罚而利庆赏,故人主自用其刑德,则群臣畏其威而归其利矣。"(《韩非子·二柄》)这是说因为人的好恶之情而有刑德二柄。这包括:一要"信赏必罚",能够迎合君主就可以得到赏赐,如果触犯君主就要得到惩罚;二要"厚赏重罚",赏和罚一定是加倍的;三要"立可为之赏,设可避之罚",不要设一些做不到的赏和罚,而要设立一些能让他跳一下够得到的,比如把天上的月亮摘下来,这样的目标并不可行;一定要在合理的区间,目标不要太高,一定要是小目标,可以通过自己的努力实现。

所谓"术","藏之于胸中,以偶众端而潜御群臣者也"(《韩非子·难三》),指君主驾驭群臣左右的权术。"因任而授官,循名而责实,操杀生之柄,课群臣之能者也,此人主之所执也。"(《韩非子·定法》)"君无术则弊于上,臣无法则乱于下,此不可一无,皆帝王之具也。"(《韩非子·定法》)所谓"术"就是权谋之术,权谋之术是帝王的工具。韩非认为君主要善于运用权术。"其用人也鬼"(《韩非子·八经》),运用方术,神妙莫测,别人不能够以常情揣摩,只知道圣意难测。这出自申不害一派。

韩昭侯有一次喝了酒,然后醉卧在床。此时有一个管帽子的官员(典冠),给他披了一件衣服,怕他着凉。韩昭侯酒醒以后,就问谁给他披了衣服，左右说是典冠给他披的。朝廷既有典衣，也有典冠，体现了衣冠体制。典衣是专门负责管理衣服的官员。大家认为韩昭侯要如何对待这两个官员呢？结果是典衣问罪，因为他失职了，该给韩昭侯加衣服的时候没有加；典冠是问斩，罪名是越权，不是自己职责范围中的事而越权处置。不同的官员都有分内职责，如果大家都肆意越权，那就天下大乱，原来的官僚等级还有什么用呢？试想如果加的不是衣服，而是携带了匕首行刺，如果越权调动了军队把王宫包围，就可以谋权篡位。这则故事说明了韩昭侯驾驭群臣神秘莫测的权谋之术。（《韩非子·二柄》）

对于"术"，韩非阐述了七个方面，即"七术"：一是众端参观，全面掌握情况；二是必罚明威，责罚树立威望；三是信赏尽能，赏赐加以劝勉；四是一听责下，分别考察功过；五是疑诏诡使，防止臣属欺瞒；六是挟知而问，有意显示明睿；七是倒言反事，装糊涂测臣属是否有诈伪之心。这些都是韩非拟定的君主御下之道。

所谓"势"，"胜众之资也"，指君主的权势威望。"抱法处势则治，背法去势则乱。"（《韩非子·难势》）君主必须保持凌驾于臣民之上的威严气势，由慎到一派倡导。君主要防备群臣篡权，自己应"窬端匿迹，示天下无为"（《申子·大体》）。韩非强调："千钧得船则浮，锱铢失船则沉，非千钧轻而锱铢重也，有势与无势也。"（《韩非子·功名》）船有一个压舱石就稳当，锱铢虽然很轻，但是如果落到水里面就沉下去了，关键在于有没有威望气场。有威望的君主能够把握住局势，"贤人而诎于不肖者，则权轻位卑也；不肖而能服于贤者，则权重位尊也。尧为匹夫，不能治三人；而桀为天子，能乱天下"（《韩非子·难势》）。"万乘之主，千乘之君，所以制天下而诸侯者以其威势也"（《韩非子·人主》）。"势行教严，逆而不违"（《韩非子·八经》），国君拥有最高的权力和威望，老百姓虽不赞成，也不敢不拥护。

韩非认为要建立中央集权的大一统国家，就必须把"法""术""势"统一起来，相辅以为用，构成一个有机整体。韩非的法治思想，一方面适应了建立统一的中央集权国家的历史需要，有其进步合理的一面；另一方面，他主张暴力统治和君主专制，必然会加速阶级矛盾的激化，反过来危及社会制度的巩固和统治阶级的基础。

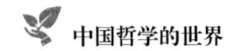

(三) 以吏为师

韩非主张教育权应掌握在官吏手中。"故明主之国,无书简之文,以法为教;无先王之语,以吏为师。"(《韩非子·五蠹》)所以真正理想的国家没有书简之文,真正的教材应该是政府颁布的法律规章,没有先王的教化之言,一定要听官吏的训导。在韩非看来,儒、墨俱道尧舜,而"贤舜则去尧之明察,圣尧则去舜之德化"(《韩非子·难一》),二者必有一非,不可能两立而治,即所谓"杂反之学,不两立而治"(《韩非子·显学》)。因为他们是互相矛盾和抵牾的。

韩非"矛盾之说"的实质是要结束百家争鸣的局面,禁止相互对立的各个学派,使法家思想居于统治地位。其具体内容如下:

首先,韩非提出了矛盾的同一性与不平衡性的思想。其次,他还提出了矛盾转化的条件性的思想。第三,他特别提出了斗争性在矛盾双方地位转化中的作用。但他过于强调对立面的斗争,把矛盾的对立性归结为对立面的势不两立,所以"冰炭不同器,杂反之学不两立"(《韩非子·显学》),冰和木炭不能放在同一个容器里,对立的学说不能同时成立。韩非把矛盾的斗争性归结为暴力统治和君主独裁,主张"以法为教"(《韩非子·五蠹》)、"以吏为师"(《韩非子·五蠹》),"言行而不轨于法令者必禁"(《韩非子·问辩》),实行文化专制主义。

所以,在秦汉之后,就形成了阳儒阴法的制度建构。汉宣帝说:"汉家自有制度,本以霸王道杂之,奈何纯任德教、用周政乎?"(《汉书·元帝纪》)汉宣帝的太子热爱儒学,汉宣帝就告诉他,汉家制度实际上就是阳儒阴法、儒法结合的模式,所以既有霸道,也有王道,你怎么只知道用德教、行周政呢?德教、周政就是周文王之教,即礼教和德治。可以说,秦汉以降,中国社会就形成了阳儒阴法、儒法互为表里的政治制度模式,这是中国政治制度之所以成功、稳定、久远的一个原因,这一制度不是完全用法或儒,而是儒法合流形成的一种新制度模式。

毛泽东在给郭沫若的诗《七律·读〈封建论〉,呈郭老》里提到:

劝君少骂秦始皇,焚坑事业要商量。

> 祖龙魂死秦犹在，孔学名高实秕糠。
> 百代都行秦政法，十批不是好文章。
> 熟读唐人封建论，莫从子厚返文王。

毛泽东对秦始皇评价很高，也代表他对法家思想评价很高，他认为在中国历史上存在儒法斗争，而法家代表社会的进步力量。他认为郭沫若要少写一些批判秦始皇的话，秦始皇的功过要重新评价，焚书坑儒的功过要重新评价。秦始皇虽然死了，但是秦制还在，所以说二千年之政，秦政也。孔学虽然被提倡，孔子学说名气很大，但只是秕糠，秕糠有什么价值呢？只有燃烧焚毁的价值。百代都是实行秦代的政治制度：阳儒阴法，所以法家还是很有用的。"十批"，就是郭沫若的《十批判书》。他认为郭沫若此书中关于先秦诸子，尤其是法家的批评，是不正确的。他建议郭氏阅读唐代柳宗元的《封建论》，而不要返回到周文王那个时代了。这是毛主席对于秦始皇、对于法家的态度，他认为法家代表了进步的社会潮流。总体上看，毛主席对于商鞅、韩非、秦始皇都持高度肯定的态度。

第九讲
孙子与兵家

我们讲的"六家"和司马谈《论六家之要旨》中的"六家"不太一样。司马谈讲到了阴阳、儒、墨、名、法、道德六家,我们用兵家替换了阴阳家。排列的顺序也不一样,按照历史上的地位和影响,先讲儒家,然后是道家、墨家,再后是名家、法家,最后是兵家。孙子虽然是春秋人,但兵家与其他诸家相比,影响还是小一些。

兵家在现代的商业、管理当中颇有其价值,应当予以重视。教材里面提到孙子与兵家的相对较少,本讲侧重从两个方面加以介绍。第一部分是孙子与《孙子兵法》,第二部分介绍孙子的兵学思想。

2017 年,国家主席习近平在联合国日内瓦总部发表题为《共同构建人类命运共同体》的主旨演讲,他提出:

> 中国《孙子兵法》是一部著名兵书,但其第一句话就讲:"兵者,国之大事,死生之地,存亡之道,不可不察也",其要义是慎战、不战。几千年来,和平融入了中华民族的血脉中,刻进了中国人民的基因里。

《孙子兵法》虽然是一部谈战争、论战争的书,但是孙子追求的目的是和平,他认为战争的目的不是别的,而是和平,最好就是慎战与不战。概而言之,兵家的要义是"非兵""去战",通过战争的手段达致和平的理想,这是中华民族几千年来的优良传统。如前所述,这是一种精神血脉和文化基因，体现了中华民族独特的思想内核，这种文化上的DNA是不能够轻易割舍的。

在这次疫情防控阻击战中，中国媒体提出了一个概念叫《习近平战"疫"兵法》，导语是这么介绍的：

"兵者，国之大事，死生之地，存亡之道，不可不察也。"新冠肺炎疫情发生后，习近平总书记高度重视，把疫情防控作为头等大事来抓，始终亲自指挥、亲自部署。从"遭遇战"到"阻击战"，从"重中之重"到"人民战争"，从"头等大事"到"全面胜利"……观势、谋局、落子，总书记在亲自指挥这场人民战争的过程中，很多对策、措施与中国古代兵家思想高度契合。央视网《人民领袖》栏目2020年4月推出系列特稿《习近平战"疫"兵法》，与您一同领悟其中精髓。

一 孙子其人其书

孙子（约前545—约前470），名武，字长卿，春秋末期齐国乐安（今山东惠民县）人。山东是出圣人的地方，既出了孔子这样的文圣人，也出了孙子这样的武圣人。《史记·孙子吴起列传》："孙子武者，齐人也。以兵法见于吴王阖庐。"阖庐就是吴国的国君阖闾。"庐曰：子之十三篇，吾尽观之矣。"说明孙子当时见到吴王的时候已经有成文的十三篇兵法。"于是阖庐知孙子能用兵，卒以为将。西破强楚，入郢。"向西边攻破了楚国的边界，攻入郢都。"北威齐晋"，对北方的齐国和晋国造成了极大的威慑。我们知道，楚国、齐国、晋国，都是当时的大国、强国，而吴国却对列强造成了战略威慑。"显名诸侯，孙子与有力焉"，所以说孙子在其中起到了很大的作用。"膑亦武之后世子孙也。"孙膑也是孙子后世的子孙。

《史记》既记载了《孙子兵法》，也记载了《孙膑兵法》。在《汉书·

艺文志》中也记载了两部《孙子兵法》，其一据说为春秋末期客居吴国的齐人孙武所作，还有一部是孙武的后世孙膑所作。但《隋书》却只记载了一部《孙子兵法》，传世至今的也只有一部《孙子兵法》。所以北宋之后，有人提出孙子和他所著的《孙子兵法》是不是只有一个人、一本书，也就是说吴孙子与齐孙子实际上是一个人，都是孙膑所作，传世的《孙子兵法》也是孙膑所作，没有所谓的齐孙子这个人。但是在1972年山东临沂银雀山汉墓出土的竹书中同时发现了《孙子兵法》和《孙膑兵法》，于是北宋以来的历史悬案被破解了。实际上既有春秋齐孙子和《孙子兵法》，也有战国吴孙子和《孙膑兵法》。失传已久、千年未见的《孙膑兵法》终于重见天日。我们介绍的是春秋齐孙子的《孙子兵法》，而战国吴孙子的《孙膑兵法》是对《孙子兵法》的传承和发展。

  这里我们介绍一下"吴宫教战，三令五申"（《史记·孙子吴起列传》）的故事。在吴王那里，孙子虽然献上了兵法十三篇，兵法是不是准确有效、是不是可以投入实际的演练呢？为了试探孙子的军事才能，吴王说：您可以用我的宫女试一试吗？孙子说：完全可以。所以吴王从后宫挑选了宫女180名，带到练兵场上，交给孙子演练。孙子将她们分为两队，指定两名吴王宠妃为队长，执黄旗前导。孙武严肃认真地宣布："你们看着我手中的令旗，听着金锣鼓声，令旗向上，整队起立，令旗指心，队伍前进，令旗指背，队伍退守；左手举令旗，队伍向左行进，右手举令旗，队伍向右行进。"问："大家听清楚了吗？"这些平时娇生惯养的宫女乱喳喳地回答："清楚了。"演练开始，队伍一片混乱。孙武严肃宣布："没有讲清楚，是我为将的过错。"再次说明演练要求、列队动作以及军法纪律以后，进行演练，仍然混乱得很，如是者三回，这就是三令五申。孙武为严肃军纪，要求处斩两名队长，吴王为两名妃子求情，孙子不许，坚持将两位妃子处斩，另选两人为队长。再演练时，所有动作完全符合要求。经过一段时间的演练后，孙武向吴王禀报："请大王检查，这支队伍已可为王所用，驰战沙场了。"这就是孙子将兵法思想运用到实际的演练当中，留下了"吴宫教战，三令五申"的佳话。据说，现在在苏州还有校场山的遗迹。

  《孙子兵法》被誉为千古兵学圣典，所以有人说"前孙子者，孙子不遗；后孙子者，不遗孙子"（茅元仪《武备志·兵诀评》）。《孙子兵法》是现存最早的一部兵书，在孙子之前有很多兵书，孙子恰恰综合了其中的精华；而在孙子之后出现的兵法著作又是对《孙子兵法》的继承和发展，这样的赞语体现了《孙子兵法》在兵学史上独一无二的集大成地位。北宋宋神宗年间编订"武经七书"，这是为武科取士所编定的教材。四书五经是儒学经典，是为文人、知识分子所准备的。这七部兵学著作是为武将准备的，包括《孙子兵法》《吴子兵法》《六韬》《司马法》《三略》《尉缭子》《李卫公问对》。

《孙子兵法》是第一部，下面六部分别是：

《吴子兵法》：传为战国吴起著，《吴子》继承和发展了《孙子兵法》的有关兵学思想，历代"孙吴"并称。

《六韬》：托名姜太公吕望著，以姜太公与文王、武王答对为内容，战国黄老道家典籍，分文、武、龙、虎、豹、犬六韬。所以我们有一句成语叫作文韬武略，其中"韬"指《六韬》，"略"则指《三略》。

《司马法》：齐威王（公元前356年—前320年）使大夫追论古者司马兵法而附穰苴于其中，故此命名为《司马穰苴兵法》。现存五篇，记载了从殷周到春秋、战国时期的若干古代作战原则和方法。"国虽大，好战必亡；天下虽安，忘战必危"这一名句即出自该书。

《三略》：又称《黄石公三略》，属于道家兵书，分上、中、下三略，与《六韬》齐名。黄石公是秦末汉初的隐士，传为汉初著名谋士张良的老师。此书侧重于从政治策略上阐明治国用兵的道理。南宋晁公武称赞："论用兵机之妙、严明之决，军可以死易生，国可以存易亡。"

《尉缭子》：传为战国时期尉（wèi）缭所著，也有读尉（yù）缭子，他曾经担任过国尉，也就是太尉这个官职，所以这是以官职为姓，应该是尉（wèi）缭子，作复姓尉迟的时候读（yù），如尉迟敬德。现存五卷十四篇，主张用严刑峻法来治国和治军。

《李卫公问对》：唐代著名军事家李靖撰，内容为唐太宗和李靖关于军事问题的问答。全书共分上、中、下三卷。多联系唐以前战例及太宗、李靖本人的亲身经历，参照历代兵家言论，围绕着夺取主动权、奇正、虚实、主客、攻守、形势等问题进行讨论，阐述其军事思想。《四库全书总目提要》称:"其书分别奇正,指画攻守,亦易主客,于兵家微言,时有所得。"

《孙子兵法》近六千字,共计十三篇。当然,在银雀山汉简里面这十三篇之外,还有五篇佚文。这五篇佚文是新发现的,不太完整。在历史上发挥重要影响和价值的,主要还是这十三篇,代表了孙子成熟时期的军事思想,历代都有兵家为之注疏。这十三篇内容我们简略叙述如下:

第一篇《始计篇》讲宏观的备战原则、大政方针、如何制订战略规划,提出研究战争、指导战争的基本依据,是全书的总纲。"计"即计算、运筹,对敌我双方的诸要素进行综合评估、计量比较。

第二篇《作战篇》论述如何速战速决的问题,提出"兵贵胜,不贵久"的作战方针和"因粮于敌""务食于敌"的策略思想。"作",始也,创办、筹措义。战争需要耗费极大的社会财富和人力资源,要最广泛地进行动员、组织,因此孙子主张速战速决,以最小的代价获取最大的成果,同时最大限度地消耗敌方的资源。

第三篇《谋攻篇》主要讲如何在战争中运用谋略的问题,讲如何用脑子打仗,论述"知己知彼,百战不殆"的规律。此篇重"谋"不重"攻",强调以谋略取胜。

第四篇《军形篇》主要论述如何保存自己、战胜敌人的作战原则,讲述如何把握攻与守之间的辩证法。"形",指军事部署、指挥调度、战术协同等,通过军事力量的最优化配置实现最大的作用。

第五篇《兵势篇》主要讲如何出奇制胜的问题。"势",指在战场上通过"奇"和"正"两种主要的手段交互使用而造成有利于我、不利于敌的态势。"正"指的是阵地战,"奇"指的是出奇制胜。指挥员必须掌握"奇正"辩证法,造成有利态势,克敌制胜。

第六篇《虚实篇》主要讲如何避实击虚的问题,告诉指挥员如何掌握虚实、转变虚实、以实击虚。尤其是要制造虚实不明的假象,使敌人误判情况,疲于奔命,由实转虚,我方虽实真而示以假虚,以众迎寡,以逸待劳。

第七篇《军争篇》主要讲如何在两军对垒中创造有利条件并且掌握主动权的问题,讲如何贯彻"以迂为直,以患为利"的军争原则。"军争"，即军事斗争，旨在打得赢，确保胜利。

第八篇《九变篇》主要讲如何在指挥战争时灵活运用战术战法的问题，论证灵活多变的必要性。战场情况瞬息万变，体现出迥异于常态的变态，故将领要掌握"九变之利"，精通"九变之术"，准备实施非常规的作战方式。

第九篇《行军篇》主要讲如何选择行军路线问题，论述"处军""相敌""治军"等原则。强调行军中要注意侦察敌情，处于有利的作战位置并做好作战准备。

第十篇《地形篇》主要讲如何在作战中利用地形的问题，分析利用地形得当对作战胜利的影响，以及因地形利用不当而导致失败的原因。

第十一篇《九地篇》主要讲如何在"散地、轻地、争地、交地、衢地、重地、圮地、围地、死地"等九种不同地区作战的战术问题，论述"投之亡地然后存，陷之死地然后生"的军事思想。这"九地"不是指具体的自然地理环境，而是讲处在复杂的战场情况下，敌我军事力量部署所造成的战略地理。所谓"散地"，指在诸侯领地内线作战时，其士卒在危急时容易逃亡离散，不宜作战；所谓"轻地"，就是进入敌人的领地较浅的地区，不宜过长时间停留；所谓"争地"，就是战事双方必争的险要之地，这个地方如果久攻不下，就会影响战略全局，不宜轻易进攻；所谓"交地"，就是道路纵横、交通便利的地区，我可以往，敌可以来，要注意保持己方部队的相互配合联系，不要被敌人隔绝；所谓"衢地"，就是多国毗邻交接的要冲，据守此地可以得到邻国的援助；所谓"重地"，就是深入敌后，具有重要战略价值的地方；所谓"圮地"，就是山林、险阻、沮泽等难以迅速通过的地方；所谓"围地"，指兵力出入通道狭隘迂远，易被敌人围攻，陷入以寡击众的不利局面；所谓"死地"，指事关敌我双方生死存亡的地区，力战方生，不力战必亡，例如后世项羽破釜沉舟的典故。后面几种都是讲处于敌国内部纵深地区，怎么样容易被包围、侵袭、歼灭，所以需要注意这种敌我军事力量双方布局错杂的战略地理。

第十二篇《火攻篇》主要讲如何用火作战的问题，论述火攻的种类、条件、方法、作用等。在古代冷兵器时代，火攻是一种很重要的作战方式，《三国演义》里诸葛亮善于使用火攻，有"火烧博望""火烧新野"

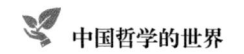

"火烧赤壁"等著名战例。

第十三篇《用间篇》主要讲如何在战争中使用间谍的问题，强调使用间谍掌握敌情的重要性。那个时候还没有互联网、没有微信，没有遥感卫星、侦察飞机，所以孙子认为有必要运用间谍这一非常规手段掌握敌情，并充分讨论了怎样刺探军情以便掌握战争中的信息优势和主动权的问题。

二 孙子的兵学思想

我们将孙子兵学思想概括为四个方面。第一是博弈之道，第二是战略之道，第三是谋略之道，第四是制胜之道。

（一）博弈之道

在战争开始之前，孙子主张"庙算"，强调神机妙算，运筹帷幄，在庙堂上计算敌我双方的军事、经济和政治等综合国力并全面预判结果和影响。

"夫未战而庙算胜者，得算多也；未战而庙算不胜者，得算少也。多算胜，少算不胜，而况于无算乎？"（《始计篇》）在没有开战之前，在宗庙中就能推算获胜的概率。这是因为，在计算敌我力量和条件的时候，我方得到的算筹多，取得优势明显。在没有开战前推算我方处于劣势，则胜算少。多加筹算就能够取胜，筹算不周就不能够取胜，怎么能不通过筹算就贸然开战呢？所以孙子主张在开战之前进行庙算。

"庙算"展开为政治、军事、经济诸层面的博弈。

一是政治博弈——"五事"。"五事"分为道、天、地、将、法。这"五事"非常重要，事关战略全局。"道"就是民心，"天"就是时机，"地"就是地理，"将"就是人事安排，"法"就是编制部署。所以他说："经之以五事，……一曰道，二曰天，三曰地，四曰将，五曰法。"（《始计篇》）这是一种基于政治层面的全面考量和判断。

"道者，令民与上同意也，故可以与之死，可以与之生，而不畏危。"

(《始计篇》) 所谓"道",在于使民众和君主同心一致,共生同死,没有背叛之心,这样他们就不会害怕危险。

"天者,阴阳、寒暑、时制也。"(《始计篇》) 所谓"天",指适应昼夜、阴晴、四时、寒暑、节令等天象变化。

"地者,远近、险易、广狭、死生也。"(《始计篇》) 所谓"地",就是利用地形的远近、平坦、广阔狭窄、生地死地进行抉择。

"将者,智、信、仁、勇、严也。"(《始计篇》) 所谓"将",一看他的才略,二看是否军令划一、赏罚明信,三看是否仁爱部属,四看是否勇猛决断,五看是否威严整信。

"法者,曲制、官道、主用也。"(《始计篇》) 所谓"法",是指军队的部署、调动、用人,军需的筹措是否有保障。

二是军事博弈——"七情"。七个方面的情况要有所了解。

"主孰有道?将孰有能?天地孰得?法令孰行?兵众孰强?士卒孰练?赏罚孰明?吾以此知胜负矣。"(《始计篇》) 在政治博弈的基础上,进一步对比计算双方的军事力量。哪一方的君主善于治国理政,哪一方的将帅更有才能,哪一方可以得到天时、地利、人和的优势条件,哪一方的法令能够得到坚决彻底的贯彻执行,哪一方的军队阵容强大,哪一方的士卒训练更为刻苦、更有战斗力,哪一方的赏罚严明、纪律公正,这些与政治博弈稍有区别,主要涉及军队、将领、士卒相关的训练、部署。这"七情"涉及军事博弈的比较综合和具体判断,需要有内应来反馈相应的信息。

除了政治、军事的博弈,还有经济博弈。战争是要花钱的,非常花钱,所以还存在一个经济博弈的问题。孙子指出:"凡用兵之法,驰车千驷,革车千乘,带甲十万,千里馈粮,则内外之费,宾客之用,胶漆之材,车甲之奉,日费千金,然后十万之师举矣。"(《作战篇》) 要兴兵作战,需要动用战车千辆、辎重车千辆,甲卒十万,向千里之外运输粮食、军需,前方和后方所花的费用,还有款待使节、食客的花销,还有作战的用度、车辆兵甲的维修开支,每天要耗资大概十万钱,然后十万之师才可以出动,所以战争是需要成本的。这是双方经济力量的博弈。

"凡兴师十万,出征千里,百姓之费,公家之奉,日费千金;内外骚动,息于道路,不得操事者,七十万家。"(《用间篇》)《用间篇》和《作战篇》里讲的差不多,运输粮食千里迢迢,加上百姓工匠的费用,日费千金,再加上征用民工进行劳役,这样不能够从事劳动的涉及七十万家。假如一家是五口人,加起来就是三四百万人,所以表面上虽兴师十万,实际上总体投入的人力财力是巨大的。

"国之贫于师者,远师者远输,远输则百姓贫。近师者贵卖,贵卖则百姓财竭,财竭则急于丘役。……百姓之费,十去其七;公家之费,……十去其六。"(《作战篇》)国家因为劳师远征,就会日益贫困,耗尽国库资源;要出师远征,就要远道运输,运输线拉长就会使得百姓更加贫困;靠近军队的驻地,就会使得物价昂贵,财力枯竭,财力枯竭就会急于加征赋税和徭役,这就造成了百姓的资财会耗费到百分之七十,政府的财力就会耗费到百分之六十,所以社会财富和政府开支都会大量耗费在战争里,这是对社会财富、人力资源的极大浪费。由此可以看出,孙子主张慎战。在发动战争之前,要进行综合的考量,这里面涉及政治博弈、军事博弈、经济博弈等复杂的因素。只有进行充分庙算之后,才能够做出是否发动战争的决定,这是孙子慎战思想的精华所在。

(二) 战略之道

《孙子》是一本讲战略的兵书。在美国西点军校,有两部兵书是学员必读的,其中一部是《孙子兵法》,另一部是克劳塞维茨的《战争论》。《孙子兵法》不拘泥于具体的战术,而是从全局、宏观、战略的高度讨论战争问题,因而在世界军事思想史上具有永恒的魅力。

孙子的战略思想主要体现在这样几个方面。

第一个是战略准备。要进行充分的战争动员,积极储备进行战争的人力、物资、财力等资源。所以他说:"昔之善战者,先为不可胜,以待敌之可胜。不可胜在己,可胜在敌。故善战者,能为不可胜,不能使敌之可胜。"(《军形篇》)从前擅长作战、用兵打仗的人,先做到不会被敌人战胜,再伺机去战胜敌人,一个是不被敌人所战胜,这样的条件、因素主要体现在自己;一个要看对方是不是有机可乘、有隙可乘。所以高明的用兵能够从自己的方面去做到和保障"不可胜"的条件,但是做不到敌人一定能被战胜。敌人是否有漏洞能被你所把握,这里面就涉及"不可胜"。要增强自己"不可胜"的因素,就需要进行战争动员,实现充分的战争准备。面对突如其来的新冠肺炎疫情,世界各国都面临着严重的物资供需问题,例如呼吸机、口罩、防护服等严重短缺。但中国通过调整生产体系,很快扭转了被动局面。这实际上不在于平时的战略储备有多少,如果储备得多,用不上,反而造成浪费,但是一定要保有这种制造能力。中国有强大的生产制造能力,现在已经对全球生产供应了,而很多国家还不具备这样的生产能力。所以"不可胜"的因素取决于自己。在战争开始之前,一定要对这种因素有高度重视和积极准备。

第二个是战略决策。"策之而知得失之计,作之而知动静之理,形之而知死生之地,角之而知有余不足之处。"(《虚实篇》)通过庙堂策算,就可以知道敌我双方的得失,就可以作出决策。通过调动敌人,就能知道敌人活动的规律、作息的规律、动静的规律。通过调动,使敌人摆出阵形和架势,是一字长蛇阵,还是十面埋伏阵,阵形摆出来之后,就知道了他的生门和死门,何处能够进攻,何处需要避免。不断试探、骚扰他,这样就能知道他的长处、短处。"知己知彼,百战不殆;不知彼而知己,一胜一负;不知彼,不知己,每战必殆。"(《谋攻篇》)对指挥员来说,一定要善于获取敌我双方的信息,善于进行战略决策。

第三个是战略威慑——不战而屈人之兵。孙子讲:"夫用兵之法,全国为上,破国次之;全军为上,破军次之;全旅为上,破旅次之;全卒为上,破卒次之;全伍为上,破伍次之。是故百战百胜,非善之善者也;不战而屈人之兵,善之善者也。"(《谋攻篇》)他指出用兵之法非常重要,能够迫使敌人举国屈服的是上策,能攻破敌国的是为其次;能够使得敌人整军降服的为上策,能够击垮敌军的在其次;能够使敌军全旅投降的是上策,能够攻破敌旅的是其次。军旅卒伍都是军事编制单位,五人为伍,十人为卒,一百人为旅,一千五百人为军,所以能够使全卒投降为上策,打垮全卒其次;能够使敌人全军投降是上策,打垮全军是其次。百战百胜还不能说是最完美的,不进行战争而能够使敌人屈服才是最完美的。通过战略威慑而迫使敌军缴械投降,属于上策,不用动一兵一卒。

"故善用兵者,屈人之兵而非战也,拔人之城而非攻也,毁人之国而非久也,必以全争于天下,故兵不顿而利可全。"(《谋攻篇》)所以善于用兵的人,制服敌军不靠拼打,克服敌城不靠强攻,摧毁敌国不靠久战,而是要靠全胜的谋略争取天下。所以军队不至于受到疲惫挫折就能获得全胜,这都是讲战略威慑。

第四个是战略欺骗——兵者诡道。"兵者,诡道也。故能而示之不能,用而示之不用。"(《始计篇》)孙子认为兵者是诡道,专门讲诡诈之术。真正有实力却不展现出来,显示很虚弱的样子;真正能够发挥作用的,让它看起来没有什么用。"近而示之远,远而示之近。"忽左忽右,忽远忽近,让敌人不知道你具体的军事部署。"利而诱之,乱而取之,实而备之,强而避之,怒而挠之,卑而骄之,佚而劳之,亲而离之。攻其无备,出其不意。"(《始计篇》)敌人贪利,就用财货去引诱他;敌人混乱,就浑水摸鱼,趁机攻取他;敌人强大,就注意警戒、防备他;敌人军队实力雄厚,就暂时避开它;敌人来势汹汹、怒气冲冲,就设法挑逗他;敌人小心翼翼,你就设法让他骄傲;敌人很安逸,就设法让他疲劳,让他跑的路更多、更险一些;敌人内部很团结和睦,你就设法离间他,造成内部分裂。这样的话,就能出乎敌人意料发动进攻,攻打他不防备的地方。

"兵以诈立,以利动,以分合为变。"(《军争篇》)兵家强调要以诡诈行事,根据利益、利害来展开行动,要集中己方的优势兵力来实施战略欺骗。

第五个是战略防御。《孙子兵法》里多处讲到战略防御。"善守者,敌不知其所攻。"(《虚实篇》)善于防御的人,敌人不知道他应该往哪个地方攻击,因为你的防御密不透风。"善守者,藏于九地之下。"(《军形篇》)防守者把自己的实力隐藏起来。"守而必固者,守其所必攻也。"(《虚实篇》)防御为什么能够很巩固呢,因为我所防守的恰恰是他要进攻的要害。"画地而守之,敌不得与我战者,乖其所之也。"(《虚实篇》)即使是画地而守,敌人也不能够与我作战,因为不知道真正防御的意图和策略。"无恃其不来,恃吾有以待之;无恃其不攻,恃吾有所不可攻也。"(《九变篇》)不怕敌人来,因为我已经做好准备了,我也不怕他不来攻击，因为我的防御已经做得很充分了，他无机可乘。"无所不备则无所不寡。寡者，备人者也；众者，使人备己者也。"（《虚实篇》）在防御战当中，如果每个地方都做充分的防御准备，那么每个地方都是薄弱的，因为你在平均地使用兵力，这是兵家之大忌。我们试想古代的城池，以西安城为例，如果平均布防，每个城门都容易被击破。所以一定要重点防御，这样才能够抵抗敌人的进攻。我的力量为什么分散呢？因为我想处处防御你的进攻。为什么我的力量很集中呢？因为别人要提防你的进攻，就要分散兵力了，你的兵力没有分散，你就可以进攻了，就显得有优势了。这个思想非常高明，所以一定要抓重点，黑板敲三遍。我们在每个人生阶段都有自己的重点，高中阶段的重点就是复习考大学，大学阶段的重点就是扩展知识面，提高自己的实践能力。我在研究生入学后，告诉他们研究生三年，每一年都有重点，第一年外语、公共课，第二年主要是专业课的学习，第三年主要是论文的撰写和答辩。抓住重点之后就好办了，纲举目张。大家在进入大学阶段后，每一年也要根据自己的情况规划重点。

在抗日战争时期，有一种地道战的战术，很好地体现了"善守者，藏于九地之下"（《军形篇》）。它是一种防御策略，在战略进攻中地道发挥不了多大的作用，除非挖地道攻城。地道主要进行战略防御。从地道战我们就能看到战略防御的思想很重要。

第六个是战略进攻。"攻其无备，出其不意。"（《始计篇》）攻击敌人缺乏防备的地方，出乎他的意料。"善攻者，敌不知其所守。"（《虚实篇》）善于战略进攻的人，敌人不知道应该在什么地方防守，因为他声东击西。"善攻者，动于九天之上。"（《军形篇》）善于进攻的人，因为声东击西，声势看起来很浩大，但实际上埋伏重兵攻击敌人薄弱的地方。"攻而必取者，攻其所不守也。"（《虚实篇》）攻击必然会夺取敌人的城池，我攻击的就是敌人薄弱的地方。"进而不可御者，冲其虚也。"（《虚实篇》）进攻之所以难以抵挡，因为进攻的恰恰是敌方比较薄弱的环节。"敌虽高垒深沟，不得不与我战者，攻其所必救也。"（《虚实篇》）敌人虽然有很牢固的防御，但不能不与我交战，因为我攻他必救的地方，为此敌人就要放弃他的高垒深沟，所构筑的防御工事全部失效，因为我的

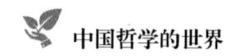

攻击调动了他。

比如古代的围魏救赵，现代的诺曼底登陆、仁川登陆等，这些都是在战争的关键时刻，攻敌所必救，造成了战争进程的转折。

（三）谋略之道

《孙子兵法》同时也是一部讲谋略的兵书。

1. 上兵伐谋。这是讲孤立敌人。"故上兵伐谋，其次伐交，其次伐兵，其下攻城。攻城之法，为不得已。杀士三分之一而城不拔者，此攻之灾也。"（《谋攻篇》）用兵的上策是不调用军队，而是打破敌人的部署，分化瓦解。《三国演义》里诸葛亮安居平五路：五路大军进攻蜀国，诸葛亮运用高超的谋略思想进行分化瓦解，去除了其中的四路，只剩下一路曹军，这就造成敌军的战争谋略和部署的破局。其次要有挫败敌人的外交运作；再次就是打败敌人的军队；最下策是攻打敌人的城池，因为攻打敌人的城池需要有三倍的己方力量，以至于士卒伤亡了三分之一，城池依旧没有攻下来，这就是攻城所带来的灾难了。

2. 因粮于敌。孙子指出："善用兵者，役不再籍，粮不三载，取用于国，因粮于敌，故军食可足也。"（《作战篇》）善于用兵的人不二次征用劳役，粮食不要征三遍，三年的粮食征收对于农民来说就非常沉重了；在战争中所耗费的物资可以从敌国中加以取用，获得地方的粮食，要善于消耗敌人，消耗敌人就是壮大自己。所以他提出一个重要概念——"务食于敌"，善于从敌方获取粮食。"食敌一钟，当吾二十钟；其秆一石，当吾二十石。"（《作战篇》）吃敌人一石粮食，相当我方的二十石粮食，比例是一比二十。大家要了解，劳师远征，士卒需要吃粮食，但还有大量的民夫在运输粮食，这些人也要吃粮食。古代有"三夫一兵"的说法，即一个士兵需要三个民夫给他服务，给他运输粮食、器具、装备，这样算下来，就是一比二十的关系，运了二十石，能够真正用到士卒身上的只有一石。所以己方士卒在敌国吃了一石，当然就"当吾二十石"，消耗了对方一石粮食就相当于增加了我方二十石粮食，这就很划算了。因此《作战篇》强调要消耗敌人，善于从战地获取资源。解放战争时期，我们没有装备，就从蒋介石部队里缴获很多美式装备，曾经戏称蒋介石是"运输大队长"。为什么？因为解放军用缴获的装备充实自己，"没有枪，没有炮，敌人给我们造"（《游击队歌》）。

3. 调动敌人。孙子强调要掌握战场主动权，善于调动敌人。"故善动敌者，形之，敌必从之；予之，敌必取之。以利动之，以卒待之。"（《兵势篇》）在古代，善于调动敌人的人，就善于示形，让别人听从于他；给予他，就会上当，跟随着来入网；以各种方式调动敌人，用重兵来对他进行包围。"故用兵之法，十则围之，五则攻之，倍则战之，敌则能分之，少则能守之，不若则能避之。"（《谋攻篇》）十倍于敌人的力量，就要包围他；五倍于敌人的力量，就要攻击他；如果两倍于他的力量，就可以去战胜他；如果双方旗鼓相当，就要把敌人分散出去；如果少于敌方，就要采取防御，因为进攻方要三倍于守御方才可以打下来；比不上就避其锋芒。"故善战者，致人而不致于人。能使敌人自至者，利之也；能使敌人不得至者，害之也，故敌佚能劳之，饱能饥之，安能动之。出其所不趋，趋其所不意。行千里而不劳者，行于无人之地也。"（《虚实篇》）所以善于作战的人，善于调动别人，而不被敌人所调动。为什么能够使敌人自己主动过来呢？因为以利诱之。为什么能够让敌人到不了预定区域呢？因为我设了重重障碍阻碍了他。所以，敌人休整得好，我就要使他疲劳；他的粮食很充裕，我要让他很饥饿；他的驻扎很安稳，我要让他转移，让他感觉到威胁。我可以去他没有到达的地方，出现在他意料不到的地方。这样的话，行军千里不至于劳顿，因为敌人没有进行重兵堵截，我就像行于无人之地。要善于调动敌人，制人而不制于人，时刻掌握战场的主动权。

我们再看围魏救赵的故事。魏国军队在庞涓的带领下围攻赵国都城邯郸。赵国求救于孙膑所在的齐国。很明显，直接赶去赵国是不行的，两军会在赵国土地上发生战争。齐将田忌、孙膑率军救赵，兵分两路，引兵直取魏国都城，攻敌之所必救。魏军回援，齐军乘其远征疲惫，于中途大败魏军，遂解赵围。

我军在解放战争中采取了多种形式的围城打援。包围了敌人之后不是重点进攻，而是伏重兵于城外，重点打击敌人的有生力量，这样，赶来的援军被打掉了，城池就弹尽粮绝、瓜熟蒂落，不战而胜了。

4. 分散敌人。"故形人而我无形，则我专而敌分。我专为一，敌分为十，是以十攻其一也，则我众而敌寡。"（《虚实篇》）善于统兵作战的人总是想方设法让敌人暴露，而自己要善于隐藏。这样我的兵力就可以保持集中，而敌人的兵力就不得不分散了。所以我的兵力可以集中，而敌人就只能分兵，我等于拿十攻他的一，这样我的兵力集中了，敌军就分散了。"能以众击寡者，则吾之所与战者，约矣。"（《虚实篇》）采取这样的策略，即便我寡敌众，也能够做到以众击寡。"吾所与战之地不可知，不可知，则敌所备者多；敌所备者多，则吾所与战者，寡矣。"（《虚实篇》）我军要和敌人作战的场合，敌人不得而知，这样敌人要防备的地方就多了，他的力量就分散，所以正面和我作战的力量就少了。这就是通过力量部署来调动敌人、分散敌人。"使敌人前后不相及，众寡不相恃，贵贱不相救，上下不相收，卒离而不集，兵合而不齐。"（《九地篇》）使他们首尾不能相应，敌人力量分散了，我们就能够把他歼灭。

5. 以迂为直。"以迂为直，以患为利。"（《军争篇》）迂就是曲。以曲为直，行军时以绕远路当作直行。两点之间直线最短，但是有时候为了要到达目的地就要绕一点路。我举一个交通方面的例子。例如从城北到陕西师范大学长安校区，按直线的话，中间经过北大街、钟楼、南大街、长安路，会很拥堵。看起来是直线，但实际上非常耗时，反而走绕城高速非常快捷，很快能到达学校。所以看起来是绕整个西三环，但实际上是到达目的地最近的、最快的、最省时的方案，这就是把不利的方面转化为有利的方面。"故迂其途，而诱之以利，后人发，先人至，此知迂直之计者也。"（《军争篇》）所以看起来绕了一点路，虽然后发，但是先至，因为我能调动敌人，这要建立在之前的谋略基础上。"故兵以诈立，以利动，以分合为变者也。"（《军争篇》）所以用兵作战要以诡诈多变才能取胜，要根据是否有利来决定自己的行动，分散还是集中要随情况而变。"善用兵者，避其锐气，击其惰归，此治气者也。以治待乱，以静待哗，此治心者也。以近待远，以逸待劳，以饱待饥，此治力者也。"（《军争篇》）所以善于用兵的人要避免在敌军三军刚刚出发、来势汹汹的时候与他们作战，让他松懈下来，在他回撤的时候进行打击。这些都是"以迂为直"思想的体现。我们看到诸葛亮征南蛮，七擒孟获，实际上他抓到孟获，战争就结束了。但是他不计成本，连抓了七次，耗费很大。诸葛亮的目的是争取民心，不是从肉体上消灭南蛮，而是从精神上来降服孟获及其族群。所以我们的西南边陲，在诸葛亮七擒孟获之后，长期保持稳定，这就是"以迂为直"，看起来很费力，但起到了深远而持久的作用。

（四）制胜之道

所有的战争都是以打胜仗为目的的。那么，怎样打赢战争呢，孙子既讲战略，也讲战术。

1. 兵贵神速。这是讲战争的突然性问题。"故兵贵胜，不贵久。"（《作战篇》）对战争的消耗来说，兵贵胜，不贵久，不在于持久战，而在于速胜。"兵之情主速，乘人之不及，由不虞之道，攻其所不戒也。"（《九地篇》）所以用兵要讲速度，讲机动性、突然性。"始如处女，敌人开户；后如脱兔，敌不及拒。"（《九地篇》）开始的时候就像端庄娴静的处女，使敌人麻痹大意，然后就像逃跑的兔子一样，敌人来不及防御。"其疾如风，侵掠如火。"（《军争篇》）所以他的行动就像暴风一样，对敌人的攻击就像烈火一样。这里讲兵贵神速。

《三国演义》有一段讲郭嘉劝曹操攻乌丸。曹操击败袁绍之后，袁绍的儿子逃到了乌丸国，属于现在的辽河流域。郭嘉就劝曹操，迅即攻打乌丸国，以斩草除根，防止袁绍后人东山再起。曹操这时候担心其他诸侯攻击他的大后方。郭嘉分析说，没关系的，兵贵神速，乌丸国没有想到我们要攻击他，所以我们可以放下所有辎重，以轻骑兵发动进攻。后来，果然很迅速地打下了乌丸国。这就是一个兵贵神速的范例。

2. 出奇制胜。这是讲战争灵活性的问题。孙子说："凡战者，以正合，以奇胜。故善出奇者，无穷如天地，不竭如江河。""战势不过奇正，奇正之变，不可胜穷也。奇正相生，如循环之无端，孰能穷之哉！"（《兵势篇》）所谓的战争，表面上看是以正面的攻击为原则，然而取胜的关键在于灵活性。这种演变不能拘泥于常理，变化无端，不可以穷尽。"水因地而制流，兵因敌而制胜。故兵无常势，水无常形，能因敌变化而取胜者，谓之神。"（《虚实篇》）他认为兵就像水一样，兵无常势，水无常形,用兵没有一成不变的兵法。"奇"指侧面迂回,出奇制胜;"正"指两军对战,正面交锋。二者交相为用,任意施为。所以既要有堂堂正正,也要有迂回侧击,这样就能够两个方面相互运用变化,不能总是正面对垒。比如拳击,既要有直拳,也要有勾拳,相互配合起来,才有攻击性。

兵家从春秋时期兼并战争中吸取教训,认为不必遵循古军礼。《公羊传》说:"故君子大其不鼓不成列,临大事而不忘大礼,有君而无臣,以为文王之战,亦不过此也。"所以,只知道正面御敌,而不知道灵活机动,这是失败的原因。兵家强调出奇制胜。

3. 料敌制胜。孙子提出战争的胜负以及胜负的程度,取决于对敌我双方战场实际情况的了解程度。《三国演义》里有一个故事,叫贾诩追曹。贾诩是著名的谋士,换过好几个主公。有一次是在张绣门下,曹操率兵攻打张绣和刘表,后来曹兵因后方受到威胁,就撤兵了。张绣和刘表就要追曹操,贾诩说不能追,张绣、刘表没有听,结果遭遇曹操的伏兵,大败而归。回来以后,张绣就说:悔不听贾公所言,招致大败。贾诩说:你现在可以追了。果然曹军大败。后来他们就问贾诩,为什么刚开始不让追?贾诩说:曹军刚撤退的时候肯定有防备,贸然追击的话必然会陷入包围。你大败之后,他以为完成了伏击的任务,撤退的很快,但没有想到你还会追击他,所以我才建议你去追,这个时候他一定会大败。所以孙子就说:"兵非益多也,惟无武进,足以并力、料敌、取人而已。"(《行军篇》)兵不是越多越好,而是不要贪功冒进,要做到三点,第一是协同作战,第二是对敌情有了解和掌握,第三是取胜于人、打败敌人。"知彼知己,胜乃不殆;知地知天,胜乃不穷。"(《地形篇》)"料敌制胜,计险厄远近,上将之道也。知此而用战者必胜,不知此而用战者必败。"(《地形篇》)所以料敌制胜是担任上将的基本要素,要能够考虑方方面面的要素。

4. 协同制胜。强调左右配合,首尾呼应,协同作战。孙子说:"故善用兵者,譬如率然;率然者,常山之蛇也。击其首则尾至,击其尾则首至,击其中则首尾俱至。……故善用兵者,携手若使一人。"(《九地篇》)他强调军事部署时各种力量之间一定要相互联系配合,不能各自为战,这是一种协同制胜的思想。

5. 用火。"凡火攻有五：一曰火人，二曰火积，三曰火辎，四曰火库，五曰火队。"（《火攻篇》）火实际上是一个动词，火攻的形式有五种，一是火烧敌军人马，二是火烧敌军粮草积储，三是火烧敌军辎重，四是火烧敌人仓库，五是火烧敌军粮道，把敌军的交通运输线断掉。"行火必有因，烟火必素具。"（《火攻篇》）所以发火要有相应的材料和器具，这些在平时都要准备好，要有专门放火的部队。"火发上风，无攻下风。"（《火攻篇》）考虑要缜密，放火应该在上风口放，不要在下风口，风助火势，越烧越猛。

6. 用间。间就是重视和使用间谍。孙子说："先知者，不可取于鬼神，不可象于事，不可验于度，必取于人，知敌之情者也。"（《用间篇》）英明的国君、睿智的将帅之所以能够战胜敌人，重要的能力就是先知，能够事先了解敌情，而事先了解敌情是不能用迷信的方式，通过占卜鬼神来获得，也不能用类似的案例做类比，也不能用观察天文星象来验证，而是要通过了解敌人的人来认识，所以要重视使用间谍。在他看来，有五种间谍，"故用间有五：有因间，有内间，有反间，有死间，有生间"。（《用间篇》）所谓"因间"，就是利用敌国乡里的普通人做间谍；所谓"内间"，就是收买敌国的大臣做间谍；所谓"反间"，就是收买或利用敌人派过来的间谍来为我效力；所谓"死间"，就是故意散布虚假的情况，让敌方间谍知道而故意传给敌方，敌方知道之后，将其处死；所谓"生间"，是指派往敌军进行侦察而能够活着回来的。例如蒋干盗书，属于反间计，利用了敌人派过来的间谍。还有黄盖的苦肉计，相当于派到曹营的生间。这说明孙子非常重视情报工作。

7. 用险。"险"，就是危机、险境。孙子善于用危机凝聚士气，管控局势，激发士卒的血性、强悍、勇猛的战斗精神，三军用命，上下同心，从而转危为安。《孙子兵法》强调："聚三军之众，投之于险，此谓将军之事也。""投之亡地然后存，陷之死地然后生。""投之无所往，死且不北。死，焉不得士人尽力？"（《九地篇》）部队面临绝境，因为就要战死了，士卒为什么不尽力呢？我们看历史上的楚王破釜沉舟之战。项羽渡过河之后，把饭锅给砸了，把舟给沉了，然后背水一战，这样就激发三军的士气。这是孙子所强调的"用险"，这个险要讲究时机、火候，不能像马谡那样。马谡机械地套用《孙子兵法》，欲置之死地而后生，结果遭到了失败。所以孙子一再强调要非常灵活机动地运用危机的思想。

总之，孙子兵法里面包含的博弈之道、战略之道、谋略之道、制胜之道，值得深入挖掘。《孙子兵法》是中华民族文化史上的宝贵遗产，不仅为历代兵家所推重，而且在世界军事史上也久享盛名。尤其是近代以来，人们不仅视之为兵书战典，而且在哲学、政治学、经济学、管理学等领域加以推广和运用。

第十讲
经学与元典精神

这一讲着重讨论经学与元典精神。大家可能听说过六经、五经、十三经的说法，但是它们之间是什么关系？有什么样的发展流变？我们从以下四个方面，基于常与变、今与古、经与纬、汉与宋去把握中华元典精神。

一 常与变

孔子的学生子张询问孔子："十世可知也？"（《论语·为政》）古代的一世是三十年，十世就是三百年。子张的问题是：三百年以后的礼仪制度是可以事先知道的吗？孔子是这样回答的：从夏商周三代礼仪制度的损益状况来看，商代继承了夏代的礼仪制度，它所减少的和所增加的内容是可以知道的；周朝又继承了商朝的礼仪制度，它所废除的和所增加的内容也是可以知道的。所以之后即便有继承周朝的，哪怕是一百世以后的情况也是可以预先知道的。子张问的是三百年的光景，而孔子给出了一个三千年的答案。在孔子看来，即便是三千年，礼仪制度的损益情况也是可以知道的。今年是孔子诞辰2571周年，所以我们仍然处在孔子所预言的文化时代里面。"三代相因"是谓"常"，"所损益"是谓"变"，这就表示礼仪制度的传承与演替，既有不变的"常"道，同时也会随着社会时代的发展不断加以调整，所以这就是"常"和"变"的关系。

孔子和子张讨论的是礼仪制度。实际上对于经学而言，也有一个常道和变道的问题。"经"具有神圣的意义，本来是指织布过程中竖着的丝线，引申为经线、经常、天经地义等含义。刘勰讲："经也者，恒久之至道，不刊之鸿教也。"（《文心雕龙·宗经》）"经"是什么呢？就是恒长久远之道，难以磨灭的、广大致远的教化之道。"常"即是经常之道，是一种一脉相承的精神。穷则变，变则通，通则久。对于新问题难以用旧方法来解决，这就需要变通，变通才会持久，所以"变"即是权变之道，是一种与时俱进的精神。因此，"常"与"变"讲的就是一脉相承精神和与时俱进精神的关系。

我们看十三经的形成过程就体现了这样的精神传统。在先秦时期，孔子删述六经，所以有《易》《书》《诗》《礼》《乐》《春秋》之说。但是在秦灭之后，《乐经》就失传了。所以在西汉的时候设五经博士，立于学官。五经就是《易经》《书经》《诗经》《礼经》（《仪礼》）《春秋经》。在东汉的时候，又增补《论语》和《孝经》为七经。唐初，在五经的基础上增加了"三礼"和"三传"。"三礼"就是《周礼》《仪礼》和《礼记》。《周礼》记载了周王室官制和战国时期各国制度，《仪礼》记载了春秋战国时代的礼制，《礼记》就是西汉戴德和戴圣叔侄二人所编的战国至春秋年间儒家学者解释说明经书《仪礼》的文章选集，它的政治性、思想性比较强。"三传"是指什么呢？因为过去对《春秋经》没有解释，所以这时候把三部解释《春秋经》的经书列进去，这三部经书都有各自的特点，有的长于说理，有的长于记事，例如《春秋公羊传》，这是战国时齐人公羊高所撰，《春秋穀梁传》是战国时期鲁人穀梁赤所撰，《春秋左传》是春秋末左丘明所撰。这三传都包含了《春秋经》，都是对《春秋经》的解释，都升格为儒家的经典。由此便有了九经，立于学官，以之开科取士。孔颖达编订的《五经正义》包括《周易》《古文尚书》《毛诗》《礼记》和《春秋左传》。到了晚唐的时候，增补了《论语》《孝经》（曾子学派论述古代孝道的专著）和《尔雅》（战国到西汉的学者编写的学习儒家经典的词典，全书收词语4300多个训解词义，诠释名物）。由此在原来九经的基础上，增补三部著作为十二经。

以刀为笔，以石为纸，是古代保存文化典籍的重要方式。东汉有

《熹平石经》，曹魏有《正始石经》，都毁于战火。唐《开成石经》收集12种儒家经书，刻114块碑石，共刻经文65万字。每块石碑都有两吨重，是中国古代保存最早、最完好的儒家刻经，被誉为"世界上最大最重的一部书"。原碑立于唐长安城国子监内，宋代移到西安孔庙，即今西安碑林博物馆，是该馆的镇馆之宝，具有重要的文物价值。

南宋，又增补《孟子》为十三经。因为在秦汉时期经常提"周孔之道"，周、孔是并称的。而到了北宋，产生了孟子地位的升格运动，孟子在儒家思想史上的地位提高了，上升到仅次于孔子的地位，被尊称为"亚圣"。所以宋代以后就是孔、孟并称，叫作"孔孟之道"。因此"十三经"作为儒家经典体系在南宋时候正式形成。清代，阮元将之合刻为《十三经注疏》。我们今天从事学术研究的时候，"十三经"注疏最好是引用阮元这一版本，这是最权威的，也是影响最大的。后来佛教文献也仿效编辑了"佛教十三经"。以上是经学里面的中华元典"十三经"形成和演变的历史过程。

二　今与古

"今与古"讲的是今文经学和古文经学的关系。所谓的古文经和今文经有什么区别？它们是怎么形成的？

所谓今古文的"文"是指记载经典所使用的文字。"今文"是指汉代通行的隶书，隶书是汉代的通行书体，隶书对汉代人来说当然就是今文。所谓"古文"是指秦始皇统一中国之前所使用的古文字，就是蝌蚪文，也就是大篆，而大篆对汉代人而言当然就属于古文。今古文经的分野和焚书坑儒有极密切的联系，或者说就是因为焚书坑儒所造成的。秦始皇发动"焚书坑儒"运动，在"焚书"时，他只有三种书不烧，种树、占卜以及医书之外的书统统焚毁；关于"坑儒"，因为儒生集团激烈地反对和对抗他的政治措施，故而活埋/坑杀了几百个儒生，以儆效尤，二者结合起来，造成了儒家文献的损毁及其传承系统的破坏。

汉代建立以后，将文化建设摆在十分重要的位置，因此保存、传承古代的文化典籍就成为当务之急。于是朝廷寻找到一些尚健在的老儒生，老儒生的年龄已经很大了，因此朝廷又派一些年轻的学生去跟这些老儒生请教、学习。在《史记·儒林列传》记载："言《诗》于鲁则申培公，于齐则辕固生，于燕则韩太傅；言《尚书》，自济南伏生；言《礼》，自鲁高堂生；言《易》，自菑川田生；言《春秋》，于齐鲁自胡毋生，于赵自董仲舒。"（《史记·儒林列传》）所以这五经实际上是经过老儒生与学生间的口耳相传而来，因为秦火之后，他们手里也没有可靠的典籍依据，只能够口授相传。在这个传续过程中难免就会出现错讹问题。第一，老儒生年龄普遍比较大，那么他的记忆会不会有偏差，从而造成文字的错漏和遗忘？这是一个问题。第二，他们说的都是方言。年轻学生在用隶书书写的时候难免会出现一些错误，没有得到订正。由于这些原因，今文经学的文献实际上有先天的不足，因为它是秦代"焚书坑儒"的产物。今文经学来之不易，受到官府的高度重视。所以今文经学作为两汉时期的官学，主要就是依附于博士制度而发展起来的。如某一经的大师，得到朝廷尊信被立为博士，这个经师的经说便成为师法。弟子相传，又别为章句，便成家法，故一经有数家。两汉时期朝廷规定太学博士只能依师法家法传授。皮锡瑞《经学历史》说："先有师法，而后能成一家之言。师法者，溯其源；家法者，衍其流。"① 师法重继往承前，家法重开来启后。博士定员的日益扩大，人数日益增多，他们秉承师法，演绎家法，推动了今文经学的繁荣。

到了汉武帝末年的时候，又出现了一个很奇怪的事情，这个事情就促成了古文经的出现。鲁恭王在拆除孔子旧宅以扩大自己的宫室时，在孔府旧宅的墙壁夹层里发现了包括《尚书》在内的大批藏书。这些藏书都是用六国时代的蝌蚪文书写的，所以称为古文经。从经典依据上说，古文经的价值当然要优于今文经。但是它从出现开始就存在一个真伪问题，围绕古文经的真伪所展开的讨论，远远超出学术讨论的范围，而被卷入了当时的政治斗争中。

以董仲舒为代表的今文经学家是宗孔子的，他们以为六经皆为孔子

---

① 皮锡瑞：《经学历史》，朝华出版社2019年版，第54页。

所作，孔子是政治家，托古改制，所以他们解说经传偏重于微言大义。以刘歆为代表的古文家是宗周公的，他们认为六经是周公旧典，六经所记为古代史料，重视章句训诂。刘歆站在古文经学的立场上批评今文博士"专己守残，党同门，忌道真"（《汉书·刘歆传》）。为什么这么说呢？因为当时占据官方权威地位的是今文经学家，他们怎么可能否定今文经学，转而赞同古文经呢？即便是古文经的价值要高于今文经，他们也是不会赞同的，因为其掌握了学术权力，所以刘歆才有这样的评语。刘歆建议将《左氏春秋》及《毛诗》《逸礼》《古文尚书》皆列于学官，这也遭到了今文学者的反对。

到王莽篡汉后，古文经学得以立于学官。因为王莽建立新朝，而我们知道改朝换代后总要有一个新的意识形态出现。既然西汉选择了今文经为官学，那么王莽的新朝就要扶植原来行于民间的古文经作为官学，作为新的意识形态为自己的政权提供合法性证明。与一般的帝王相比，王莽有超越现实利益的更大的政治抱负，他攫取帝王的权力，目的是能够把古文经学家的学说付诸实践，创建一个平等安宁、快乐理想的社会。王莽根据《周礼》，将很多政府机构和官职改换名称，在全国范围内推行"王田制"，类似于周代的井田制度，将全国土地国有化，不允许自由买卖。王莽的改革被认为是改制无方，食古不化，但它在后世也有一定影响。现在离西安市长安区不远，还有一个乡叫王莽乡，有一条河叫王莽河。

古文经又被称为"新学"，因为它是王莽新朝的官方意识形态。我们都知道康有为有一部著作叫《新学伪经考》，这里面的"新学"不是指西方的学术，而是指古文经学。康有为从今文经的立场指斥古文经是"伪经"。随着新朝的崩溃，王莽和刘歆所设的《左氏春秋》《毛诗》《逸礼》《古文经学》及《周官经》等古文经学博士自然被废弃。东汉一代，古文经学以"私学"的形态发展，涌现出一批卓然有成的学者，最为突出的是贾逵、马融、许慎、郑玄这四位代表。

下面我们来看今文经和古文经的区别。今文经和古文经最重要的区别就是一个是隶书体，一个是大篆体。这是早期书写上的区别，后来当然都是隶书来写了。从思想内容而言，今文经学重视微言大义，古文经学则重视章句训诂；今文经推崇孔子，古文经崇奉周公，所以我们讲秦汉是周孔之道；今文经以孔子为素王（布衣为王），孔子是布衣书生，也是百世先王，而古文经以孔子为先师，誉之为万世师表；今文经以孔子为哲学家、政治学家，而古文经认为孔子是历史学家；今文经认为孔子是托古改制，古文经认为孔子是信而好古，述而不作；今文经认为六经是孔子所作，根据内容由浅入深进行排列，对六经的排序是《诗》《书》《礼》《乐》《易》《春秋》，但古文经认为六经是古代的史料，所以根据六经文献出现的早晚加以排列，这就是《易》《书》《诗》《礼》《乐》《春秋》；今文经主《春秋公羊传》，以政治思想为主，而古文经主《周礼》，确立了基本职官制度；今文经是经学派，古文经是史学派；今文经在当时是立于学官，古文经是行于民间；今文经迷信纬书，古文经斥纬书为诬妄。

有的同学会问：既然古文经有它明确的文献记载，它的价值要高于今文经，因为它保存的可能更完整一些。那么为什么后来改朝换代后，没有形成对今文经学的整体性颠覆呢？因为古文经行于民间，在发掘以后没有得到很好的保存，所以它二次失传了。这是非常可惜的一件事情。当后来再次出现时就被认为是伪书了，比如经过清代考据学家的研究，《古文尚书》就很明显是伪古文尚书，是经过后人编撰的。所以今文经和古文经实际上在后来互有消长，各有价值。历史上都有一些人利用今文经学或古文经学在不同的立场进行讨论。

我们可以看到东汉以后，今古文经学随着学术风气和政治形势的变化时起时伏。东汉至唐，基本上是古文经占据优势。宋代，以怀疑而著称的"宋学"兴起。宋学一反古文经学的训诂、传注传统，主张从经文中寻求义理。到了明代，经学进一步衰落。清代前期，古文经学复兴，至乾隆、嘉庆年间，随着乾嘉学派的出现而达到全盛时期。嘉庆、道光年间，古文经学进入尾声，今文经学却又兴起。魏源、龚自珍及康有为等人主张变法，他们吸取了汉代今文经学派主张改制的思想，极力提倡今文经学。因为他们都主张变法，都把孔子当作一个政治家。今古文经学对中国文化和社会生活都影响深远。

从今天的时代来理解的话，我们认为今文经学代表了一种现实主义精神，古文经学则代表了一种理想主义精神。今古文经学的历史变迁就很好地反映了儒学的现实主义和理想主义融合会通的精神传统。

三　经与纬

所谓的经书系统，我们刚才讲过，从六经、五经到十三经有一个形成发展的过程。但是同时还存在着一个纬书系统，纬书是对秦汉以来"纬""候""图""谶"的总称。所谓的"谶纬"就是指谶记和纬书。谶，又称图谶、符命，是一种预言吉凶的符验，所谓"王者将兴，必有符谶"。纬与经相对，多以宗教神学观解释、附会儒家经义，因而称为纬书。东汉时流传的"七纬"有《易纬》《书纬》《诗纬》《礼纬》《乐纬》《孝经纬》《春秋纬》，与经书存在对应的关系。《说文》曰："谶，验也。"所谓："诡为隐语，预决吉凶。"（《四库全书总目提要》卷六）可见，"谶"的含义有两层：其一当有"征"，即某种预言或征兆；其二应有"验"，即征兆得到了验证或体现。所以有个词叫"一语成谶"，也就是预言结果得到了验证。

《周易》讲："河出图，洛出书，圣人则之。"《史记音义》说："黄帝东巡河过洛，修坛沉璧，受龙图于河，龟书于洛。""河图"共有10个数，1、2、3、4、5、6、7、8、9、10。其中1、3、5、7、9为奇数，也叫阳数。2、4、6、8、10是偶数，也叫阴数。阳数相加为25，阴数相加得30，阴阳相加共为55。所以古人说："天地之数五十有五。"（《周易·系辞上》）天地是阴阳二气所构成的，所以天地之数就是五十五。而在"洛书"中，1到9的数字排成九宫格，5居于中间，口诀是"戴九履一，左三右七，二四为肩，六八为足，以五居中"，这样纵、横、斜三条线上的任意三个数字相加，其和皆等于15。如果我们去除覆盖其上的神秘色彩，不妨将"河图""洛书"看作是古代数学的智力游戏。

我们举一下历史上有名的图谶。先看第一个例子，秦始皇让人占卜，得出结果是"亡秦者，胡也"（《史记·秦始皇本纪》）。秦始皇误认为对于秦朝构成最大威胁的是胡人，所以他就发兵攻胡，耗尽了秦国的国力。而"胡"实际上是指他的儿子胡亥。秦"历二世而亡"，亡在他儿子的手里。曲江池畔有秦二世胡亥墓，诸位有时间可以去看看。第二个例子，秦末时，陈胜、吴广在鱼腹中写上"陈胜王"，然后假装狐狸鸣叫"大楚兴，陈胜王"（《史记·陈涉世家》），这也是预先制作隐语，为自己的政治活动造势，表示禀受天命，取得了合法性。第三个例子，汉代认为，始秦得水德，及汉受之，推《终始传》，则汉当土德，土德之应黄，于是宣布图谶于天下。汉末，张角发动"黄巾大起义"，声称"汉行已尽，黄家当立"（《三国志·魏书·武帝纪》）。所以张角用"黄巾"表示汉朝是伪统，自己才代表真正的土德。第四个例子，三国时候，曹魏政权得到一个占卜是"三马食槽"（《晋书·宣帝纪》），"槽"就是指曹魏政权，他们原以为"三马"是指西凉的马腾、马超、马岱父子三人，后来其实是司马懿、司马师、司马昭，这父子三人篡夺了曹魏政权。第五个例子，唐代有一个隐语叫"桃李子，得天下"，人们原以为是逃亡的李氏贵族——李密，后来是李渊、李世民父子得到了天下。

在"纬书"里面，阴阳五行起到了很重要的作用。这一学说中阴阳和金、木、水、火、土五行相互配合，因而产生了种种联系，为解释世界和社会人事提供了理论学说，称之为"五德"说。例如金德属于西方，所以它是白色，象征秋天；木德属于东方，所以它是青色，象征春天；火德属于南方，表示红色，象征夏天；水德表示北方，表示黑色，象征冬天；土德属于中央，表示黄色，象征春夏之交。它们之间有相生（相互促进、生成）关系，如金生水，水生木，木生火，火生土，土生金。它们之间还有相克（相互限制、克服）的关系，如金克木，木克土，土克水，水克火，火克金。

长安城的布局实际上就是运用阴阳五行学说的一个实例。古代有四大神兽镇守四方，所谓左青龙、右白虎、前朱雀、后玄武，这是按照五行来论列的。玄武象征北方，体现了水德，玄者，黑也，水渊深而呈黑色，所以长安城的北门就是玄武门，世有"玄武门之变"。朱雀象征南方，体现了火德，代表红色，在长安城有一个南北向的中轴线叫作朱雀大街，皇城的南门叫朱雀门。青龙象征东方，体现了木德，木者，青也，所以长安城的东边有一个寺叫青龙寺，这是密宗祖庭，日本僧人空海在此处学习密宗真谛，返国创立真言宗，青龙寺成为日本佛教真言宗的祖庭。日本友人在青龙寺种植了很多樱花,成为西安市民赏樱的胜地。白虎则象征西方,体现了金德,代表白色。经表示南北方向,纬表示东西方向,所以经纬纵横,长安城的基本布局是按照阴阳五行的理念来构造的。

比如我们看五行和《西游记》的关系。在《西游记》里面,我们看到唐僧师徒是五人,这五个人实际上是五行的化身。金就是孙悟空,木就是八戒,水就是白龙马,火就是唐僧,土就是沙僧。这五个人实际上就是一个金、木、水、火、土五行的关系,他们之间既相生又相克。在西行取经路上,五行山是一个隐喻,从唐僧开始,师徒五人出场的次序就是五行相生的次序,如唐僧将孙悟空从五行山下救出来,可谓火生金;降服了白龙马,可谓金生水;在高老庄收服了八戒,可谓水生木;最后在流沙河拿下沙僧,可谓木生土。孙悟空怕唐僧念紧箍咒,这是火克金;八戒最怕大师兄修理,这是金克木;沙僧经常被八戒欺负,这是木克土;白龙马被沙僧牵着走,这是土克水;唐僧被白龙马驮着,这是水克火。

再比如在武侠小说《射雕英雄传》中,金庸先生也运用了阴阳五行的思想来安排角色,凸显人物性格,如东邪、西毒、南帝、北丐、中神通,我们不一一阐述了。

新疆和田出土了一条织锦,上面织有八个篆体汉字"五星出东方利中国"。这是20世纪90年代出土的汉代织锦护臂,为国家一级文物,现收藏于新疆博物馆,被誉为20世纪中国考古学最伟大的发现之一,这是对"五星聚会"天文奇观的描述,认为这一天象的出现对于东方是有利的。什么是"五星聚会"呢?"五星聚会"就是金星、木星、水星、火星以及土星运行到同一星区,大概在一条直线上,又被称为五星连珠。根据文献记载,"五星聚会"大概出现过八次,每一次出现往往预示着重大事件发生,古书中曾经多次记载相关的占卜辞,如《文献通考》曾经提及"周将伐纣,五星聚房"(《文献通考》)。根据科学家推算,在2040年将有一次"五星聚会"的天文奇观,按照这个理论,或许同学们都将成为中华民族实现伟大复兴的建设者和见证者。

汉代实施"《春秋》决狱"原则,就是在没有现有法律规定的情况下,官员直接引用儒家经典作为案件审理和判决的法理依据。《后汉书》

记载:"董仲舒老病致仕,朝廷每有政议,数遣廷尉张汤亲至陋巷,问其得失,于是作《春秋决狱》二百三十二事。动以经对,言之详矣。"(《后汉书·应劭传》)大家熟知的秋后问斩,午时三刻,都是以天人感应理论为依据的。

总之,我们可以看出谶纬之学的本质是以阴阳五行之说为骨架,以天人感应之论为基础,包括了阴阳灾异、天象星变、天文历法等各种思想在内的特殊学术现象。所以经学代表了一种理性主义的精神,而谶纬代表了一种非理性主义的精神,这二者正好形成互补的关系,构成了很奇特的文化景观。

四 汉与宋

《四库全书总目提要》卷一《经部总叙》称:"自汉京以后,垂两千年,……要其归宿,则不过汉学、宋学两家。"也就是说经学实际上有汉学和宋学之分。《提要》里面还提到,"盖考证之学,宋儒不及汉儒;义理之学,汉儒亦不及宋儒",以偏重于考证或是偏重于义理来区分汉学和宋学。所谓"汉学",是指在战国经学的基础上发展起来的汉唐章句训诂、注疏考证之学,它包括西汉的今文经学、东汉的古文经学、汉末融通今古文的郑玄之学、魏晋王肃之学、南北朝经学、隋唐经学等从西汉到唐代约一千一百年间的经学派别。所谓"宋学",是指宋代义理之学(后延续到元明,也包括清代宋学),它是讲义理为主的经学派别,大体上以理学诸派为主体,并包括了王安石新学、三苏蜀学以及当时讲义理的主治儒家经学的思想流派。

我们认为汉学和宋学有以下四个方面的不同。首先是就经典诠释所依傍的文本系统而言,汉学是以五经系统为主,罢黜百家,表彰六经;宋学则以四书系统为主,以《大学》《论语》《孟子》《中庸》为宗旨,而达于六经。先读《大学》,以定其规模;次读《论语》,以定其根本;次读《孟子》,以观其发越;最后读《中庸》,以求古人之微妙处。

其次,就经典诠释的方法而言,汉学重训诂,以章句训诂为事,白首不能通一经；宋学重义理，不求于经而但求于理，不求于故训典章制度而但求于心，从经书的要旨、大义、义理着眼，阐释微言大义。

再次，从经典诠释的理论向度而言，汉学是以经学诠释为主，主张疏不破注。我们要了解一下"注疏"是什么意思？在经学出现后，就有经文晦涩不明的阅读难题。所以汉代人就对其进行注疏，经学史上称为"汉注"。但是又过了若干年，不仅是经文部分读不懂，连汉人的注都读不懂了，需要解释"注"，所以唐代的注就叫作"疏"。注疏是经书解释系统的总称。贯穿其中有一个原则就是疏不破注，注不破经，注疏不可背离、曲解经书。宋学则以哲学诠释为主，倡导疑古惑经，甚至大胆改经。例如我们看朱熹的《四书章句集注》，他就给《大学》补了一段，替古人立言。这是汉代人做不到的，只有宋学家才有这样的胆魄和手段。

最后，就儒家经学与佛道关系而言，汉学以排斥佛、道二教为主，宋学则对佛、道二教既有排斥又有吸取。所以宋明理学家一般是出入释老，返归六经。他们对佛老的思想成分、理论成果都有借鉴，例如王阳明的学思经历有"五溺"，其中就有"溺于佛道"的阶段。

总括而言，汉学代表了一种实事求是的精神，言必有证，事必有据。其治学方法很烦琐，但是又很严谨。我们去看清代的考据学家的研究方法就很科学规范，体现了实事求是的特点。而且"实事求是"就是出自汉代的《汉书·河间献王刘德传》。而宋学则代表了一种思想解放的精神，例如"发明本心"代表了要解放思想，要求去除条条框框，不要有思想上的障碍。所以汉学和宋学代表了经学里面的两种精神传统，一种是实事求是，一种是思想解放。而这两种在经学研究当中都是必要的，既需要实事求是，又需要思想解放。

第十一讲
玄学与魏晋风度

本讲介绍两个部分，第一部分对玄学思潮作一个总括性的介绍，第二部分就当时名士的精神风貌作简单的描述。

一 玄学思潮

玄学是流行于魏晋时期的一种社会文化思潮，其兴起的时间是魏正始年间，也就是公元240—249年，标志是何晏、王弼创立的"贵无论"，史称"正始玄风"。玄学是儒、道思想在魏晋社会特定条件下融和的产物。它既有儒学的成分，也有道家的思想，总体来说属于道家一系。因为他们依据的经典文本有"三玄"之称，"三玄"就是三本注重玄理、玄谈的书，也就是《周易》《老子》《庄子》。《周易》被尊为儒家"群经之首"，但是这并不意味着《周易》就是儒家的著作，或者仅仅是儒家的经典，因为它产生于儒家形成之前。所以《周易》《老子》《庄子》很好地揭示了玄学的道家思想底色，当然玄学也在某种程度上吸收了儒学的思想成分，是儒道合流的思想产物。

玄学的"玄"，出自《老子》。老子说："玄之又玄，众妙之门。"（《老子·一章》）探讨玄妙、玄远、玄思是玄学所推崇的。王弼说："玄，谓之深者也。"（《老子指略》）玄学即是探讨幽深玄远的学问，追问隐藏在天地万物中的一般规律的"道"。玄学的兴起与汉魏之际政治思想领域中的"名教"危机有关。名教，原指儒家的"因名设教"，实质是宗法等级制度、伦理道德规范的总称。

我们有必要对两汉的经学和魏晋的玄学作一个总体比较，使同学们能对二者有一个基本了解。第一，经学推崇的代表人物是周、孔，言必称周孔之道；而玄学推崇的是老、庄，因此他们推崇的人物不同。第二，依据的文本不一样，经学推崇的是五经，且随着经学的官学化和五经博士的设立，五经就成为经学的主要经典；而玄学推崇的就是三玄——《易》《老》《庄》，所以当时的玄学家们大多以《易》《老》《庄》立论，他们的主要著作也是为《易》《老》《庄》做注，以此来阐发自己的思想。第三，二者的思想重心不一样，经学侧重的是宇宙论的问题，也就是宇宙由何而起？天地由何而构成？天人是什么关系？讨论的重心是天人关系，就是天道和人道，所谓"究天人之际"，这是经学所注重的。而玄学侧重于本体论，本体是与现象相对应的，它要透过现象看本质。玄学讨论的就不是天和人的问题了，因为天和人都是一种现象。玄学要凸显的是有和无的问题：这个世界的本原到底是有还是无？它们之间是什么关系？这是本体论要思考的问题。第四，经学注重的是纲常伦理，三纲五常是董仲舒糅合了儒家和法家的思想而形成的，君为臣纲、父为子纲、夫为妻纲，再加上仁义礼智信，构成了儒家的纲常伦理体系，用以规范人们的行为，这就要求人们承担义务，履行自己的伦理责任；而玄学要求蔑视纲常，追求理想人格，这种理想人格应当是人格的自我实现。所以纲常伦理的要求就会体现为名教的礼仪规范，而玄学推崇自然，因为人格的自我实现就应该是自然而然，而不应该受到外在的名教、纲常的束缚。当时玄学家的口号是"非汤武而薄周孔"（《与山巨源绝交书》），"越名教而任自然"（《释私论》）。第五，经学，尤其是今文经学不可避免地和谶纬有联系，有一些非理性主义的表达，例如灾异、谴告、祥瑞，这些会和经学联系在一起，所以当时既有经书，又有纬书，后者削弱了经学的思辨性，而为其增添了很多经验，描述性的内容。而玄学是注重思辨的，因为它注重的是有无问题、本末问题、体用问题、动静问题，这些问题不能仅仅通过现象的描述、经验的积累来获得，只能通过思辨的意识活动来把握，所以玄学很重要的一点就是思辨性很强。这是经学和玄

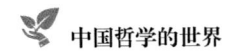

学一个大致的区分。

玄学有三大核心关切：第一是"无"是否生"有"，即这个世界的本原是"无"还是"有"？是"有"生于"无"还是"无"生于"有"？第二是"言"能否尽"意"，"言"是概念和语言，语言概念能不能将意义准确地予以传达？第三是"人"何以成"圣"，怎么样去成就圣王的事业，为社会秩序确定基本的规则。玄学的这三大关切分别涵摄了本体论、认识论和政治观，这三大关切就转变为玄学中的"三辩"：就是有无之辩、言意之辩、名教与自然之辩。

（一）"无"是否生"有"

我们先来看"无"是否生"有"这个问题。围绕第一个关切，形成了三种回应：

一是王弼的"贵无论"。"天下之物，皆以有为生。有之所始，以无为本。将欲全有，必反于无也。"（《老子注·四十章》）王弼对《周易》《老子》都做过注释，通过注《老》、解《易》表达自己的哲学思想。他比较深刻地阐述了"贵无论"的哲学思考。他认为世界万物作为具体存在的东西，并不可以自己规定自己，而是被"无"这个本体所规定的，大家都看到了"有"，看到了现象，但"有之所始，以无为本"，"有"是怎么产生的？全部的现象界（"有"）恰恰以"无"这个本体为根据。"将欲全有，必反于无也"，因此要了解世界万物的全体之"有"，一定要把握它的根本就是"无"。整个社会和自然就像一棵大树，我们所能看到的不过就是地表以上的树干、树叶，对于潜藏在地表以下的树根，我们难以察觉。所以王弼强调"以无为本"，认为真正决定大树生命力的不是"有"，不是看得见的树干、树叶，而是深藏在地下的树根。这个树根虽然看不到，是"无"，但只有把握了这个"无"，才能对世界万"有"做一个抽象的、全面的认识。"有"是有限的，如果想要对世界有一个宏观的把握，就一定要把握它背后的本体，这个本体就是"无"，它不随着某一个树叶的凋零、某一个树干的断裂而生变化。这就是王弼的"贵无论"。

二是裴頠的"崇有论"。他说："夫至无者，无以能生，故始生者，自生也。"（《崇有论》）在裴頠看来"无"不能生"有"，"故始生者，自生也",有是自生的,万物都是自然而然产生的;那么凡"生"都是以"有"为体,"无"乃"有"之所谓遗者,"无"只是"有"的遗失状态,"无"不能离开"有"而独立存在,没有"有"就没有"无","有"和"无"是相互依存的关系。他承认万物实际上是自然而然产生的,而不是由所谓的"无"产生,"无"没有创生的能力,这就是裴頠的"崇有论",可以说他肯定了现实世界的真实性。

三是郭象的"独化论"。"通天地之统,序万物之性,达死生之变,而明内圣外王之道,上知造物无物,下知有物自造"(《庄子注·序》),"玄冥者,所以名无而非无","独化于玄冥之境"(《庄子注·大宗师》)。此处的"玄冥"出自《庄子·大宗师》。郭象很重视"玄冥"的概念,他说"玄冥"是"名无而非无",具有重要的理论内涵。"玄冥"看起来是一种"无",但它实际上本身不是一无所有,所以"名无"是对王弼"贵无论"的回应,而"非无"则是对裴頠的"崇有论"的回应。这样,所谓的"玄冥"就是有无混一的状态和境界。他认为"上知造物无物,下知有物之自造"(《庄子注·序》),那么"玄冥"实际上是一种境界,是一种状态,是一种场域,"玄冥之境"是万物独化的场域或境界。作为"独化"的场域,"独"就是造物无物,没有所谓的造物主。"有物自造",那么创造事物的是事物本身,没有外来因素的推动。正因为万物没有外界的干预,通过自为、自化产生出来,这就是万物"独化于玄冥之境",万物自化、自因、自得、自为、与物混一的玄冥之境。从这个角度来讲,王弼的"贵无论"是正,裴頠的"崇有论"是反,然后到郭象"独化"论就是合,因为它讲有无混一,弥合了"贵无论"和"崇有论"的内在矛盾。它在逻辑上是正反合,在时间上也构成了一个历史的进程。这是我们对"无"是否生"有"的三种讨论的回应。

(二)"言"能否尽"意"

我们来谈第二个关切:"言"能否尽"意"?围绕第二个关切,形成了两种回应:

第一种是王弼的"言不尽意论",第二种是欧阳建的"言尽意论"。"言意之辩",所辩的重点是语言究竟能不能将意义充分地表达出来。王弼认为不能，欧阳建认为能，各有各的道理。

王弼认为"言不尽意"，这与他"贵无论"思想是联系在一起的。他是怎么论证的呢？第一层论证是："夫象者，出意者也；言者，明象者也。"（《周易略例·明象》）他在对《周易》的解释里提出来，所谓的言、象、意是三层，"言"就是《周易》里面的卦爻辞；"象"是由阴阳二爻构成的卦象，例如乾、坤、震、巽、坎、离、艮、兑，两两相重就构成了六十四卦，这六十四卦所表现出来的卦象是对《周易》的义理符号化的呈现；"意"则是《周易》作者的本意，这是三层。"夫象者，出意者也"，所谓的卦象是对于《周易》本意的符号呈现，那么"言者，明象者也"，就是说卦爻辞是对卦象的文字表述。所以他指出"尽意莫若象，尽象莫若言"（《周易略例·明象》），卦象是对于《周易》意义最好的表达，没有比卦象能更好地反映《周易》本意的；没有比卦爻辞能更好反映卦象的基本思想的。这是从创作者的角度提出的。

第二层论证讲："言生于象，故可以寻言以观象；象生于意，故可寻象以观意。意以象尽，象以言著。"（《周易略例·明象》）因为语言文字、卦爻辞是以卦象为依据，如初九、九五是对卦象的解释，这叫作"言生于象"，所以我们通过卦爻辞就可以实现对卦象的把握，这叫作"寻言以观象"；"象生于意，故可寻象以观意"，因为卦象的根据是作者的本意，所以我们可以通过对卦象的把握来领会《周易》本意。那么"意以象尽，象以言著"，是讲这种意义通过卦象得以呈现，而卦象通过卦爻辞得到彰显，这是从接受者的角度来讨论的，但这还是不够的。

重点是第三层论证。"蹄者所以在兔，得兔而忘蹄；筌者所以在鱼，得鱼而忘筌也。"（《周易略例·明象》）庄子曾讲过这则故事。"蹄"是捕兔子的网，"筌"是捕鱼的竹器，制作捕兔子的网是为了捕捉兔子，得到兔子后这个网就可以弃之不用了。制作鱼筌的目的在于得到鱼，获得鱼后这个竹器也就可以不用了。所以王弼认为言、象、意也是这样的关系。言、象都是我们理解意的工具，而当达到更深一层的领悟后就不需要再执着于言、象，所以他说："然则忘象者，乃得意者也；忘言者，乃得象者也。得意在忘象，得象在忘言。"（《周易略例·明象》）只有忘掉、摆脱卦象的干扰，才能真正实现对《周易》本意的理解；只有忘掉卦爻辞的限制，才能实现对卦象的认识。第三层论证实际上是从诠释者的角度提出来的，也就是说诠释者不是单向度的接受文本，对创作者的思想全盘接收，而是要实现《周易》作者的思想和接受者思想的双向互动、意义豁显，然后产生一种对文本的新认识、新阐释。

王弼正是基于这种"言不尽意"的思想，对《周易》《老子》作了自己的独创性诠释，依据经典诠释建构了自己的哲学思想体系。从诠释者的角度来说，"得意在忘象，得象在忘言"，只有摆脱言、象的干扰和限制，才能获得真正的义理创新。董仲舒说过："《诗》无达诂，《易》无达占，《春秋》无达辞。"（《春秋繁露·精华》）对《诗经》很难有准确的解释，对《周易》很难有准确的占卜，对《春秋》很难有准确的词语表述。所以王弼追求的是言外之意，味外之旨，弦外之音，是围绕经典诠释而生成的可能世界和意义系统，是经典文本与诠释者互动的诠释学循环，这就是王弼的"言不尽意论"，它重塑了中国美学的典范和风格。欣赏中国画时，注重计白以当黑，不是欣赏实，而是学会欣赏虚，水墨画需要有大片的留白，这就留下了理解、欣赏和想象的空间，所以中国的诗歌、绘画都有言不尽意、蕴藉无限的美学追求。

第二个是欧阳建的"言尽意论"。从第一层立论，他指出："形不待名，而方圆已著；色不俟称，而黑白以彰。"（《言尽意论》）这个形状实际上不用等待名称，因为世间已经有方圆了，不是等我们确定一个名称、概念，这个形状才会出现，颜色也是这样。这是说形色是第一性的，名称是第二性的，形色决定了名称，实决定了名，这是一种唯物主义的认识论。

他论证的第二层是："诚以理得于心，非言不畅；物定于彼，非名不辨。"（《言尽意论》）"理得于心"后需要表达出来，这就需要通过语言文字来表述，语言文字可以很流畅、很准确地把思想义理表达出来。而"物定于彼"是讲事物之间的关系是要通过概念得到明确的辨析，这一层是讲实决定名，但并不意味着名一点用都没有，它可以很好地把义理、事物准确地表达、表述出来，名有它的辨名畅言的功用。

第三层的论证是："名逐物而迁，言因理而变。"（《言尽意论》）所谓的名称要伴随着事物的发展有变化，所谓的言语要根据义理的创新而改变，所以"犹声发响应，形存影附，不得相与为二矣"（《言尽意论》）。有声音就会有回响，有光则影相随，什么是声、光呢？当然是实了，所谓的名，就是响应、影附，这就是第一性决定第二性。"不得相与为二"，指名实之间随着时间、事物的发展而有变化，但"苟其不二，则言无不尽矣"（《言尽意论》），不能将名实割裂开来，正因为名实之间存在这种不能割裂的关系，所以言无不尽、言能尽意。

（三）"人"何以成"圣"

下面来看第三个关切："人"何以成"圣"？围绕第三个关切，魏晋玄学中形成了两种回应：一个是自然与名教的对立，一个是自然与名教的贯通。

嵇康要求"非汤武而薄周孔""越名教而任自然"。汤武、周孔、名教都是为儒家经学所强调的，所以他对经学、儒家纲常采取否定和蔑视的态度，而任我逍遥自然，体现出名教与自然的对立。阮籍在《大人先生传》中说："汝君子之礼法，诚天下残贼乱危死亡之术耳。"他划分了两种人，一种是"域中君子"，作为礼法世界的象征，另一种是"大人先生"，作为自由世界的象征。他认为域中君子服有常色，貌有常则，而大人先生是变化聚散，不常其形；域中君子言有常度，行有常式，大人先生则反复颠倒，六合失理；域中君子惟法是修，惟礼是克，大人先生则应变顺和，默探道德，这里的道德不是儒家的道德，而是老庄的法天贵真、自然而然、天道至德的道德；域中君子是奉事君王，退营私家，有家国情怀，而大人先生则讲天地不论家国，与道周始，通于自然，不和人打交道，而和道打交道，不讲名教而讲自然，结果就会走向无君论。"无君而庶物定，无臣而万事理。"（《大人先生传》）最好的途径是破除名教的限制、君王的施设，所谓朝廷、庙堂实际上都是对人性的戕害。阮籍通过制造名教与自然的对立来贬斥名教。

第二个回应是自然与名教的贯通。阮瞻见司徒王戎，王戎问："圣人贵名教，老庄明自然，其旨同异？"（《阮籍列传》，《晋书》卷四十九）阮瞻回答得很巧妙，用了一个反问"将无同？""将"是虚词，这句话意思是差不多，没有什么不一样吧？认为自然与名教在本质上是没有什么不一样的。道家根据天道来规范人道,用无为而自然的必然之理来取代由人的价值观念所设定的应然之理,主张放弃人为的礼法名教的制作而返璞归真,恢复人的自然本性。在道家看来,人类文明的进程本身就是人与自然状态的疏离,人的价值观念的丰富就是自然本性的异化,因此要按照人的自然本性重新建构人类社会的秩序原则。因此,在重新确立的人类社会秩序中,所谓的名教就不再外在于人自身,而是本于人的自然天性的新秩序。可以看出,所谓自然与名教之辩,实际上不是讨论名教与自然对立或贯通,而是要重建一个新的社会秩序。玄学家们对当时的黑暗政治不满,希望否定当时名教的秩序,建立符合人性的秩序,就将二者对立起来。但有破就有立,怎么立呢?还是要重建一个新秩序,这个新秩序当然不能无君、无臣、无政府,还是要以一种制度施设体现出来,这在后期就转化为自然与名教相贯通的思想。

我们看到,魏晋玄学的兴起,标志着哲学发展进入了本体论思辨哲学的新阶段。它首次建立起中国哲学史上有无之辩的本体论体系,提出了本末、体用、一多、动静等范畴,使中国哲学由汉代的宇宙生成论上升为本体论;由原来着重实际运用的经验方法转变为重视理性思辨的抽象方法,这标志着古代哲学抽象思维水平的提高;从汉代儒学烦琐的注经转向义理的诠释,开创了一代清新学风,魏晋玄学在中国哲学史上起到了划时代的作用。

二 名士风流

按照宗白华先生的讲法:"汉末魏晋六朝是中国政治上最混乱、社会上最苦痛的时代,然而却是精神上极自由、极解放、最富于智慧、最浓于热情的一个时代,因此,也就是最富有艺术精神的时代。"① 这就使我们想起了狄更斯《双城记》里的一段话:"这是一个最好的时代,又是一个最坏的时代;这是一个智慧的年代,又是一个愚蠢的年代。"时代的矛

---

① 宗白华:《美学散步》,上海人民出版社1981年版,第356页。

盾二重性深刻地体现在社会生活的方方面面，当这种时代的矛盾投射到思想文化领域往往会出现伟大的理论创造。它的精神光谱不是单向度的，而是绚烂的、迷人的、多元的。魏晋这个时代就出现了一大批富有人格魅力的代表人物，如建安七子、正始名士、竹林七贤、王谢世家、桃源陶令等。

（一）忧患意识

讲魏晋士人就先得讲他们的忧患意识，因为这个时代政权分裂、政治黑暗、门阀盛行。魏晋士人的忧患意识来自"譬如朝露"的生存境况，来自这个时代动辄罹祸、危如累卵的政治斗争，以及价值观念失范所导致的信仰危机。面对社会巨变，魏晋士人开始重新检视自我价值，思索人生命运，寻找安身立命的根基。曹丕在《典论·论文》中讲："日月逝于上，体貌衰于下，忽然与万物迁化，斯志士之大痛也。"曹丕的话代表了魏晋士人普遍的心态，流露出对时间、生存、命运、死亡的忧患和恐惧。魏晋士人开始意识到个体的生命存在，要求去除人生的遮蔽状态，从日常的、伦理的与功利的生活中解脱出来，这就产生了一种深沉的悲剧意识，他们认识到人的命运充满种种偶然性，却有一个必然的结局，这就是死亡。既然人必有一死，短暂的人生连同它所有稍纵即逝的悲欢离合还有什么意义？既然无法预料生命的长度，那么就去选择生命的态度。他们于是向艺术寻求安慰，在审美的陶醉中体验有限生命与无限本体融合的境界。请大家参考罗宗强先生的名著《玄学与魏晋士人心态》。

在魏晋时代诗人的诗词中，我们可以大量看到这种朝不保夕、危如累卵却又希望享受生活的心态。比如：

> 譬如朝露，去日苦多。（曹操：《短歌行》）
> 岂知穷达士，一死不再生！（阮籍：《咏怀八十二首》）
> 人生若尘露，天道邈悠悠。（阮籍：《咏怀八十二首》）
> 飘若风尘逝，忽若庆云晞。（阮籍：《咏怀八十二首》）
> 宇宙一何悠，人生少至百。（陶渊明：《饮酒·十五》）
> 生年不满百，常怀千岁忧。昼短苦夜长，何不秉烛游！（《古诗

十九首》)

何天地之悠长，悼人生之短浅。思纵欲以求欢，苟抑沈以避免。(夏侯惇：《怀思赋》)

为乐当及时，何能待来兹？(《古诗十九首》)

感性命之不永，惧凋落之无期。(《金谷园诗序》)

形同草木之脆，名逾金石之坚。(《文心雕龙·序志第十五》)

嘉树下成蹊，东园桃与李。秋风吹飞藿，零落从此始。(阮籍：《咏怀八十二首》)

朝为美少年，夕暮成丑老。自非王子晋，谁能常美好？(阮籍：《咏怀八十二首》)

丘墓蔽山冈，万代同一时。千秋万岁后，荣名安所之？(阮籍：《咏怀八十二首》)

(二) 寄情山水

宗白华讲："晋人向外发现了自然，向内发现了自己的深情。山水虚灵化了，也情致化了。陶渊明、谢灵运这般人的山水诗那样的好，是由于他们对于自然有那一股新鲜发现时身入化境、浓酣忘我的趣味。"① 我们在魏晋士人的诗词中也能看到这一点：

晨兴理荒秽，带月荷锄归。道狭草木长，夕露沾我衣。(陶渊明：《归园田居·其三》)

采菊东篱下，悠然见南山。山气日夕佳，飞鸟相与还。(陶渊明：《饮酒·其五》)

余霞散成绮，澄江静如练。(谢朓：《晚登三山还望京邑》)

池塘生春草，园柳变鸣禽。(谢灵运：《登池上楼》)

顾长康从会稽还。人问山川之美，顾云："千岩竞秀，万壑争流，草木蒙笼其上，若云兴霞蔚。"(《世说新语·言语》)

---

① 宗白华：《美学散步》，上海人民出版社1981年版，第368页。

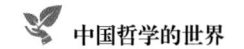

目送归鸿，手挥五弦。俯仰自得，游心太玄。（嵇康：《赠秀才入军·其十四》）

可以看出魏晋士人寄情山水、放浪形骸、流连忘返，实际上这是通过对自然的审美忘记内心的痛苦，也是对社会、人世的逃避远离。在诗词中，诗人触景生情，情随景生，辞以情发，情景相间。

遵四时以叹逝，瞻万物而思纷，
悲落叶于劲秋，喜柔条于芳春。
心懔懔以怀霜，志渺渺而临云。（陆机：《文赋》）
夜中不能寐，起坐弹鸣琴。薄帷鉴明月，清风吹我襟。孤鸿号外野，翔鸟鸣北林。徘徊将何见，忧思独伤心。（阮籍：《咏怀八十二首》）

正是意识到人生的悲剧性，人生的短促无常，他们以袒露而充盈的情感面对整个世界，意识到了人皆有情，人不能无情。

王戎丧儿万子，山简往省之，王悲不自胜，简曰："孩抱中物，何至于此？"王曰："圣人忘情，最下不及情，情之所钟，正在我辈。"简服其言，更为之恸！（《晋书·王衍传》）
桓子野每闻清歌，辄唤"奈何"！谢公闻之曰："子野可谓一往有深情。"（《世说新语·任诞》）
桓公北征，经金城，见前为琅邪时所种柳，皆已十围，慨然曰："木犹如此，人何以堪！"攀枝执条，泫然流泪。（《世说新语·言语》）

魏晋士人心怀人生无常的忧伤，遗落世事，藐视伦理功利，陶醉于酒、诗、音乐和自然之中。

（三）诗酒风流

魏晋士人讲究诗酒风流，因此饮必乎酒，言必乎诗，行不拘礼，率不违情。可以看下面的几个例子：

> 阮籍嫂尝归宁，籍相见与别，或讥之。籍曰："礼岂为我辈设邪？"（《世说新语·任诞》）

阮籍的嫂子有一次回娘家，阮籍去看她，和她道别，当时的礼仪叔嫂是不通问候的，因此有人责怪阮籍。阮籍反问道："礼法难道是为我们这类人制定的吗？"

> 阮公邻家妇有美色，当垆酤酒。阮与王安丰常从妇饮酒，阮醉，便眠其妇侧，夫始殊疑之，伺察，终无他意。（《世说新语·任诞》）

注引王隐《晋书》曰："籍邻家处子有才色，未嫁而卒。籍与无亲，生不相识，往哭，尽哀而去。其达而无检，皆此类也。"阮籍旷达而行为不加检点，不避风评，完全出于自身真实情感的流露。

《世说新语·惑溺》说："荀奉倩与妇至笃，冬月妇病热，乃出中庭自取冷，还以身熨之。妇亡，奉倩后少时亦卒。"注引《粲别传》说，荀粲的妻子去世了，不哭而神伤。有人问曰："妇人才色并茂为难。子之聘也，遗才存色，非难遇也，何哀之甚？"粲曰："佳人难再得。顾逝者不能有倾城之异，然未可易遇也。"不多时荀粲也死了，亡时年二十九岁。可以说荀粲用生命诠释了爱情的伟大和崇高。

魏晋士人有三大爱好：一是饮酒，二是吃药，三是清谈。先来看饮酒：

> 一手持蟹螯，一手持酒杯，拍浮酒池中，便足了一生。（《世说新语·任诞》）

> 诸阮皆饮酒，（阮）咸至，宗人间共集，不复用杯觞斟酌，以大盆盛酒，圆坐相向，大酌更饮。时有群豕，来饮其酒，咸直接去其上，便共饮之。（《晋书·阮咸传》）

> 兀然而醉，豁尔而醒。静听不闻雷霆之声，熟视不睹泰山之形。

不觉寒暑之切肌，利欲之感情。俯观万物，扰扰焉若江汉之载浮萍。（刘伶：《酒德颂》）

一士常独醉，一夫终年醒。醒醉还相笑，发言各不领。（陶渊明：《饮酒·十三》）

司马氏政权想与阮籍结亲，但阮籍故意大醉六十余日，后来使者不得言而止。应当说，魏晋名士非醉于酒，而是醉于世，政治黑暗，世情凉薄，故而以酒避世，借酒浇愁，这是对现实无声的抗议，出现种种怪诞行为、乖张举动也就不难理解了。

第二是吃药。魏晋士人吃的就是五石散，亦称寒食散。其五味主药为白石英、紫石英、石钟乳、赤石脂、石硫黄。此药有一定的毒副作用，需要散发，一是寒食，二是行散。服五石散非唯治病，并觉神明开朗。服散后不能穿紧身的衣服，必须宽袍广袖，风姿飘逸。吃药后就会有一些奇特的感受，如刘伶就说："我以天地为栋宇，屋室为裤衣。诸君何为入我裤中？"（《世说新语·任诞》）葛洪在《抱朴子·外篇》中就批评服散后的怪异行为："或乱项科头，或裸袒蹲夷，或濯脚于稠众，或溲便于人前，或停客而独食，或行酒而止所亲。"魏晋士人饮酒吃药的具体史实，大家可以参考鲁迅先生的文章《魏晋风度及文章与药及酒之关系》。

第三是清谈。清谈是相对于俗事之谈而言的，不谈俗事，专谈老庄、周易，也称为"清言"。清谈有一套约定俗成的程式，一般都有交谈的对手，借以引起争辩。《兰亭序》说"群贤毕至，少长咸集"，很显然是东晋名士的一次大规模清谈盛会。"清谈"要"见人之所未见，言人之所未言，探求义理之精微而达于妙处"。

何晏是曹操的女婿，在当时善于清谈，权贵和天下的谈士都很尊奉他，但何晏却很佩服王弼。

王弼未弱冠，往见之。晏闻弼名，因条向者胜理语弼曰："此理仆以为极，可得复难不？"弼便作难，一坐人便以为屈。于是弼自为客主数番，皆一坐所不及。（《世说新语·文学》）

殷仲堪云："三日不读《道德经》，便觉舌本间强。"（《世说新

语·文学》)

> 孙（盛）安国往殷（浩）中军许共论……左右进食，冷而复暖者数四，彼我奋掷麈尾，悉脱落满餐饭中，宾主遂至暮忘食。(《世说新语·文学》)

> 桓温入关，（王）猛被褐而诣之，一面谈当世之事，扪虱而言，旁若无人。(《晋书·王猛传》)

此中有真意，欲辨已忘言。"清谈"体现了思想性和艺术性的高度统一。魏晋名士追求的不仅是将最精粹的思想用最精练的语言表达出来，而且还追求自身才华和价值的展现。它既是一种审美的快感，也是一种生命的境界。所以我们今天讲名士风流，实际上看起来很风流，内心却很痛苦。魏晋时代分裂割据、政治黑暗、门阀盛行，给人带来极度的精神痛苦，充满了对人生、生命、时代、社会的忧患。

今天讲《玄学与魏晋风度》，就是讲时代思潮和士人心态，从这两个方面结合起来可以看出，这个时期魏晋士人的所思所想、他的理论建树是和他的人生感悟是结合在一起的。到底是"有"还是"无"，是有价值还是无价值，人生真正的价值和意义又在哪里，怎么样去重建理想秩序？这些问题的指向都隐藏在当时社会的忧患意识里面，而答案就是他们所构建的玄学思想。这种思想不是凭空的，而是从当时的时代中来的，为解决时代问题而建构起来的。

第十二讲

佛学东渐（上）

关于佛学部分，我们分两讲来讨论。"渐"就是传播、弘化、演变的意思，表明佛教在中土有一个流传过程。我们从三个方面来介绍，首先是佛教简介，其次是佛教中国化的问题，最后讲中国化的佛教。

按照德国哲学家雅斯贝斯的说法："世界历史的轴心似乎是在公元前800年至前200年之间发生的精神历程之中。那时出现了时至今日我们与之共同生活的人。……非凡的事都集中在这一时代发生了。在中国生活着孔子和老子，中国哲学的所有派别都产生了，墨翟、庄子、列子以及不可胜数的其他哲学家都在思考着；在印度出现了《奥义书》，生活着佛陀，……情形跟中国一样；在伊朗，查拉图斯特拉……在巴勒斯坦则出现了先知……在希腊则有荷马，哲学家巴门尼德斯，赫拉克利特，柏拉图。"① 可以看出，亚非欧古代文明处在一个很特别的位置——北温带。在过于炎热的地方，人因为气温高倦于思考，昏昏思睡，同时物产丰裕，不需要多大付出就可以取得物质生活资料。如果所处环境过于寒冷，那么人们就没有时间进行这种哲学思考，因为太贫瘠了，太严苛了，通过自身努力难以满足温饱。而在北温带，地理条件适合农业耕种，通过辛勤的耕耘和努力可以过得很好，这样人们就有一定的物质基础进行精神创造，所以在北温带就出现了人类早期的文明古国。正如雅斯贝斯所指

---

① ［德］卡尔·雅斯贝斯：《历史的起源与目标》，魏楚雄、俞新天译，华夏出版社1989年版，第8页。

出的，在公元前的8世纪到公元前的2世纪这六百年间，人类文明出现了一个轴心时代，到目前我们仍然宣讲柏拉图、孔子和老子的思想，介绍着佛陀的思想。这一时期被认为是世界文明的轴心时代，人类社会最为璀璨、最为壮丽的精神创造非常奇巧地发生在这六百年间。而佛教就出现在这个时代。所以我们一定不能孤立地考察佛教的思想，而是要把它放到世界文明史的变迁里去把握。

习近平总书记2014年3月27日在巴黎联合国教科文组织总部发表演讲时指出："佛教产生于古代印度，但传入中国后，经过长期演化，佛教同中国儒家文化和道家文化融合发展，最终形成了具有中国特色的佛教文化，给中国人的宗教信仰、哲学观念、文学艺术、礼仪习俗等留下了深刻影响。中国唐代玄奘西行取经，历经磨难，体现的是中国人学习域外文化的坚韧精神。"我向大家推荐《玄奘之路》电视纪录片，它以场景再现的方式模拟了玄奘弘法、求法的一生。他还指出："中国人根据中华文化发展了佛教思想，形成了独特的佛教理论，而且使佛教从中国传播到了日本、韩国、东南亚等地。"中国就像一个佛学、佛教再出发的基地，佛教传入中国后，又对日本、韩国、东南亚等地产生了深远的影响。

佛教进入中国以后，对中国人的精神世界产生了极为深远的影响，甚至可以说我们今天离开了佛教用语都很难说一句完整的话。我给大家列举一下日常生活中大家使用的佛教词汇，例如大家都说"世界观"，实际上这个"世界"就来自于佛教，因为在先秦主要讲宇宙，不讲世界。佛教传入中国后就开始用"世界"这个概念了，"世界"就是三世十界，是关于时间和空间的总称。再如"一切都要从实际出发"中的"实际"也来源于佛教，还有诸法实相、觉悟、刹那、净土、彼岸、因缘、三昧、烦恼、解脱、方便、涅槃、婆心、回向、众生平等，以及相对、绝对、知识、唯心、悲观、梦幻泡影、野狐禅、清规戒律、一针见血、三生有幸、不二法门、五体投地、功德无量、丈六金身、隔靴搔痒、拖泥带水、大吹法螺、生老病死、心猿意马、唯我独尊、不可思议、冷暖自知、僧多粥少、快马加鞭、皆大欢喜、百尺竿头、菩萨心肠、大千世界等等。

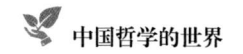

一　唯我独尊

我们先介绍一下佛教的教主——释迦牟尼（公元前511年—前431年），姓乔达摩，名悉达多。释迦是种族名，牟尼是明珠的意思，比喻圣人，也就是说他是释迦族的圣人。释迦牟尼又被称为佛陀，是梵文 Buddha 的音译，也称浮屠、浮图、佛驮，意译为"觉者"，指释迦族的觉者。"觉"包含三个意思，第一个是自觉，也就是自己获得了彻底的觉悟，第二个是要让他人也获得彻底的觉悟，叫觉他，第三个叫觉行圆满，是指在自觉和觉他两个方面都达到了无上的境界。当真正达到了既自觉又觉他，并且觉行圆满，我们就称之为"佛"。所以"佛"并不是专称或特指某一个人，而是指达到了佛教最高境界的称谓。

佛陀的父亲是古印度迦毗罗卫国净饭王，他的母亲是摩耶夫人，他出生在蓝毗尼花园，当时摩耶夫人怀孕后快要临盆时，遵循习俗要到娘家生孩子，所以摩耶夫人和侍女一起回娘家。当她路过蓝毗尼花园时看到鲜花绽放，就想要伸手折一枝花，就在这时产下了佛陀。佛陀出生的这一天是农历四月初八，被称为佛诞日。他出生的时候天上有祥瑞，有天女散花，九龙吐水，这一天也叫浴佛节。释迦牟尼出生后就会说话和走路，他口宣：天上天下，唯我独尊。他周行七步，步步莲花。摩耶夫人在七天后就去世了，之后由他的姨母尽抚育之责。

净饭王对于长子的出世非常喜欢，格外疼爱，专门请了相师为他占卜未来的命运，占卜的结果是，佛陀将来要么成为显赫一时的转轮王（预言中能够统一古印度的圣王），要么成为千秋万代的教主。净饭王当然希望他继承自己的王位，进而能成为统一古印度的圣王。据说佛陀十四岁经历生老病死诸相，少年佛陀经常陷入沉思之中。他看到在烈日下耕田的老人、农人，被鞭打、口喘汗流的拖着犁的牛，包括蛇鼠鸟兽弱肉强食的情景，以及他历经东南西北四个城门看到的垂垂老矣的老人、辗转呻吟的病人，还有发丧举哀、生离死别的送葬者，遭受生产痛苦的妇人、呱呱坠地的婴孩。这些都让他思考一个问题，就是如何从人世间的痛苦中解脱出来。而净饭王为了防止他出家，在他十六岁时让他娶了邻国公主耶输陀罗为妻，并且赐予他美酒、美女、音乐、行宫等，让他陶醉在物质享受中，不要有出世之想。但是这一切都没能阻止他，在二十九岁时，释迦牟尼成为一个修道者。这一天按照中国农历计算就是二月初八（出家日）。在经历了六年的苦修后，他身心俱疲，接受了牧羊女进献的乳糜的供养，在菩提树下发愿成道。王子在菩提树下铺上吉祥草，向着东方盘腿而坐，他发誓说：我如果不能证悟到最高的义理便绝不起来。最终在一个长夜里他战胜了烦恼、魔障，洞见了生死轮回的真相，获得了彻底的解脱，而终于成就了伟大的佛陀，时年三十五岁。这一天按照农历计算是十二月八日，被称为佛陀证道日，此后他宣法弘化四十五年。

佛陀最初弘法是在鹿野苑，叫初转法轮。什么叫"法轮"？"法轮"和转轮王相对应，能够统一古印度的被称为转轮王，那么成为教主就称之为法轮王。他初转法轮是在鹿野苑，转法轮是指将一切不正确的见解、不善的法都破碎无余。八十岁时在拘尸那迦圆寂，这一天是二月十五日涅槃节。所以在佛陀八十岁的生命中，前三十五年求法，后四十五年弘法。他首先讲《华严经》，后来又讲《阿含经》《方等经》《般若经》《法华经》《涅槃经》。佛陀八十岁时圆寂，火化后其遗骨就是舍利子，后来有僧人将舍利子带到不同的地方建塔供养。这是我们对佛陀的简单介绍。

孔子有弟子三千，七十二贤人。但是佛陀弘法四十五年，度化了很多善男信女，建立了最早的僧团，弟子数量要远远超过孔子，其中最有名的就是他的十大弟子。第一位是舍利弗，号称是智慧第一，舍利弗天资聪颖，对佛教的义理领悟比较深入，并且常常依据佛理批驳外道，深得佛陀器重。第二位是目犍连，号称神通第一，据说他会天眼通，随形变化，代佛说法，作为佛陀的分身出现。在中国佛教里有一个目连救母的故事，这个目连就是目犍连。第三位是须菩提，他特别善于解说般若空理，《金刚经》的主要观点就是通过须菩提和佛陀之间的问答阐述出来的。第四位是阿难陀，号称多闻第一，我们看佛经基本上前面都有一句"如是我闻"，这个"我"就是阿难，因为最早的《大藏经》里的经藏就是阿难陀念诵出来的，他是佛陀的堂弟，常伴随佛陀左右，直接听闻佛法,过耳不忘,记忆力惊人。第五位是优波离,优波离属于四种姓里面最低的一等——首陀罗,也就是奴隶。他当过宫廷的理发师,精于佛教戒律并且严格遵守,号称持戒第一。第六位是阿那律,也是佛陀的堂弟。他在听佛陀教诲时打瞌睡,当众受到释迦的斥责,后来他就知耻而后勇,刻苦精进。因为太用功了,以至于自己的肉眼失明,但也使得他的天眼打开,证得天眼通,可以无目而视,看见极遥远的事物。第七位是大迦叶,就是摩诃迦叶,号称头陀第一,他是佛陀的大弟子,在佛陀圆寂后召集了第一次的结集。所以他能认真修炼,持之以恒,常修头陀行。第八位是富楼那,以辩才出众,善讲佛法,号称说法第一。第九位是迦旃延,号称论议第一,他曾经是外道,后被释迦所降服,于是拜释迦为师。他能够分别诸经,善说法相,称为论议第一。第十位是罗睺罗,他年纪最小,且他和其他弟子出身不同。他是有背景的,因为他就是佛陀的儿子。据说他在母胎六年,在释迦成道之夜出生。他十五岁出家,是佛陀最早的沙弥(未成年的小和尚),注重修行,号称密行第一。以上就是佛陀的十大弟子。

二 法相庄严

关于"无事不登三宝殿",我们介绍三层意思。第一层是"三宝",第二层是"三宝殿",第三层是"无事不登三宝殿"。按照这样的顺序给大家介绍一下。

第一个就是"三宝"。为什么叫"三宝"?这是佛教的构成要件。佛教由三个要素构成,这也是构成一切宗教的基本要件。对佛教而言就是佛、法、僧三宝。佛构成了佛教的信仰系统,法构成了佛教的经典系统,僧就构成了佛教的信众系统。任何一个宗教都需要具备信仰系统、经典系统和信众系统。对佛教来说,有这样的一些比较重要的崇拜偶像。一个是佛。一讲到佛大家都会想到释迦牟尼佛,实际上释迦牟尼佛只是其中的一位,其他还有很多,佛教称之为"无量诸佛"。比如我们去大雄宝殿,会看到释迦牟尼佛在中间,其左边和右边还各有一位,一共是三位大雄宝殿里的三尊佛,有的是按照时间的顺序,有的按照空间的顺序,就是三世佛的概念。按照时间来说,就是过去佛、现在佛和未来佛。过去佛就是燃灯古佛,他曾经预言了释迦牟尼佛以后要成佛的,他是释迦牟尼的授记师。现在佛是释迦牟尼佛,未来佛是弥勒佛,他被认为在释迦之后要接班来到人间为佛的。在印度佛教里面,他是一个童子的形象。这就是过去、现在、未来三世佛。

另外按照空间来说,就是东方佛、中央佛和西方佛。东方佛是东方净琉璃世界的药师佛,他可以帮助世人延寿、消灾、去病,他旁边站着日光菩萨和月光菩萨。中央佛就是娑婆世界的释迦牟尼佛,他作为现实世界的教化者出现。"娑婆"是梵语的音译,就是"堪忍"的意思,表示有情众生安于十恶,忍受诸烦恼,不肯出离。按照佛教的讲法,我们在大千世界里面实际上是要经历烦恼痛苦的,而释迦牟尼就是我们现实世界的教主。他旁边站了两位,一位文殊,一位普贤。那么第三位是西方极乐世界的教主——阿弥陀佛,在净土宗里面就提倡要经常念诵阿弥陀佛。为什么呢?因为阿弥陀佛是引渡众生到极乐世界,从而脱离苦难的轮回,所以也称他为接引佛。他旁边站了两位,一位是大势至菩萨,一位是观世音菩萨。

对于"菩萨"来说,在中国文化里有四大菩萨之说。这四大菩萨就是文殊、普贤、观音、地藏。文殊和普贤是站在释迦牟尼佛左右的。文殊菩萨是骑着狮子站在释迦的左侧,被认为是智慧的代表,道场在山西的五台山。普贤则是乘着白象站在释迦牟尼佛的右侧,被认为是修行的代表,道场在四川的峨眉山。另外观音菩萨的道场在浙江的普陀山,地藏王菩萨的道场在安徽的九华山。

这就是作为信仰偶像的佛和菩萨。另外还有阿罗汉,阿罗汉是依小乘佛教修行所能达到的最高境界,断除一切烦恼,解脱生死轮回,证入涅槃寂静。佛教有十八罗汉,甚至是五百罗汉这样的说法。

我们再来介绍一下经典系统,就是佛、法、僧里面的"法",也就是经、律、论为代表的三藏系统。"经"就是当时阿难陀所念诵出来的佛陀教义,而所谓的"律"就是僧人和僧团所应当持守的基本戒律,而"论"就是后代的高僧大德对经和律所作的义理阐发。这三大部分构成了佛教的基本理论体系。如果一个高僧能够精通三藏，我们就称他为"三藏大师"。为什么叫唐三藏？说明玄奘法师是精通经、律、论三藏经典的。

所谓的"僧"就是信众系统。信众系统包括四众，指的是比丘、比丘尼、优婆塞和优婆夷。比丘和比丘尼大家是比较熟悉的，就是和尚和尼姑。实际上比丘和比丘尼是讲出家的信众，优婆塞和优婆夷是讲在家的信众，就是男居士和女居士，他们都是善知识。四众构成了佛教最基本的信众群体。

第二个我们讲"三宝殿"。我们首先来看一下寺院的基本格局。寺院大致按照中轴线由南往北排列。最南边是山门，然后往北顺着中轴线依次展开，就可以看到有钟鼓楼。我们讲晨钟暮鼓，太阳从东方升起，晨钟说明钟楼是在东边，太阳从西方落下，暮鼓说明鼓楼是在西边。然后就是天王殿，天王殿里面供奉了四大天王，四大天王高大威猛，站立在大殿的两边，中间则供奉着弥勒佛。弥勒佛身后还站着一个保镖，这个保镖和弥勒佛背靠背，脸朝着大雄宝殿的方向。这个保镖叫韦陀，他拿着一个金刚宝杵来护卫未来的教主。再往北就是大雄宝殿，在大雄宝殿里面供奉着三尊佛，这三尊佛就是三世佛。为什么叫大雄宝殿呢？"大雄"是佛陀的德号，"大"就是无所不包，"雄"就是无所不摄，什么样的妖魔鬼怪都是可以降服的。佛殿是供奉三宝的神圣场所，谓之"宝殿"。

大雄宝殿再往北就是法堂，是僧众讲经说法的地方。法堂后面就是藏经楼，是全寺院最高的地方，如果这个寺院是依山而建的话，它会由山门然后逐次上升。藏经楼是用来储藏佛教经典的，正如大家所熟悉的大雁塔就是大慈恩寺的藏经楼。寺院基本格局按照中轴线来依次展开，还有东西配殿。在大雄宝殿前面广场有东西四个配殿，一般是伽蓝殿、观音殿、药师殿、祖师堂。伽蓝殿供奉的是寺院的守护神，伽蓝是僧伽蓝摩的省称，意思是"众园"。佛教第一个寺院"祇园精舍"是给孤独长者为佛陀所购买的，祇多太子赠予了花园里的树，舍卫国国王波斯匿王也归信佛教，助力佛陀弘法事业。这样，伽蓝殿就供奉了波斯匿王，左右是祇多太子和给孤独长者。但是现在佛教已经完全中国化了，里面供奉的是关公，他是佛教寺院的护法神。而观音殿和药师殿代表了佛教最基本的两个功能，一个是求子生育，一个是祛病延寿。还有祖师堂，所供奉的是达摩祖师,以及寺院的历代祖师牌位。还有罗汉堂,位于大雄宝殿的后面。罗汉堂供奉着十八罗汉或者是五百罗汉。在东西两侧是僧人的生活区和讲堂。

所谓"无事不登三宝殿",充分体现了中国人的宗教观。平日不烧香,临时抱佛脚,这是一种实用主义的态度。那么为什么要抱佛脚?是因为我们有很多的欲求、执着,这里面包括求子、求财、求姻缘、求事业、求福报等。对于人的这些信仰需求,佛教都会有相应的神灵来管理,印度佛教中的无量诸佛到中国化的佛教里就不多了,因为剩下的都是有用的,没有用的都淘汰了。

在民间宗教信仰里,有所谓的"三教堂",中间是释迦牟尼佛,两边是老子和孔子,烧一炷香,儒、释、道就都拜到了,总有一个可以保佑自己。对佛、菩萨来说是有求必应,对信仰者而言则要求心诚则灵。

道教和佛教相比就更细化了。在佛教里面,因为神灵没有那么多,而人的信仰需求又很多,所以菩萨必须要兼职。例如观世音菩萨,不仅管求子,还要管姻缘等等。相比而言,道教的神仙谱系更为适应中国人的精神需求。西安城南门的西边有一座湘子庙,供奉的是八仙之一韩湘子。在里面,你可以看到道教丰富的神仙系统,提供的是"一对一"专属服务,生病了拜药王,剩男剩女拜月老,想发财拜财神赵公明,还有明察秋毫的马王爷等等。

"临时抱佛脚"体现了中国人的实用主义宗教观,这就重塑了佛教的理论形态。佛教进入中国以后,有一个中国化的历史过程,中国化就是要适应中国的世俗社会和中国的历史文化传统,完成自身理论形态的新塑造。

三 丛林清规

"做一天和尚撞一天钟"常用来批评尸位素餐、不求进取的态度。但是对于和尚来说,撞钟和念经是他的本业、本分,所以做一天和尚就是要撞一天钟、念一天经。

佛教有戒、定、慧三学。第一个是"戒",就是清规戒律,最主要的是五条，就是不杀生、不偷盗、不邪淫、不妄语、不饮酒。还有八戒之说，就是在这根本五戒的基础上，再加上三戒。第六戒就是不看歌舞音乐、不看戏剧、不着花香、不修饰。第七戒是不坐卧高广豪华的坐具和床具，不享乐，不奢靡。第八戒就是不食非时食，也叫过午不食，因为按照佛经记载，佛教徒早上大概九、十点钟，三五成群到城里面化缘，吃完后基本上就是午时，之后就不再进食了。猪八戒称之为"八戒"，并不是指持守八条戒律，而是侧重修行第八条戒律——过午不食。另外比丘戒有二百五十条，比丘尼戒有三百四十八条。第二个是"定"，就是禅定，讲心思专注于一境，不散乱，不昏沉，进入澄明清静的精神状态。第三个是"慧"，就是智慧，通达事理，观想实相，证悟最高智慧，获得究竟解脱。所以佛教说"勤修戒定慧，息灭贪嗔痴"。戒、定、慧是三学，它对治三毒，三毒就是贪、嗔、痴。贪就是欲望的过分追求，嗔就是情绪的无常变化，痴就是对事物过于痴迷执着。

佛教还有"六度"之说，六度就是布施、持戒、忍辱、精进、禅定、智慧。"度"就是渡过河往彼岸去，佛教认为此岸世界是痛苦的，而彼岸世界是清静、自在、欢喜、快乐的。怎么到彼岸去呢？佛教介绍了从生死此岸到达涅槃彼岸的六种途径和方法。

第一个是布施度，运用自己的财力、体力、智力去救济、帮助贫困者和弱小者。这里面包括财施、法施、无畏施等。财施就是以物质财富去施舍大众，广种福田，积累功德。佛教有舍身饲虎、割肉饲鹰的故事，表达了佛教无私奉献的慈悲精神。法施指的是利用自己的智力和知识，让更多人来学习、了解佛教的思想，也就是布道传教，使大众摄受正法，受持读诵，由法施获得的功德福报要远远超过财施的功德福报。同学们去寺院参观时，往往有流通处，可以免费取阅佛经或劝善书，这些是佛教徒捐资刊刻的，是法施的一种方式。无畏施就是令众生身心安稳，大到国泰民安，小到夜不闭户，远离一切恐惧。

第二个是持戒度，遵守清规戒律，维护僧人的生活和僧团的秩序。

第三个是忍辱度，就是忠于信仰，安于苦难和耻辱。因为在修道传法的过程当中，会遇到很多的阻碍、诽谤，佛教徒怎样能够不怨不怒，排除干扰，迎难而上，养成良好的心理素质，这是个很重要的问题。比如唐代有寒山、拾得两个和尚，寒山和尚问拾得和尚："世间有人谤我、欺我、辱我、笑我、轻我、贱我、恶我、骗我，如何处之乎？"拾得和尚回答说："你只要忍他、让他、由他、避他、耐他、敬他，不要理他，再待几年，你且看他。"（《寒山拾得问对录》）

第四个是精进度，就是不懈怠，努力地进行自度度他、自觉觉他的崇高事业，勇猛精进，绝不退缩。我想诸位对待学习和生活也都要勇猛精进，不可轻言放弃。

第五个是禅定度，就是止息散乱，专注一境。因为要修炼成佛，必须在精神上要高度专一，避免散乱，才能由定而生慧。我们经常说淡泊从容，保持定力，不轻易受到心理情绪波动的影响，从而做好事情。

第六个是智慧度，就是证悟诸法实相，掌握佛教的根本义理。

"三学""六度"是佛教徒修证佛法的重要法门。

四　因果报应

俗语说"善有善报，恶有恶报"，这体现了因果报应思想。因就是原因，果就是结果。大家在学习哲学时，会涉及原因和结果等范畴。佛学也讲因果，因果就是因缘果报的简称。因缘果报是佛教轮回解脱理论的重要基础。

因缘果报，所谓"因"指内因，强调主要的、内在的矛盾方面。所谓"缘"指外因，强调次要的、外在的矛盾方面。所谓"果"就是结果。因是指能造作、产生一定后果的原因，果就是由一定的原因产生的结果。佛教认为任何事物都有可能成为因，也可能成为果，既没有绝对的因，也没有绝对的果。一果可以多因，一因可以多果。所谓"业"指造作或行为，所谓"报"指报应或影响，"报"是由"业"引起的，"业"必然产生"报"，"业"是业因，"报"是果报。"业"指身体的行为，也包括思想和语言的造作，包含了身、口、意的一切行为。"业"会产生业力，业力会造成后果。《涅槃经》说："善恶之报，如影随形。"强调因果之间的必然规律。

佛教讲现报、生报和后报。所谓"现报"就是今生作业，今生得报，例如现世作恶，现世就受到恶报；现世作善，现世就受到善报。所谓"生报"就是此生作善作恶，来生受善恶之报。所谓"后报"就是过去无量生中作业，然后此生当中受报；或者现在作业，于未来无量世中受报。

既然善因造成善果，恶因会导致恶果，那么如何解释好人不得好报，坏人反得富贵的现象呢？"欲知过去因，现在受者是；欲知未来果，现在作者是。"（《三世因果经》）因果报应一定要放到过去、现在、未来的三世循环中去理解。"欲知过去因，现在受者是"，现在受者的情况是由过去的业因所决定的，好人没有得好报，是因为过去的恶因造成现在的恶果。那么，是否现世所做的好事就没有意义呢？不是的。"欲知未来果，现在作者是"，现在遭遇的一切虽然是过去业因造作的结果，但现在也是未来的因，所以未来的结果与我们当下的行为密切相关。在这个意义上，佛教不是宿命论，而是对命运有积极的态度和立场。

每个人都处在过去、现在、未来这样的因果链条中，佛教强调既坦然接受现状，又要当下努力，对未来充满希望。因为我们做好事，广种福田，一定会得到好报，这就叫因上努力，果上随缘。要充分发挥人的积极的主观能动性，对有意义的事要尽心尽力，但凡事不要太在乎结果，不要患得患失，要有平常心。明了因果之间的关系，学会用超然的心态面对这一切，用平常心来看待人生，就能够放得下，就能够舍得，就会活得潇洒和自在。

报应的主体是"六道"。"世界"指的是三世十界，三世指的就是过去、现在、未来。佛教又把空间分为十个层次，叫十界。这十界又分为两层：一层是六凡，指的是处在轮回中、难以解脱的六个层次，即地狱、饿鬼、畜生、阿修罗、人、天，也叫六道；还有一层是四圣，指超越轮回、获证解脱的声闻、缘觉、菩萨、佛。

六道里最痛苦、最黑暗、最低贱的叫地狱道，它又分为八热、八寒地狱。我们常说的十八层地狱，实际上是按时间、按受苦的程度、按区域的大小来形容。地狱当然就是永远受到痛苦的，不能够超生的。比地狱道高一点，叫饿鬼道，因为经常饥饿，所以叫"饿"；因为恐惧多疑，所以叫"鬼"，如神话里的夜叉、罗刹都属于饿鬼。比饿鬼道再高一点，就是畜生道。如飞禽走兽，水陆空行，神话里的龙、大鹏金翅鸟都属于畜生道。这二个层次条件比较差，下场也不好，被称为"三恶道"。再往上就是"三善道"。比畜生道高一点是阿修罗道。阿修罗是一种半神半人的大力神，骁勇善战，信奉佛法，是介于神、鬼、人之间的一个物种。女阿修罗极为妖艳，男阿修罗则极为丑恶，有点像魔兽。人道比阿修罗道高，比天道要低，人受到诸多痛苦的折磨、烦恼的缠绕，但恰恰因为人道苦乐相参，反而有利于众生趋于觉悟而修成无上的佛法。所以人道是最适合修行佛法的。天道比人道要高，在天上居住，所以接近于解脱。在六道里，人道处于第五个层次，居"三善道"之中，可见修成人身是极不容易的。诸位上辈子可能拯救了银河系，才能够修成人身。

"四圣"是不入轮回的声闻、缘觉、菩萨、佛。声闻属于第四个层次，他是当年听闻释迦牟尼言教的觉悟者。缘觉没有亲耳聆听佛陀的教诲，但是通过阅读佛教经藏而能够觉悟，具有这种慧根的叫缘觉。缘觉的慧根要高于声闻，因为他不需要通过佛陀的耳提面命就能够证成佛果。菩萨的层次比缘觉要高，又被称为候补佛。佛是取得最高成就的彻底觉悟者。

商业社会，世人皆钻研投资学，但佛教则研究投胎学，其核心内容是善有善报，恶有恶报，万法皆空，因果不空。

第十三讲
佛学东渐（下）

一 佛教的中国化

（一）佛教中国化的二重维度

什么是佛教中国化呢？就是来自印度的佛教文化与中国本土的思想文化逐步融合、义理会通的历史进程。佛教中国化体现了二重维度：一个是本土化的维度，佛教是外来的文化形态，存在如何融入儒道文化体系、按照本土的话语方式和道德观念来落地生根的问题；另一个是世俗化的维度，佛教还是一种出世的文化形态，而中国社会则是极为重视世俗价值的，如何适应中国的社会状况，将出世教法和入世精神结合起来，成为摆在佛教徒面前的重大理论问题。

我们先看本土化的维度。按照著名佛学研究专家汤用彤先生的观点，魏晋时期，佛教有一个"格义"的阶段。他把"格义"解释为一种普遍的思想方法。他认为："'格'在这里，联系上下文来看，有'比配'的或'度量'的意思，'义'的含义是'名称''项目'或'概念'，'格义'则是比配观念（或项目）的一种方法或者方案，或者是不同观念之间的对等。"① "格义"是魏晋时期佛教所使用的一个独特概念和方法。

---

① 汤用彤：《论格义——最早一种融合印度佛教和中国思想的方法》，《理学·佛学·玄学》，北京大学出版社1991年版，第284页。

广义的"格义"意味着所有那些通过概念对等，也就是用原本中国的观念来对比外来的思想观念，以便借助于熟悉的本土中国概念逐渐达到对陌生的概念、学说的领悟和理解的方法。

最初中国僧人就采取了"格义"的方式，运用中国古代原有的概念去试图理解陌生的文化系统里面的思想观念。例如"空"，佛教中"空"不是"无"的意思，而是说世界上所有的事物都是因缘和合而生起，故而自性空；同时，它又是假有，暂时的存在于世界，任何事物都是性空和假有的统一。在中国人原来的思想中没有这样的理解，所以僧人就将它附会为《道德经》所讲的"无"。还有用"无为"去解释"涅槃"，因为涅槃是圆寂，表示佛教徒烦恼的断除和熄灭，表示他到达彼岸世界，获得了彻底的解脱。但是很显然这不是传统"无为"一词所能表示的内涵。后来就采取了音译。当时还用儒家的"五常"去理解佛教的"五戒"，例如认为不杀生就是仁，不偷盗就是义，不邪淫就是礼，不饮酒就是智，不妄语就是信。拿自己的固有概念去理解异域文化的概念就是"格义"。

本土化的过程就是试图用本土的概念、语言去理解佛经，这里面当然也包括本土的思想观念、伦理观念、价值观念等等。以莲花色尼为例，莲花色尼在佛经里面是有记载的，她是佛陀门下的一个长于神通的比丘尼，但是在翻译过来的佛经里面，关于莲花色尼出家原因的部分被删减了。为什么呢？这是因为莲花色尼出家的原因是和中土的伦理观念相违背的，所以为了维护佛教声誉，就把它删去不译。莲花色尼在出家之前非常的美貌动人，在很年轻的时候就嫁人了，曾经沦落风尘，之后又被人赎身，多次辗转，并且生儿育女。后来到她三十多岁的时候，在不知真相的情况下，她和她的女儿同时嫁给了她的儿子，在获知真相后她非常羞愧，然后便出家了。这样的故事情节即便是出于佛教经典，在汉译的过程中也被删减了。

再来看世俗化的维度。由于佛教是一个出世的宗教，而中国社会又是一个世俗文化的社会，所以它又有一个世俗化的问题。慧能在《坛经》里说："佛法在世间，不离世间觉。离世觅菩提，恰如求兔角。"佛法本来就在人世间，你若要寻求解脱，不能离开现世人生。否则，就像在兔

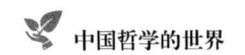

子头上去找角一样，而我们知道兔子头上只有耳朵，没有角的。

根据《金刚经》的记载，印度僧人日常生活是这样的。上午九点左右，佛陀率领僧众到城镇里托钵赤足，化缘募食，善男信女争先恐后向僧众施舍，以此积累功德。乞食返回后，大家吃完饭，收拾衣钵，把脚洗干净，然后坐在坐具上，聆听佛陀说法。中国是农业社会，中国僧人将农业生产与佛教修行结合起来，形成了独具特色的农禅并作制度。《百丈清规》里面就规定了具体的出坡制度，出坡就是进行农业生产活动，该制度将从事农业生产作为修行的必要的方式。百丈怀海禅师立下了一个规矩，"一日不作，一日不食"（《百丈清规》），如果僧人一天不出坡劳作，他那一天就不能吃饭。百丈怀海禅师直到八十多岁，还坚持出坡。他的弟子不忍让老禅师辛苦劳作，就把他的生产工具收起来了，怀海禅师因为没有找到农作工具，无法出坡从事农业生产，所以当天就拒绝进食。

唐代的布袋和尚在从事农业生产的过程中，证悟佛道，于是写下了一首见道诗。他说："手把青秧插满田，低头便见水中天。心地清净方为道，退步原来是向前。"（《插秧诗》）我们知道在插秧时耕作者是边插边退，向前的话秧苗就会被踩踏，向后退的过程实际上也是完成插秧的过程，在插秧种田的同时也就是广种福田的修行实践。布袋和尚的这首禅诗很好地体现了中国的僧人和佛教世俗化的一个维度。

（二）佛教中国化过程中的冲突与融合

在佛教中国化的过程当中，我们介绍了两个维度，一个是本土化的维度，一个是世俗化的维度。在这个过程当中恰恰体现了两种不同的文明形态内在的紧张，但是佛教中国化既是中国文化的"一大事因缘"，同时也使得佛教进一步改变自身的特色，融合了儒道二家的思想成分，成为一种富有中国化特色的佛教。所以在这个过程中佛教与中国本土思想双方都发生了极大的改变。

佛教与本土文化发生过冲突，最典型的就是"三武一宗"灭佛事件。发起灭佛运动的三个皇帝的号都有一个"武"字，故称为"三武"。第一位是北魏太武帝拓跋焘，他认为"沙门之徒，假西戎虚诞，生致妖孽"

（《魏书·世祖纪》），指责佛教充斥"虚诞"之言，而佛教信众则为"妖孽"之徒，严厉打击佛教。第二位是北周武帝宇文邕，他下令："初断佛道二教，经像悉毁，罢沙门道士，并令还俗。并禁诸淫祀，非祀典所载者，尽除之。"（《北史·周本纪》）这包括了对佛教经像的毁除，责令僧众还俗，严禁进行佛教法事活动。第三位是唐武宗李炎，他要求："天下所拆寺四千六百余所，还俗僧尼二十六万五百人，收充两税户；拆招提、兰若四万余所，收膏腴上田数千万顷，收奴婢为两税户十五万人。"（《旧唐书·武宗纪》）寺院经济占用了良田与大量的劳动力，造成了国家税源的流失，这对皇帝来说是不能容忍的。"两税户"指依两税法纳税的人家。收充两税户意味着将原来不缴纳税款的僧尼变为缴纳税款的社会劳动力，有助于增强国力，增加收入。这是"三武"灭佛的经济原因。还有"一宗"指后周世宗柴荣，他说："废寺院凡三万三百三十六，僧尼系籍者六万一千二百人。"（《旧五代史·世宗纪》）这是毁弃寺院，让僧尼还俗成为社会的主要劳动力。

大家去过法门寺的话，知道那里供奉的是佛骨舍利。为什么佛骨舍利被供奉在宝鸡法门寺，而不是供奉在长安城呢？就是因为当时士大夫阶层的强烈抗议。本来唐宪宗是要把佛骨舍利迎奉到长安城来建寺供养的。但是我们从《谏迎佛骨表》可以看出，像韩愈这样的士大夫提出了强烈的批评。他说："佛本夷狄之人，与中国言语不通，衣服殊制。口不言先王之法言，身不服先王之法服，不知臣君之义，父子之情。"（《谏迎佛骨表》）所以提出了对待佛教的"三光"政策，就是"人其人，火其书，庐其居"（《原道》）。"人其人"就是让这些僧侣还俗，"火其书"就是把佛教的经典烧掉，"庐其居"就是让这些寺院变成有烟火的人家，不是要有香火，而是要有烟火，变成普通的民居。正是因为以韩愈为代表的士大夫阶层的抗议、抵制，所以佛骨舍利就没有到长安城，安排在离长安城不远的宝鸡法门寺，所以法门寺是一个皇家寺院。每过三十年，佛骨舍利就会被迎送到长安城供皇帝供奉、百姓瞻仰，之后再送还到法门寺的地宫里去。这个事情说明当时儒佛的思想斗争是非常激烈的。

佛教也与本土文化产生过融合，我们从生命伦理、社会伦理和政治伦理三个方面略作展开：

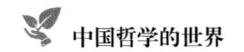

1. 生命伦理

人有生必有死，生死事大，生命和死亡是永恒的哲学问题。儒家的态度是什么？就是"未知生，焉知死"（《论语·先进》），"未能事人，焉能事鬼"（《论语·先进》），对鬼神之事采取存疑的态度。孔子的学生问老师关于死亡的问题，孔子回答："未知生，焉知死？"你还不了解生命的价值和人生的意义，为什么汲汲于追问死亡呢？不到谢幕的时候，你不会知道自己在舞台上有多么精彩。孔子的学生提问关于鬼的问题，孔子的态度是一种温和的无神论，"敬鬼神而远之"（《论语·雍也》），"子不语怪力乱神"（《论语·述而》）。"未能事人，焉能事鬼"的意思是：还没有很好地侍奉活着的人，例如君王、父母，你怎么能够心心念念想着侍奉鬼神呢？这就是儒家人道主义原则的体现，注重现实人生，注重现世意义。道家和道教则注重长生久视，羽化登仙，侧重生命的长度。而佛教认为了生脱死是一个大事，生和死构成了一个轮回。所以佛教的六道轮回学说，是将人的生命放到六道里去把握，放到十界里去认识。儒释道关于生死的思考到张载那里获得了统一，因为张载讲："存，吾顺事；没，吾宁也。"（《正蒙·乾称》）"存"就是活着的时候，"顺事"的"事"是儒家的概念，指君子是干事业的，为他人、社会服务的，"顺"是道家的概念，指安时处顺。所以第一句里包含了儒、道的人生哲学，也就是说活着的时候，我就要积极地干事业，即便干不成，也心安理得、安时处顺。第二句"没，吾宁也"，"没"是指人死去的时候，佛家讲的是人死哲学，当死亡来临的时候，我也可以从容淡泊地离去。人生哲学和人死哲学是互补的，儒、释、道也是互补的。你只有活着的时候积极的奉献，"达则兼济天下"（《孟子·尽心上》），奋发有为，"穷则独善其身"（《孟子·尽心上》），安时处顺，死的时候才能从容淡泊。

2. 社会伦理

儒家最重血缘亲情，所谓"孝悌也者，其为仁之本欤"（《论语·学而》）。《孝经》认为："身体发肤，受之父母，不敢毁伤。"（《孝经·开宗明义》）人的身体、发肤都来自于父母，都是父母的精血，所以不能够随便的毁弃。在这个意义上，儒家是反对自杀的。道家强调保身养生，庄子有一篇文章叫《养生主》，主要讲怎样去修道养生，顺应自然。而佛教辞亲割爱,讲离别他的亲人,舍弃他的家庭,去深山里面修行。这在儒家、道家看来当然是大逆不道的,所以当时有人批评佛教有"五逆不孝"之罪。"五逆不孝"指的是五种不孝的罪过。第一个不孝是佛教徒要剃头,这是一个罪过。因为儒家讲"身体发肤,受之父母",头发也是身体的一部分,所以不应该剃头。第二个不孝是烫戒疤,这属于损伤皮肤,所以也是不对的。今天有人喜欢文身,估计儒家也是不同意的。第三个不孝是佛教徒不能够朝夕奉养父母,这是典型的不孝。第四个不孝则是因为佛教徒剃度出家,不能娶妻生子,而儒家认为"不孝有三,无后为大"(《孟子·离娄上》),不能传宗接代,延续香火,这对于父母来说是不孝。第五个不孝也跟身体有关系:我们刚才讲的都是人活着的时候,而佛教认为死了以后遗体是要火化的,儒家则认为应该土葬。以上就是"五逆不孝"的基本内容。

到了北宋的时候,有个高僧叫契嵩。他提出了一个新讲法,就是区分"孝"有两种,一个叫"方内小孝",一个是"方外大孝"。"方"就是现世社会。儒家所讲的孝是方内的小孝,注重于现实人伦日常的孝道,并不是方外的大孝。因为他只注重现世的生死、孝养,而不知道从六道轮回的角度来思考,人本身就是处在红尘当中,就处在苦海当中。所以你对现世父母的孝养孝行是无自性的,不真实的,徒增业障,应该帮助现世父母尽早脱离人道,在佛菩萨前顶礼膜拜,为父母忏罪祈福,获得彻底解脱,这才是对今世父母真正的孝养和报恩。因此,与"方内小孝"不同,佛教徒的大孝彰显了究竟和终极的意味,僧人出家可以在佛前进行忏悔,忏悔父母前世的罪业,积累功德,为父母的往生举办法会。

佛教里有一个中国化的故事叫目连救母,在中国社会广为流传。目连是佛陀门下的十大弟子之一,也叫目犍连。曾有僧人到目连母亲门前化缘,他的母亲没有供僧,反而加以怠慢和诽谤,这就造成他母亲在死后轮回堕入饿鬼道。目连梦见他的母亲向他哭诉,十分难过,就把此事告诉了佛陀。佛陀提议让僧团的全体僧众为目连的母亲操办一场忏悔法会,帮助其从恶道超度。后来目连的母亲果然从饿鬼道出来,上升到畜生道,变成了一只狗。然后僧众又继续做法会忏悔,他的母亲最后摆脱了轮回。目连救母是经过中国佛教改编的故事,反映了儒佛伦理观念的融合。

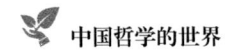

3. 政治伦理

中国是一个世俗社会，政教分离是世俗社会的基本特征，政治权力结构以君主为中心，佛教作为宗教形态，以佛陀为中心。作为儒生来说跪拜君主是正常的，但是作为比丘和比丘尼，见到皇帝之后要不要跪拜，要不要行礼？在儒家看来你应该跪拜国君，因为君主是最大的。而佛教认为僧人稽首礼佛，不需要也不能跪拜世俗社会的君主。因为即便身份高贵如君主，也是在人道里面，他不是佛，不是菩萨，不是阿罗汉，我们对佛、菩萨、阿罗汉是可以礼敬的，但不需要跪拜人道里的君主。东晋高僧慧远有一篇很重要的论文《沙门不敬王者论》。"沙门"就是比丘和比丘尼，他们是不需要对王者进行礼拜的。慧远对此进行了两方面的论证。第一，部分佛教徒应该拜君主。因为佛教徒由四种人构成，有比丘、比丘尼、优婆塞和优婆夷。优婆塞和优婆夷作为在家的信众，其本身就是世俗社会的一分子，他见到君主肯定是要跪拜的。第二，比丘和比丘尼见到君主是可以不拜的。为什么呢？因为僧人要稽首礼佛，礼佛是为了庄严国土、利乐有情，护佑国家，护佑君主。所以到了宋代以后就出现了一个新观点——"三教平心论"，讲的是三教都有各自的功能，以佛修心，以道养生，以儒治世。自此以后，三教在政治生活领域就发挥着独特的功能。

二　中国化的佛教

佛教传入中国是因为汉明帝曾经做过一个梦。他梦见一个人，脖项处有日光，全身金色，飞举在殿前。于是他就召集大臣解梦。有大臣说，陛下，这应该是在西域被称为佛陀的。所以他就派使者到西域去，请了两位高僧摄摩腾、竺法兰并且携带了经卷到东汉的都城洛阳。他们居住弘法的场所，因为是白马驮来佛经，所以叫白马寺，这是中土的第一个寺院。佛教传入中土两千年，白马寺是第一祖庭。传入的第一部佛经呢？说来大家很熟悉。在金庸小说《鹿鼎记》里有一条核心线索，就是《四十二章经》，因为那里面暗藏了武学秘籍《九阴真经》。《四十二章经》

由四十二篇小短文组成，介绍的是因果轮回、劝善止恶思想，是一本普及性的佛教入门书。

因为佛教中国化是一个历史进程，那么它一定要开花结果。这个结果就是产生了中国化的佛教，通常说来有八个佛教宗派，其中六家的祖庭都在陕西，坐落在长安城及周边地区。

（一）天台宗

最早的是天台宗。天台宗创立于隋代，创始人是智𫖮大师，祖庭在浙江天台山国清寺，"天台四万八千丈，对此欲倒东南倾"（《梦游天姥吟留别》），讲的就是这个地方。天台宗宗经是《法华经》，所以天台宗以山命名，又以宗经命名，叫法华宗。智𫖮大师重要著作有《法华经玄义》《法华经文句》《摩诃止观》等，其最重要的论点有"三谛圆融""一念三千"。

所谓"三谛圆融"，指我们认识事物，看待世界，要从空、假、中这三个角度去把握。我们要认识到事物由于没有自性，它不能决定自己，所以它是空的。任何事物都是这样的，你看桌椅板凳没有自性，是被木匠制作出来的。没有得到我们的允许，父母就把我们生出来了。所以我们和世界的万有一样没有自性，是被抛到尘世中的，本质是空的。但同时它又是假有的，假有意味着它毕竟是一个暂时性的存在，比如桌椅板凳总要使用一段时间，它才会坏灭。人总要存续一段时间，活个几十年，乃至百年，有其活动的意义。这就是假谛，因为毕竟它是一种假有的存在。但是我们既不能够执着于空，也不能执着于假。我们要把握和审视二者之间不即不离的关系，这就叫作"中"。一切事物都涵摄空、假、中，我们对事物的认识也要具备空、假、中三个角度，既要看到事物的自性空的一面，又要看到事物的假有存在的一面，还要看到事物这种空假不离的中道的一面。一切事物既空、既假、既中，三谛是圆融在一起的，呈现为相即不离的关系。这是佛教认识世界、认识事物、认识自我的一种独特方式，在哲学史上具有重要的价值。

（二）三论宗

三论宗创立于隋代，创始人是吉藏大师，祖庭在西安鄠邑区的草堂寺，宗经有《中论》《百论》《十二门论》这三部经典，所以叫作三论宗。吉藏大师的主要著述是《三论玄义》，是对三部宗经的注解，其核心论点是"八不偈"："不生亦不灭，不常亦不断，不一亦不异，不来亦不出。"（《中论》）诸法凭借因缘和合而出现，即非实有，故曰"不生"，因缘离散而诸法消失，先已不生，何得有灭，故曰"不灭"；诸法凭借因缘而有，即无自性，故曰"不常"，诸法先有后无谓之断，既非先有，何得有断，故曰"不断"；如果诸法相同，就不会有因缘的和合与离散，故曰"不一"，如果诸法不同，就不会有存续和演变，如从种子成长为谷物，故曰"不异"；诸法来无所从，故曰"不来"，诸法又去无所至，故曰"不去"。概括而言，世界既无所谓生起，亦无所谓坏灭；既无所谓永恒，亦无所谓断绝；既不是浑然统一的，也不是有差异各别的；既没有来源，也没有归宿。三论宗的思想以此断除人对世界的真实性或永恒性的执着。

（三）唯识宗

唯识宗创立于唐代，创始人是玄奘大师，祖庭在西安雁塔区的大慈恩寺，宗经是《解深密经》《瑜伽师地论》《成唯识论》。玄奘的主要著述有《成唯识论》《大唐西域记》等，其核心论点是"三界唯心，万法唯识。"（《五灯会元·三界唯心颂》）唯识宗认为宇宙间的万物都不是独立存在的，是由"心识"变现出来的。在心识之外，世界上没有任何独立存在的客体。这个"识"又分八识。前六识是眼识、耳识、鼻识、舌识、身识、意识，包括了我们的感觉和意识。第八识阿赖耶识是根本识，又称为如来藏、真如等，万事万物都由它变现出来，蕴含着成佛的根据。众生在世间的种种活动，皆由身口意行而造作，造作后即由第七末那识送交第八识——阿赖耶识保存。阿赖耶识保存之业种，由第七识不断地攀缘，配合外境六尘而不断起意造作新业，如是循环不已。末那识的作用就是沟通前六识和阿赖耶识，起到中介、桥梁和纽带的作用。

大家观看《玄奘之路》，知道玄奘有一个弟子叫辩机，他很聪明，慧根很好，玄奘甚至把他作为自己的接班人来培养。但是辩机和高阳公主产生了感情，这个主题适合拍一个电影，名字可以叫《公主与比丘》，讲一个僧人和公主之间的爱情故事。仓央嘉措有诗曰："曾虑多情损梵行，入山又恐别倾城。世间安得双全法，不负如来不负卿。"（《六世达赖》）描述了出世的佛教僧人内心世界的纠结和痛苦。僧人也是人，也有七情六欲，而修行不易，成佛艰难，只有真正的高僧才能断除欲望和烦恼。

（四）律宗

律宗的创始人是道宣大师，祖庭在西安长安区的净业寺，宗经是《四分律》。道宣的著述主要围绕对《四分律》的解释和补充，有《四分律删繁补阙行事钞》《四分律删补随机羯磨疏》《四分律拾毗尼义钞》《比丘含注戒本疏》《比丘尼钞》等。其论点有戒法、戒体、戒行、戒相，体现了以戒为师，以戒律为根本的宗旨。律宗在近现代有复兴之势，代表是弘一法师，弘一法师是弘扬南山律宗的。

（五）华严宗

华严宗的创始人是法藏大师，祖庭在西安长安区至相寺，宗经是《华严经》。法藏的著述是《华严经探玄记》《华严经旨归》《华严金师子章》等。《华严金师子章》是法藏给武则天讲解"六相圆融"思想的讲义。华严宗主要的论点是"六相圆融"和"十玄无碍"（《华严一乘教义分齐章》）。"六相圆融"就是总、别、同、异、成、坏这三对范畴六个概念。法藏在给武则天讲解"六相"时，武则天不是很理解，所以法藏以殿前的金狮子为例讲解。事物的全体是总相，事物的各部分是别相。事物及其各部分都由因缘和会而起是同相；各部分各自独存是异相；各部分和合成此事物，是成相；各部分若彼此离散，则为坏相。法藏谓狮子是总相，眼、耳等差别是别相；眼、耳等同一缘起而形成狮子是同相，眼、耳等各不相同是异相；眼、耳等诸根和合而成狮子是成相，眼、耳等各自独立而不和合为狮子是坏相。总、同、成三相，指全体、整体；

别、异、坏三相,指部分、片段。在诸法中,总、别、同、异、成、坏六相是圆融相即的关系。

法藏讲到"一即一切,一切即一"时,武则天不是很理解。这个观点就是说任何一个事物都包含和体现了其他的事物。法藏在一个房间里安排了十面的镜子,八方一共放置八面,地上放一面,天花板再放一面。然后中间点上一盏灯,这样的话每一面镜子里面都有其他九面镜子的光烛映射。"一"就是指任何一面镜子,"一切"就是指其他的镜子,任何一面镜子都蕴含和反射了其他所有镜子及其烛光,这就是"一即一切,一切即一"。华严宗力求说明众生在修持中,断灭惑障,是一断一切断;成就功德,是一成一切成,即于任一法门入手而圆满成就无上境界。

(六) 密宗

密宗的创始人有三位,就是被称为"开元三大士"的善无畏、金刚智和不空。看这三位的相貌,应该都是从西域来的。密宗祖庭在西安雁塔区的大兴善寺,其宗经是《大日经》《金刚顶经》等。其论点是身口意三密,通过设坛、供养、诵咒、灌顶等方式传教。密宗认为身口意都是很重要的,重视秘密的修行方法,例如有特定的手印、姿势,这叫身密;特定的咒语就是口密,在思想意识里观想佛陀就是意密,皆可以显示无量神通和不可思议的力量。

(七) 净土宗

净土宗的创始人是善导大师,祖庭在西安长安区的香积寺,其宗经是《无量寿经》《观无量寿经》《阿弥陀经》等。善导的著述也是围绕对《无量寿经》的解释,包括《观无量寿经疏》《往生礼赞偈》等。其论点主要有五个方面,第一是诵读经典,第二是观想阿弥陀佛的庄严,第三是礼拜致敬阿弥陀佛,第四是念诵阿弥陀佛的名号,第五是赞叹供养阿弥陀佛。所以净土宗是一个面向普通大众,尤其文化程度不高的信众的一种宗教形态。如果你不认识字怎么办?你就在家里面请一尊阿弥陀佛(接引佛),只要念阿弥陀佛的名号就好,就是"南无阿弥陀佛"。老太太在家可以一边生火做饭,一边念诵阿弥陀佛的名号,这样既修行了功德,也做好了饭菜。所以这是一种非常中国化的、世俗化的修行方式,它很适合中国社会的现实状况和中国人的精神需求。

(八) 禅宗

最后一个是禅宗,创始人是慧能大师,祖庭在广东南华寺。禅宗的宗经是《坛经》,《坛经》是由慧能的弟子记载的,其论点是"明心见性"和"顿悟成佛"。禅宗是中国佛教当中影响最大的一个宗派,因主张用禅定概括佛教的全部修行而得名。慧能的《坛经》是禅宗的代表作,也是中国人的佛教著作中唯一被称作"经"的一部。

慧能小时候父亲早逝,孤儿寡母,家境贫寒,靠砍柴为生,没有上过学,识字不多。有一天他到城里卖柴的时候,听见有客人在客栈门口读佛经。他听完后心下有悟,说明有慧根。他就问道:请问客人您读的是什么书?然后客人告诉他,我读的是《金刚经》。慧能继续问:请问您这个经书是从哪里得来的?客人就说:我是从湖北黄梅弘忍大师(当时禅宗的五祖)那里得来的。后来慧能表示有向佛之心,所以客人就非常同情他,给了他一些盘缠。他把钱留给了母亲,然后他就去湖北黄梅寻找弘忍大师。见到弘忍以后,他们二人之间有一些对话,都记载于《坛经》。弘忍认为他还是有慧根的,把他派到厨房去舂米,加以磨砺。后来过了一段时间,弘忍觉得自己身体不太好,就准备传位给弟子。他出了一道题,说大家可以每个人写一个偈来表达自己的修行体悟,如果谁写得好,就把衣钵传授给他。当时大家都觉得受选者肯定是首座神秀。神秀想了好几天:公开写偈献给老师,恐让人误会自己有夺衣钵、做祖师之心;不写偈吧,自己的一番修行体悟无人知晓。最终他在半夜偷偷写在墙壁上。神秀的偈是:"身似菩提树,心如明镜台。时时勤拂拭,莫使惹尘埃。"弘忍见此偈,知道神秀已登堂,尚未入室,告诉大家依此修行,可入佛道。慧能舂米时听到有人口诵这首偈,所以他就请人将自己的四句话也写上去。慧能的偈是:"菩提本无树,明镜亦非台。本来无一物,何处惹尘埃?"他采取的是破除的方式,如果内心不觉悟的话,即使到佛祖当年证道成佛的树下也成不了佛,不可把菩提树执着为实有。你也不要认为有一个专门放镜子的台。心体通透澄明，没有什么实有的东西，所谓的"尘埃"是自家烦恼，既然心体湛然清净，那么又会有"尘埃"呢？慧能体现了"自性成佛"的顿悟方式，而神秀则体现了"渐修"方式，二者的差异称为顿悟之辨。在这之后，禅宗就分化为两派，北方就是神秀的渐修派，南方就是慧能的顿悟派。慧能不但认为人人都有成佛的本性，而且把佛性和人性完全统一起来，去除了成佛的神圣性，代之以生机勃勃的人性，把佛性看成是人的唯一本性，看成是人心的主宰。顿悟还是渐修，是禅宗南宗与北宗的主要分歧点。北宗主渐修，认为必须通过长期修行才能逐步掌握佛法而觉悟成佛。南宗则主张顿悟，认为人人是自心本有佛性，因而不需要长期的修行，不需要施舍大量的钱财，不需要许多烦琐的宗教仪式，只要自己认识到本来具备的佛性，就可以顿悟成佛。所以相对于北宗而言，南禅的门槛更低，因为他放下屠刀，立地成佛。前一天还在当屠夫，杀猪宰牛，今天如果觉悟的话，就可以遁入空门，修行证道。慧能南禅之后，一花开五叶，分为五个支派，成为具有全国性影响的佛教宗派。

"顿悟"是南禅区别于其他佛教宗派的基本学说，它一方面对于急需摆脱现实痛苦生活的百姓来说，能够给予精神上的安慰和满足，具有很大的诱惑力，也可以说是欺骗性。另一方面，这种顿悟理论强调通过个体的直觉体验，可以在短暂瞬间使得人性和佛性相契合，领悟我即佛，佛即我，佛、我一体，从而获得经过长久思索而不得其解之后突然而至的解脱快感，这对于历代的文人士大夫来说是符合精神需要的。这就是历代的士大夫喜欢参禅的重要原因，而禅宗又通过历代的士大夫对中国文化产生了深远的影响。

隋唐佛教宗派的创立，是中国佛教史上的重大事件，也是中国佛教进入鼎盛时期的重要标志。伴随着佛教宗派的出现，中国化的佛教思想体系相继成熟，佛教的文学艺术日趋繁荣，佛教的世俗活动和对外交流空前活跃，中国开始成为亚洲佛教的中心。以乔布斯为例，大家都知道乔布斯是苹果公司的创始人。乔布斯深受禅宗的影响，认为基于直觉的理解和意识比抽象思维和逻辑分析更为重要，因此苹果产品体现了极简主义和完美主义的风格。十八岁那年，他开始追随日本的禅师乙川弘文学习曹洞宗的禅法，从此禅深刻地影响他的一生。乔布斯终身坚持打坐禅修，他说禅的直觉思维对他的工作影响很大，很多事情他都依赖直觉进行判断，他所设计的产品如 iPhone、iPad、MacBook 都简洁优雅，深具禅意之美。很多同学都使用过这些产品，都很喜爱苹果产品的简洁和优美，实际上它里面包含了禅意和禅趣。

第十四讲

丹学重光

本讲名为"丹学重光",有四个部分,一是道教简介,二是符箓之道,三是金丹之道,四是内丹之道。道教和道家是既有联系又有区别的两个范畴。道家是先秦诸子中以老庄为代表的学术思想流派,道教则以老庄学说为理论根据,认为通过精神形体的修炼而可以"成仙得道",形成独特的基本教义、神仙信仰、经典体系和法事科仪的宗教组织形态。道教和"道学"也容易混淆,"道学"一般是指宋代新儒学的理论形态。本讲采用"丹学"来指称道教,认为"丹学"是以炼丹修道为核心的思想体系、修行方式和宗教形态,其思想体系是丹道学,其修行方式是炼丹修道,其宗教形态是长生成仙,"修丹与天地造化同途"。符箓又称为"丹书",指道士用以驱妖镇鬼的朱文符书。"金丹"又称为"外丹",是用丹砂与铅、硫黄等原料烧炼而成的黄色丹药,服食以后可以使人成仙、长生不老。"内丹"反映了道教的宇宙观,把人体视为炉鼎,以体内的精、气作药物用神烧炼,使精、气、神凝聚结成内丹,从而长生久视、白日飞升。Daoism 既有道家的意思,也有道教的意思。我认为"丹学"可以翻译为 Danism。所谓"重光",是指道教丹学理论的心性论转向推动道教立场上的三教合一,以"全真道"为代表实现了道教思想的转型和再造。

鲁迅先生曾经说过:"中国根底全在道教。"[①] 当然,这是从对人民群

[①] 鲁迅:《鲁迅书信集》(上卷),人民文学出版社 1976 年版,第 18 页。

众的精神麻醉方面提出的批评，哀其不幸，怒其不争。今天，我们对道教更注重从建设性的角度进行阐发，尤其是促进道教思想的创造性转化和创新性发展。

一　道教简介

　　道教是中国本土的宗教，形成于东汉末年，以张道陵的"五斗米道"和张角的"太平道"为标志。其思想渊源比较驳杂，在原始宗教信仰、先秦神仙方士之说以及秦汉的黄老思想的基础上杂糅而成。在思想性质上讲，道教是儒道合流的产物。从时代背景上看，道教是社会危机的产物。

　　道教在吸收各种原始宗教、民间宗教、神话传说的基础上，逐渐形成了自己的神灵体系，根据三才之道加以划分。

　　一是天神类，包括三清、四御、八仙。"三清"指玉清元始天尊（盘古真人）、上清灵宝天尊（通天教主）、太清道德天尊（太上老君）。"四御"是地位仅次于三清的四位天帝，指玄穹高上玉皇大帝（执掌万事万物），北极紫微大帝（总御万星），勾陈上宫天皇大帝（统御万雷与人间兵革之事），承天效法后土皇地祇（执掌阴阳生育，万物之美，大地山河之秀），俗称"后土娘娘"。"四御"又称为北极紫微大帝、南极长生大帝、太极天皇大帝和东极青华大帝。还包括天尊、星君等和其他来自民间信仰的神仙。民间习俗"大年初五迎财神"，"财神"包括武财神赵公明、关公；文财神比干、范蠡。所谓"八仙过海"，指的是民间广为流传的道教八位神仙：铁拐李（李玄）、汉钟离（钟离权）、张果老、蓝采和、何仙姑（何晓云）、吕洞宾（吕岩）、韩湘子、曹国舅（曹景休）。二是地祇类，包括城隍、土地、山神、灶王、阎罗、牛头马面等。三是仙真类，包括五祖、七真等。

　　道教的经典体系包括三洞、四辅。"三洞"指洞真部、洞神部、洞玄部，"四辅"即太玄部、太平部、太清部、正一部。三洞是经，四辅是对三洞经文的论述和补遗，太玄辅洞真，太平辅洞玄，太清辅洞神，正一则为以上各部的补充。道教经典有《正统道藏》《道藏辑要》《中华道

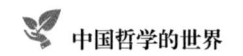

藏》等。

信奉道教的出家修行者叫道士，修行的场所叫道观，多位于景色优美的山林之所，有三十六洞天、七十二福地之说，谓之"洞天福地"。著名的道教圣地有终南山、武当山、青城山、龙虎山、崆峒山等。

二　符箓之道

符箓是道教中的一种法术，亦称"符字""墨箓""丹书"。符箓是符和箓的合称。早期道教多采用符箓咒水达到祈福禳灾、去病救人、驱鬼镇邪的目的。

最早的道教组织有二：一是东汉末年由于吉、张角创立的"太平道"，信奉《太平清领书》（又称《太平经》），以符水咒说为人治病，公元184年张角以太平道为起义军，以"苍天已死，黄天当立，岁在甲子，天下大吉"为号召，发动黄巾起义，实现太平宏愿，除尽不平方太平。后来，黄巾起义失败，太平道日趋衰微。二是由张道陵在东汉顺帝年间创立的五斗米道（又称天师道、正一道）。大约从张道陵开始，道教已正式奉老子为教祖，以《道德经》为经典。其子张衡、其孙张鲁保踞汉中多年，逐渐使五斗米道的影响从西南一隅播于海内，遂发展为道教正宗天师道。太平道和五斗米道，作为一种初期的民间宗教，反映了下层人民要求生存权利和平等互助的思想倾向。

三　金丹之道

两晋南北朝时期，随着炼丹术的盛行，金丹派道教有新的发展。金丹派的理论依据魏伯阳的《周易参同契》。朱熹认为："参，杂也；同，通也；契，合也；谓与《周易》理通而义合也。"（《周易参同契考异》）该书被视为"丹经之祖"。全书托易象而论炼丹，会"大易""黄老""炉火"三家之理于一，强调以乾坤为鼎器，以阴阳为堤防，以水火为化机，以五行为辅助，以玄精为丹基，系统阐明了炼丹的原理和方法。

东晋道士葛洪对战国以来的神仙家理论进行了系统的论述，著有《抱朴子》，分为内、外篇，"内篇"包括 20 篇，论述神仙、炼丹、符箓等，"外篇"包括 50 篇，评议时政人事，继承和发展了魏伯阳的炼丹理论，集魏晋炼丹术之大成。

针对当时"人人称教，各作一治"（《正一法文天师教戒科经》）的混乱局面，北魏寇谦之与南朝刘宋陆修静相继清整道教，在宗旨、组织、道经、斋仪等各方面创立了新道教的基本规范，使道教的组织形态和宗教制度更加系统化、规范化了。寇谦之撰写《云中音诵新科之戒》等著作，注意吸收儒家伦理纲常和佛教戒律，改变世袭制度，称为"北天师道"；陆修静在南方也对天师道法进行必要的调整，建立了"南天师道"。

南朝齐、梁道士陶弘景隐居茅山，创茅山宗。梁武帝对他非常尊重，经常咨询朝廷大事，被称为"山中宰相"。他主张儒、佛、道三家合流，认为"百法纷凑，无越三教之境"（《茅山长沙馆碑》）。有个成语叫"终南捷径"，讲的是唐朝的卢藏用，虽然考上了进士，但没有获得任用，为了扩大自己的影响，隐居终南山，学辟谷、练气之术。皇帝到哪里，他就跟到附近继续隐居，被称为"随驾隐士"。后来，武则天任命他为左拾遗。道士司马承祯颇受武则天、唐睿宗、唐玄宗等器重，但他无心于禄位，想退隐天台山。临行时，卢藏用指着终南山对司马承祯说："此中大有佳处，何必天台？"司马承祯讽刺说："终南山的确是通向官场的捷径啊。"卢藏用面有惭色，深感羞愧。这就是"终南捷径"的典故。司马承祯的道教思想，吸收儒家的正心诚意和佛教的止观、禅定学说，以老庄思想为本，融合而成道教的修道成仙理论。

四 内丹之道

正一道是宋、元朝形成的道教宗派。元以后为上清派、灵宝派和天师道等的总称。正一道奉张天师为首领，以《正一经》为主要经典，道术以画符念咒为主，正一道士一般娶妻生子，不必出家。正一派道士戴庄子巾，该巾下面为方形，上部呈三角形，状如屋顶，帽前正面镶有白玉，便以正帽，象征品行端正。正一道祖庭在江西鹰潭龙虎山。

全真道也称全真教，是中国道教的一个重要派别，于北宋末年至南宋初年期间由王重阳于陕西终南山所创。此外，张伯端一系（主要是白玉蟾）所创立的内丹修炼为主的教派后来也被划分在全真道，称为南宗。而王重阳这支则称为北宗。

"全真"的含义是全其本真的意思。全真道强调精、气、神的统一与圆满，以识心见性、养气炼丹、忍耻含垢为内修之"真功"，以济世利人为外修之"真行"，追求功行双全，性命双修、以期成仙证真，达到"全真"的境界。

全真道重内丹修炼，不尚符箓，不事黄白之术（冶炼金银之术），以修真养性为正道；道士必须出家住宫观，不得蓄妻室，并遵守严格的清规戒律。目前全国道教宫观大部分属全真派。此外，全真派提倡三教合一，三教平等，认为儒道释的核心都是"道"。全真派道士满发，戴混元巾，该巾为圆形，以黑缯糊成硬檐，帽顶中心有孔。道士戴混元巾时，扎发髻，帽顶之孔露髻，以一簪贯之，代表道教混元一气的意思，称为混元巾。全真道祖庭有陕西户县"重阳宫"、北京"白云观"等。

全真道创始人王喆（1112—1170），号重阳子，陕西咸阳人。出身地方豪门，早年曾应金朝武举，为小吏，后辞职还家。自称遇仙得授金丹口诀，遂隐居终南山，修道三年。大定年间出关去山东传教，招收马钰、谭处端、刘处玄、丘处机、王处一、郝大通、孙不二等七大弟子，号称"全真七子。"全真道至此正式成立。全真道修行方术以内丹为主，不尚外丹符箓，主张性命双修，先修性，后修命。全真道认为修真养性是道士修炼唯一正道，除情去欲，识心见性，使心地清静，才能返璞归真，证道成仙。全真道还规定道士严守戒律，忍耻含垢，苦己利人，对犯戒道士有严厉惩罚，从跪香、逐出直至处死。金元之际丘处机嗣教时，全真道得到大发展。丘处机于1219年远去西域行宫朝见成吉思汗，大得赏识，因劝说成吉思汗减少屠杀而闻名。成吉思汗赐其金虎牌、玺书，命他主持天下道教。丘处机回燕京后驻长春观（北京白云观），开坛说戒，弟子四出建立宫观，使全真道组织发展到极盛。

全真道的基本特点是：

（一）强调三教合一

如王重阳在山东所创之五会皆以"三教"二字冠首；规定以三教之经书《道德经》《般若心经》《孝经》为全真道士必修经典。他和七弟子的诗文中，三教合一言论更是俯拾皆是。如"儒门释户道相通，三教从来一祖风""天下无二道，圣人不两心""教虽分三，道则唯一"等等。全真道尤以融合佛教禅宗理论最为突出。马钰《神光灿》中即称："禅为宗，道为祖。"清初全真道士柳守元的《玄言正旨序》中也指出：玄宗（指全真道）"与禅宗实为相近"。

（二）主张性命双修

全真道一返旧道肉身不死、即身成仙的追求，只追求"阳神""真性"不死。认为人之肉体是要死的，只有人的精神才能不死。王重阳《金关玉锁诀》："唯一灵是真，肉身四大是假。"《立教十五论》："欲永不死而离凡世者，大愚不达道理也。"因此在内丹修炼理论上，全真道与道教南宗相反，主张先性后命，以性兼命，以澄心遣欲为真功，以明心见性为首务。

（三）注重内丹修炼

全真道不尚符箓，不求金丹，形成独具特色的内丹理论。王重阳认为"性"先"命"后，强调在内丹修炼中以识心见性为先的重要性，将识心见性的心性炼养视为得道成仙的终极途径。儒家重视精神修养，佛教强调炼心，王重阳以识心见性为先的内丹修炼体现了对儒佛两家思想的汲取。全真道将清净无为的思想与道教修炼实践相结合，并吸收了禅宗的明心见性和理学的正心诚意，形成了独特的内丹修炼方法和理论。

全真道立足于王重阳的三教合一思想，并以融合儒、道、释三家为理论依据，对传统道教的教理、教义开展系统性变革，最终构建了全真道以"三教圆融""识心见性"为立教宗旨，以"三教合一""性命双修""功行双全"为基本教理的新的道教理论体系。这既是当时"三教合

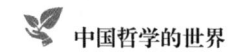

一"思潮发展的必然趋势，又是金元之际"三教合一"思潮在道教组织形态和理论体系上的实际反映。

附：楼观楹联

据说老子西行至关，尹喜辞关令之职，迎老子至古宅楼观，执弟子之礼。老子乃著述《道德五千言》授之。此处就是道教祖庭"楼观台"。现存一副楹联，生僻难解，恍若天书，乃依据道教义理构造而成。这副楹联刻在古楼观说经台老子祠吾老洞大门内《道德经》碑石之侧。

据道士相传，上联读作"玉炉烧炼延年药"，下联读作"正道行修益寿丹"，体现的是道家养生延年、内丹修炼的思想。

1. "身宝"读玉（yù）

天有日、月、星三光为宝，人有精、气、神三品为宝。会意身内有宝，珍贵如玉。《老子》六十七章说："我有三宝，持而保之；一曰慈，二曰俭，三曰不敢为天下先。慈故能勇，俭故能广，不敢为天下先，故能成器长。"说明人身内有宝，需要收摄保任。而常人恣情纵欲，不能常保。道教造此字教人固守精气神三宝，积精累气，以求长生。

2. "身丹"读炉（lú）

指身为丹炉，将身体作为冶炼器具。道家的养生炼丹有两种：采外药（草、木、铅、汞、银、砂等），安炉立鼎，以柴薪烧炼者为外丹，而此字是指炼内丹而言。既然肯定人体内有珍宝，那么需要探索开发的方法。道教认为以人身固有的精、气、神经过阴阳交会的作用，就可以练就延寿长生的不老真丹。《丹经·悟真篇》说："安炉立鼎法乾坤，锻炼精华制魄魂。……此般至宝家家有，自是愚人识不全。"

3. "一内火"读烧（shāo）

从字形上看，内指人体之内，上有"一"，"一"指"天一生水"，下有"火"，可谓体内水火相济，无须柴薪，用自家身内水火，阴阳交会，进行烧制冶炼。

4. "木石土"读炼（liàn）

前有"水火"，此处再加以"木石（金）土"，使五行俱全，相生相克，共同烧炼。

5. "命心"读延（yán）

认为既要修命，又须修心，只有性命双修，才能使人获得生理上的健康和精神上的愉悦。

6. "千万"读年（nián）

"千万"喻长久，指效果和利益，只要修炼得法，可使人千秋万载，寿臻无极。

7. "自家水"读药（yào）

指自身的精血、津液就是珍贵的原料，务须节欲，固守精气元神，使之充盈不失。

8. "正青"读正（zhèng）

"正"指修炼者要遵循正道，按正确的程序，"青"在五行为木，木为青色，在四季为春，在四方为东，在五脏主肺，在情绪主怒，指炼五脏、修五志，一年之计在于春，从平息肝木之怒气开始，循天道养生，犹如草木逢春，万物复苏。

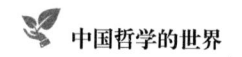

9."人道寸"读道（dào）

"人"指人体；"道"指宇宙万物生长发展的规律；"寸"指方寸之地，如"寸心"，喻心性本体。此字要求人需遵循天道自然的规律，修炼心性，返璞归真。

10."人法心"读行（xíng）

"人"指人体；"法"指效法；"心"指心性。前一字讲效法天道，此字讲效法内心之本然。道家主张"见素抱朴，少私寡欲"（《老子·十九章》），要求人"致虚极，守静笃"（《老子·十六章》），保持素朴清静的本心。

11."至成"读修（xiū）

"至"指达到，"成"指圆成。要求修行者坚持不懈，持之以恒，精诚可至，圆满则成。

12."天井水"读益（yì）

人的上腭名为"天井"。天井中有水，长满不缺，谓之"天井水"。天井所生津液，经常吞咽，滋润百骸，可以益寿。《老君尹氏内解》记载："唾者漱为醴泉，聚为玉浆，散为神水，降为甘露。"鼓漱吞津是道教养生方法之一。

13."在人内"读寿（shòu）

指人身内的精、气、神可化生凝聚为一种结晶物，谓之"丹"。结丹之所谓之"丹田"。道教称人体有三丹田，在两眉间者为上丹田，在心下者为中丹田，在脐下者为下丹田。古人视精气神为三宝，视丹田为储藏精气神的地方，因此对丹田极为重视，有如"性命之根本"。此处指下丹田。道教《丹经》说金丹长成以后的形态是"类如鸡子，黑白相扶，纵广一寸，以为始初，四肢五脏，筋骨乃俱，弥历十月，脱出其胞，骨弱可卷，肉滑若饴"。"丹"在人身内，此时尚未修炼成熟。

14."九真"读丹（dān）

"九"指练功次数之多，"真"指真实不虚。人体的"内丹"需要持久修炼和巩固，方能炼成真丹，获得真实的利益和效果。

这副联语并不神秘，它概括了道教丹学的养生学思想和方法。

第十五讲
张载与关学

本讲包括六个方面的内容。一是关学宗师，千年横渠；二是太虚即气与理学纲领；三是以礼为教与蓝田乡约；四是为仇必和解与辩证思想；五是"横渠四句"与儒者精神；六是《西铭》与天地境界。

习近平总书记指出："自古以来，我国知识分子就有'为天地立心，为生民立命，为往圣继绝学，为万世开太平'的志向和传统。一切有理想、有抱负的哲学社会科学工作者都应该担负起历史赋予的光荣使命。"（《在哲学社会科学工作座谈会上的讲话》2016 年 5 月 17 日）大家知道，这四句话是张载的名言，被称为"横渠四句"，总书记特地用这四句话谆谆告诫哲学社会科学工作者应该勇于担负起自己的历史使命。

一 关学宗师，千载横渠

张载出生于公元 1020 年，2020 年正好是张载的千年诞辰，去世于 1077 年，不到六十岁。他的名字出自《周易》的"地势坤，君子以厚德载物"，故而名载，字子厚。他原籍在大梁，出生在长安，所以是土生土长的长安人。他父亲张迪在四川涪州（今涪陵）为官时去世了，因为是一个清官，所以家中没有什么积蓄。张载作为长子这时只有十五岁，弟弟张戬也只有五岁，母亲陆氏带着两个小孩，孤儿寡母扶着灵柩回河南祖籍。但是路途漫长，走到陕西凤翔府眉县大镇谷迷狐岭的时候，遇到天降大雨，旬月不收，被迫滞留在眉县的横渠镇。然后张迪的棺椁就草葬在迷狐岭上，张载一直在横渠镇居住学习、参加科举，后来也在这讲学著述、归隐乡野，所以被称为"横渠先生"。他的父亲葬在这里，后来他和他的弟弟张戬也都葬在这里。大家去眉县横渠镇，可以拜谒张载祠、张载墓。张载既是宋明理学的开创者之一，又是关学学派的创始人，这是他的历史定位。

2019年11月宝鸡市眉县县委、县政府举行张载千年诞辰活动的新闻发布会。我作为嘉宾受邀出席了会议，并且回答了新华社记者的提问。我是以这样的一副对联来开头的，"五子三系四句教，万世千载一横渠"。上联是"五子三系四句教"。张载作为北宋"五子"之一，奠定了他理学开山的地位。北宋"五子"就是周敦颐、邵雍、张载和二程兄弟，以张载为代表的北宋"五子"是理学的开创者。"三系"指的是从20世纪中国哲学史研究的角度看，在宋明理学里面有三大学术思潮：一个是以二程、朱熹为代表的理学思潮；第二个是以陆九渊、王阳明为代表的心学思潮；第三个就是以张载、王夫之为代表的气学思潮。所以他是"三系"之一，宋明理学三分天下，张载居其一，这是他在宋明理学思潮里的地位和影响。"横渠四句"在历代经久不衰，朗朗上口，不管学术立场是什么，知识分子都非常推崇张载的"四句教"，都把它作为儒者的襟怀、担当和抱负来体认。下联是"万世千载一横渠"。张载的"四句教"里有一句"为万世开太平"，也就是说我们一定要从儒学的发展流变里去认识张载。孔子以后儒学的发展到了宋代有一个新的转折，就是实现了性与天道的贯通，其中张载起到了很重要的作用，他提倡"天人合一"（《正蒙·乾称》），强调"性与天道合一存乎诚"（《正蒙·诚明》）。而且张载的政治理想是要擘画未来社会的太平基业。这种社会理想是儒家一脉相承的，在子张是"十世可知"，在孔子是"百世可知"（《论语·为政》），在张载则是"万世可知"，当然也是"万世可治"，由此可以想见张载修齐治平的政治抱负。"千载"就是说张载是关学的创始人，从他出生到现在正好一千年，代表了关学的千年传承。"一横渠"，张横渠是独一无二的，不仅是在儒学的发展史上，甚至是在世界文明史上，都有他深远的意义。

第十五讲　张载与关学

朱熹曾经为宋代"六先生"作画像赞,"六先生"就是北宋"五子"再加上司马光。对于张载的画像,朱熹的赞语是这样写的:"早悦孙吴,晚逃佛老;勇撤皋比,一变至道。精思力践,妙契疾书;《订顽》之训,示我广居。"(《横渠先生画像赞》)朱熹撰写北宋"六先生"画像赞,可以视为他对于北宋新儒学格局的义理衡定和宏观省察。他对张载的学思经历做了概括,大意是说张载早年喜好孙吴兵法,受到范仲淹的告诫。张载二十岁左右,对于孙吴兵法深有研究,并且提出如何收复被外族侵占的洮西之地的具体军事策略,甚至还找了一伙人结伴干这件事。他对当时驻防在陕西的范仲淹(任陕西经略安抚招讨副使)提出了建言,范仲淹和他交谈后发现他有"远器"。"远器"就是有长远的发展前途,所以就告诉他:"儒家自有名教可乐,何事于兵?"(《宋史·张载传》)不要专事于兵法,劝他读《中庸》。在范仲淹的提点下,张载知道儒家自有名教可乐。"晚逃佛老",他后来又出入佛老,"逃"指的是他虽然对佛老有研究,但开始对佛老采取拒斥的态度,批判老氏有生于无的自然之论,以及浮屠以山河大地为见病之说,最后返归儒家的六经正统,这是他三十岁以前的经历。

到 37 岁的时候,他要去参加科举考试,在京师汴梁宣讲《周易》,坐在虎皮椅上。"皋比"是覆盖虎皮的椅子,过去将军坐虎皮椅运筹帷幄,或者学者坐虎皮椅论道讲学,都是极大的尊崇和荣誉。后来他遇见了二程,二程是他的子侄辈,他们是叔侄关系,二程称呼张载为表叔,张载比二程大十几岁。经过交流对《周易》的看法,张载就感觉到自己对《周易》的思考还有不足之处,所以"勇撤皋比,一变至道",与二程切磋道学之要,虚心撤座辍讲,开显儒学本源大道,焕然自信说:"吾道自足,何事旁求?"(《宋史·张载传》)这是他的第二段经历。值得称道的是,张载这一榜(宋仁宗嘉祐二年丁酉科,1057 年),出了 9 位宰相,北宋五子中的两位(张载、程颢),还有苏轼兄弟、曾巩兄弟等,人才辈出,被称为千古第一名榜。谁有这么好的鉴才识人的眼光呢?主考官是大文豪欧阳修。张载进士及第后历任祁州司法参军、丹州云岩县令、著作佐郎、渭州军事判官、崇文院校书、同知太常礼院等职。

第三段就是说他辞官归隐到横渠镇讲学著述,形成了关学思想家注重气节、坚持操守的归隐传统。皇帝不听劝辞官，与上司不合脾气也辞官，例如马理五仕五已，吕柟四起四落，这实际上反映了关中士人的真性情、真精神，可能和当代生冷硬倔的关中"冷娃"性格也有关系。张载于太白之阴、横渠之阳，潜心天地，参圣学之源，对理学妙契深悟，奋笔疾书，写出了《正蒙》这样的大气磅礴、精密缜严的著作。据说他半夜有了灵感，就会起来点燃蜡烛记录下来，俯读仰思，艰苦力学，勇于造道，这可以说是张载最重要的思想成熟期。

最后一段是"《订顽》之训，示我广居"，这就是说像《西铭》这样高明的训示可以让天下士子居住在最宽广的仁宅里。《西铭》早先叫《订顽》，订正顽愚，小程把它改成了《西铭》。《西铭》被公认为最能够代表儒家的精神，把儒家的义理概括到短短二百五十多个字里，这是非常了不起的思想贡献，我们专门辟一节讲这个。朱熹可以说对张载的生平做了很完整的叙述。

王夫之同样也对张载有高度的评价。他说张载是"上承孔孟之志，下救来兹之失"（《张子正蒙注·序论》），指张载是上接孔孟的儒学源头来讲的。"天不生仲尼，万古如长夜"（《朱子语类》卷九十三），这是说孔子是一个红太阳。王夫之称赞张载"如皎日丽天，无幽不烛"（《张子正蒙注·序论》），这是说张载又是一个红太阳。"圣人复起，未有能易焉者。"（《张子正蒙注·序论》）即便是孔圣人复生，也只是如此而已。王夫之对张载的评价无以复加，他的平生抱负就是"希张横渠之正学"（王夫之自撰墓铭），推崇备至。

这里我们还需要讲一下关学和横渠学的关系，北宋以后就形成了理学的四大学派，就是"濂关洛闽"，濂学就是周敦颐为代表的濂学，以二程为代表的洛学，以朱熹为代表的闽学，这些都是按照地域来加以划分的。周敦颐在江西，他的号叫周濂溪，是以地名为号；二程在洛阳，所以叫洛学；朱熹长期在福建讲学任官，所以叫闽学；关学就是张载所创立的关中理学，这就是"濂关洛闽"四大流派。关学里面最重要的就是横渠学，横渠学是按照人物来命名的，张横渠是关学的创始人，关学的宗师，同时也是关学最核心的思想家，横渠学是关学的核心内容。同样，例如象山学、阳明学是心学的重要组成部分，船山学是湘学的重要组成部分。在这里我需要强调一点,我们不仅要注意到"关学"概念,也要注意到"横渠学"的概念。"关学"实际上是一个较为晚出的概念,按照《关学文库》的讲法是南宋出现的。而"横渠学"则是一个相对早出的概念,出自二程对于张载的学生吕大临的评价。吕大临在张载死后投奔洛阳的二程,师从二程兄弟学习。小程就评价吕大临说,"守横渠学甚固"(《河南程氏遗书》卷十九),说吕大临坚守横渠的学术立场,这里面既有批评,也有肯定和赞赏之意。这是"横渠学"概念的首次出现,很明显"横渠学"的提法要早于"关学"。"横渠学"的研究价值是关学研究里面最高的。"横渠学"就是围绕张载其人、其书、其学所开展的学术研究;而"关学"是以张载为发端,延续宋元明清长达八百年的思想研究,它属于关中理学的范畴,属于地域性的儒学研究。这里面包括了一些很重要的学者,但是这些学者因为影响比较小,所以我们的"中国哲学史"教材里面一般难以提到,比如吕柟是明代的状元,还有王承裕、马理、韩邦奇,还有明清之际的李二曲,晚清与康有为齐名的刘古愚,这些都是很有影响的关学学者。总之,横渠学的概念早于关学的概念,关学的内涵和外延比横渠学大,横渠学构成了关学的核心内容。关学里面既包括横渠学,也包括这些学者的理学思想。所以我们在这里面要稍微区分一下,一个是从地域来命名,一个是按照人物来命名,横渠学是关学里面研究价值最高的核心内容。关于第一部分就讲到这里。

二 "太虚即气"与理学纲领

"太虚即气"(《正蒙·太和》)是张载关学的核心命题,这里涉及一个很重要的词,就是"即"。"太虚即气"中的"即"是什么意思,决定了"太虚"与"气"之间的关系。我认为,"即"可以从两个方面来讲:一方面,"即"意为"不离",旨在讲差分性,也就是太虚和气是相即不离的关系,既然说它不离,也就是说太虚和气是为二的,为二才会不离。如果是一个东西,就不存在离还是不离的问题。如果是不离的关系,说明原来是两个东西、两个因素,所以这是讲差分性,讲虚、气的不同。

另一方面，"即"意为"是"，就是太虚就是气，也就是讲贯通性，强调二者的联系，讲虚、气是怎样相合的。我认为过去对"太虚即气"的不同解释实际上可以统一起来。

我认为太虚和气实际上存在两种关系：一种是相分的关系，就是太虚不离气，这是相分的关系；另一种是太虚就是气，也就是讲它的贯通、相合的关系，从这两层关系来讲可以将这个问题讲得清楚一些。

首先，太虚和气是相分关系，"太虚无形，气之本体"（《正蒙·太和》），可见太虚和气是不同的，属于形上的宇宙本体。在张载的论述里面，关于太虚作为绝对本体有很多的表述，我初步列了五个。一是"至一"，他说太虚是至一的，至一就是绝对，没有其二的，如果是二的话那么就不是绝对的，比如"道"，"道"和什么相对呢，是没有的，"太虚"具有和"道"类似的至一的地位。二是"至大"，再没有比这个概念更大的，它的内涵与外延都是最大的，所以"太虚"就是最大的。三是"至实"，也就是说它是实有的，不是一个空的概念。四是"至静"，本体当然本身是不运动的，"至静无感"（《正蒙·太和》），所以本体是虚静的。同时它又是承载道德价值的根据，所以说太虚是"至善"的，它承载了道德义理，这是第五点。我们能在张载的文本中找到对太虚本体的这样五个规定，这五个方面就确立了太虚作为宇宙本体的地位。"太虚"与"气"之间的相分关系，强调的是太虚本体的超越性和逻辑的先在性。这是我们要讲的第一层关系，就是太虚和气是相分的，而太虚本体具有五个方面的特征，构成了宇宙本体论的层次。

其次，我们如何来理解太虚就是气呢？我们要从二者相合的关系来看。一方面，"太虚不能无气"（《正蒙·太和》），"知太虚即气，则无无"（《正蒙·太和》），"太虚"作为成就万物的本性依据和主导因素，要通由"气"的发用流行、参赞化育得以实现；另一方面，"气坱然太虚"（《正蒙·太和》），"太虚"虽然无形，却非绝对的空无，而是充满了生机勃勃的宇宙力量，洋溢着磅礴的生命精神，阴阳二气充盛广大，蒸郁凝聚，健顺不止。因为"太虚"与"气"具有根源性的同一，"二端故有感，本一故能合"（《正蒙·乾称》）。因为它是根源性的同一，所以它能够合起来，在太虚与气相合的意义上，贯通的意义上，我们说太虚就是气。这样，在万物生成的过程中，二者就呈现为"虚涵气，气充虚"（王夫之《张子正蒙注》卷一），相感相资，相即相入。张载对"太虚即气"相合关系的强调，正是要将"太虚"本体确立在"实有"的基础上，彻底消解佛老所谓"诬天地日月为幻妄"（《正蒙·大心》），"以山河大地为见病"（《正蒙·太和》），"指游魂为变为轮回"（《正蒙·乾称》）等否定世界恒常性和人生真实性的观点。"太虚"与"气"之间的相合关系，强调的是太虚与气的关联性和无分先后的共在性，这便构成宇宙生成论层次。所以前者是宇宙本体论的层次，后者是宇宙生成论层次，二者共同构成了张载宇宙论的宏观逻辑架构。在这个意义上，我们来看"太虚即气"的命题，就比较清楚了。有的学者凸显了"太虚"本体的一面，有的学者凸显了"气"本体的一面。例如张岱年认为张载是气本论，所以说他是古代的唯物主义，而牟宗三则认为张载哲学的本体是指太虚神体。

我们认为"太虚即气"这样一个命题，实际上体现了张载的太虚本体论。张载的哲学本体是太虚，但是太虚和气之间的关系应当从相合与相分两个方面得以展开，从相分的层面展开为宇宙本体论，从相合的关系展开为宇宙生成论，以双层并建的方式构成了张载哲学的整体架构。由此，张载在《正蒙·太和》提出了被称为"理学纲领"的四句话，这四句话非常宏大，把宋明理学里面最重要的一些概念都提出来了。

他说："由太虚，有天之名；由气化，有道之名；合虚与气，有性之名；合性与知觉，有心之名。"（《正蒙·太和》）这里提出的"天、道、性、心"就构成了理学的核心范畴。当然这里他没有讲"天理"，"天理"二字是二程自家体贴出来的，但这里已经把"天、道、性、心"全部展开了。"由太虚，有天之名"，也就是说太虚和天是名实关系，从实质的意义来讲就是太虚，从名义上来讲它是天。"由气化，有道之名"，气化与道也是名实关系，道作为一个总的概念，它的实质是阴阳二气生化、参赞天地、化育万物的总过程，这个总过程称之为道，它的实质是阴阳二气的生成变化。那么"合虚与气"就再次揭示了虚与气是相分的，相分才能有合，所以"合虚与气"就是把太虚与气整合起来，这就有了一个概念叫"性"，因此"性"实际上是一个总名，它的实质是虚和气，这里面实际上包含了《中庸》所讲的"天命之谓性",也就是说由天道下降为人性的理解。张载在理学史上第一次提出了二重人性论,即划分天地之性和气质之性,认为前者是纯然至善,后者受到后天的习染有善有恶,有清有浊,所以可以通过变化"气质之性",彰显"天地之性"(《正蒙·诚明》),这是很深刻的人性论观点。然后"合性与知觉,有心之名","心"是性与知觉的总名,实际上心是对于之前的所有概念的一个总汇。关于"性",张载提到二重人性论,关于"知",张载则有二重认识论,认为人的知觉能力包括两个方面,即"天德良知"和"闻见小知"。他说:"诚明所知乃天德良知,非闻见小知。"(《正蒙·诚明》)"闻见小知"来源于耳目感官的经验,重在"知";"天德良知"则表现为对天地万物的本质有深刻的体贴与觉悟,重在"觉"。他还有一句话叫"心统性情"(《正蒙·太和》),心是一个总的概念,然后它可以把其他概念统摄起来。而宋明理学恰恰是围绕"天、道、性、心"这样的几个重要范畴来展开的,所以他讲的这四句话才能被称为"理学纲领"。

三　以礼为教与《蓝田乡约》

张载出入佛老,返于六经,提出"知礼成性"(《正蒙·至当》)、"以礼为教"的治学与教化方法,继承了孔子以来以礼修身、以礼养德、以礼治国的思想,使得"以礼为教"成为关学学派的重要底色。张载的弟子吕大临说:"学者有问,多告以知礼成性、变化气质之道,学必如圣人而后已,闻者莫不动心有进。"(《横渠先生行状》)凡是有学者来问的,张载就告诉他们如何知礼成性、变化气质,这样就可以帮助后学精进。《蓝田吕氏乡约》就是张载"以礼为教"思想的生动实践和经验总结。北宋蓝田吕大钧制定并推行的《吕氏乡约》,是中国第一部成文乡约,影响后世千年。吕大钧祖籍汲郡(今河南卫辉),父辈迁居蓝田。吕氏兄弟六人,五人考中进士,其中大忠、大防、大钧、大临,在《宋史》中皆有传。以文化上的造诣,科举上的成就来比较,有宋一朝,能与四川"峨眉三苏"相比肩的,只有陕西"蓝田四吕"了。《宋元学案》说:

"横渠之教，以礼为先，先生条为《乡约》，关中风俗为之一变。"这里的"先生"就是指吕大钧，吕大钧编撰了《蓝田吕氏乡约》，关中风俗为之一变，讲它的社会影响非常深远。

《蓝田吕氏乡约》规定德业相劝、过失相规、礼俗相交、患难相恤。其一，"德业相劝"，出自《周易·系辞上》："盛德大业至矣哉，富有之谓大业，日新之谓盛德。""富有大业"指物质生活，"日新盛德"指精神生活，"德业"指物质生活和精神生活两个方面兼重发展。"相劝"是指德与业要相互促进，既要劝德，也要劝业，不能为业失德，也要避免因德亏业。我先说个《淮南子·齐俗训》里的故事。子路和子贡都是孔子的学生。一次，子路救了一个落水的人，事后收下一头牛当作谢礼。孔子说："鲁国一定会有很多人愿意救人于危难。"子贡善于经商，富致千金，曾为一个在外国沦为奴隶的鲁国人赎身，按照鲁国法律，他花费的赎金可以到官府去"报销"，但子贡却没有这么做。孔子说："鲁国不会再有人为别人赎身了。"《淮南子》的评价是："子路受而劝德，子贡让而止善。"为什么会出现这样的结果呢？因为子路的行为符合大多数人的利益需求，大家都乐于效仿；而子贡的行为却太高尚了，闹得别人以后都不好意思去"报销"，去了就会被讥为向钱看齐，不够道德。于是，不像子贡那么富裕的人难以承受"行善的代价"，只好放弃行善。在吕氏兄弟看来，德业是社会正能量，需要积极鼓励和大力倡导。"德业相劝"，规定族人行为处事须遵行道德操守，多行善事义举，知礼知节，劝勉共励，是为"以德立本"。

其二，过失相规。《乡约》提出了如何对待错误的问题。人非圣贤，孰能无过？"子贡曰：'君子之过也，如日月之食焉：过也，人皆见之；更也，人皆仰之。'"（《论语·子张》）子贡说："君子的过错，就像日食、月食一样：所犯的错，人人都看得见；改正了，像日食、月食后重现光明那样，人人都敬仰。"君子也是人，也会犯错误，问题是如何对待自己的错误。是文过饰非，还是迁善改过？儒家认为人应当清醒而真诚地正视错误，三省吾身，有过必改，悔过自新，知耻而后勇。《乡约》认为圣贤和君子都会犯错误，老百姓同样不可避免。关键在于，犯了错误之后该怎么做？约文中有"犯义之过""犯约之过""不修之过"的界定，分别是指违犯道义的过失、触犯乡约的过失、不重视修身的过失。诸种过失都要严肃地提出来，并给予相应的警示、训诫乃至处罚，这样就不会积小过为大罪，而是将过错消除在萌芽状态。用今天的话讲，"过失相规"就是深入开展批评和自我批评，以改正错误。"过失相规"，规范了六种犯义之过，四种犯约之过，五种不修之过，并有处置细则说明，是为"矩则劝过"。

其三，礼俗相交。礼俗，指礼仪习俗，出自《周礼·天官·大宰》："六曰礼俗，以驭其民。"治理国家的第六项措施是礼仪风俗，用来驭导教化民众。古代有吉凶宾军嘉"五礼"之说：吉礼就是祭祀之礼，凶礼就是丧葬之礼，宾礼就是外交之礼，军礼就是军事之礼，嘉礼就是婚冠之礼。《乡约》以详细条款规范了日常生活中待人接物处事的礼节习俗。入约乡民在"直月"的组织下，每月一聚，"直月"这一职务由入约乡民轮流担任。由推选出来的首领——"约正"来"书其善恶，行其赏罚"。乡民入约、退约比较自由，凡遇重大事项则"共议更易"。"礼俗相交"提倡节俭，反对浪费。在婚姻、丧葬和祭祀等礼俗场合中，不能铺张。遇到庆吊需要送礼，也要量力而行，不能超出必要的限度。"一曰尊幼辈行，二曰造请拜揖，三曰请召送迎，四曰庆吊赠遗"，以详细条款规范日常生活中待人接物处事的礼节习俗，是为"以礼勒行"。

其四，患难相恤。扶危济困是中华民族的传统美德。在古代农村，水旱灾害经常发生，造成民众流离失所。《乡约》规定了七种需要救济的情况：一是水火，二是盗贼，三是疾病，四是死丧，五是孤弱，六是诬枉，七是贫乏。"患难相恤"是保民生的托底工程和救济手段，也是民间自发的互相救助的一种形式，是为"守望互助"。"患难相恤"的乡约转化为一种富于儒家特色的民间基层组织和乡村治理模式，对于关中地区的淳风厚俗起到了重要作用。

《吕氏乡约》的特点概括起来讲有两点。第一点，《吕氏乡约》有高度的体系性。"德业相劝"是激励性规定，"过失相规"是惩罚性规定，"礼俗相交"是程序性规定，"患难相恤"是保障性规定，首尾呼应，相互贯穿，构成内在统一的整体约束机制。第二点，《吕氏乡约》体现了儒家的核心价值观。一般认为"仁义礼智"代表了儒家的核心价值观。我们来看《乡约》的四个规定：德业相劝谓之仁，过失相规谓之智，礼俗相交谓之礼，患难相恤谓之义，是儒家核心价值观的集中体现。

南宋大儒朱熹编写《增损吕氏乡约》，以之为教材，教化天下。其中比较大的调整就是删去了原来的罚款规定，同时对犯过者更为宽容、仁慈。对于犯小过后能"规之而听，及能自举者"的乡民，吕氏兄弟的做法是"书于籍"，到朱熹那里则是连"书于籍"也取消了，仅是"密规之"。现在在福建还有"乡约堂"遗存。

明代大儒王阳明依据《吕氏乡约》在江西推行《南赣乡约》，此后传行南北。明正德年间，王阳明临危受命，先后平定匪乱，感叹"破山中贼易，破心中贼难"（《与杨仕德薛尚谦书》，《王阳明全集》卷四）。为了对平定后的社会进行有效治理，王阳明制定《南赣乡约》，推行保甲，弭盗安民，设立社学推行教化，设立社仓以济灾荒，从而构建起官府主导推行的乡约、保甲、社学、社仓四者合一的乡治模式。王阳明推行的乡治使当时的南赣地区风气焕然一新，收到良好效果。

梁漱溟在20世纪20年代从事乡村建设运动，提倡借鉴古代乡约精神来组织乡村。他提出既要师法古人，又要接续古人，以《吕氏乡约》为蓝本，提倡乡村建设运动，让大家齐心学好，向上求进步，以政教合一为原则创建乡学村学，重建新礼俗，取得了较大的社会反响。

杨开道认为："乡约制度是中国古代先贤建设乡村的一种理想，一种试验。"[1] 钱穆将《乡约》称之为古代的"精神宪法"，揭示了《乡约》的价值激励和礼仪规范。在新时代要注重《吕氏乡约》的创造性转化和创新性发展，弘扬乡约文化精神，推进乡村移风易俗，建设美丽乡村，指导关中地区的村镇制定适合本村镇特点和传统的乡规民约，形成独特的乡约文化普及教育体系。我们陕西师范大学受蓝田县委县政府的委托，制定了《蓝田新乡约》，就是在德业相劝、过失相规、礼俗相交、患难相恤的框架体系下重新增加了适合于社会主义核心价值观以及民主法治等内容的条款，例如不酒驾、不吸毒、不沉迷网络等。另外，与吕氏乡约有关的一整套乡仪、乡俗也列入陕西省和西安市的非物质文

---

[1] 杨开道：《中国乡约制度》，商务印书馆2017年版，第1页。

化遗产传承项目,成为移风易俗一个重要载体。同时这与当代国家推进治理体系与治理能力现代化也有重要联系。我们希望未来的社区治理是自治、法治、德治相结合的一种模式,而吕氏乡约给我们提供了一个很好的参照。

四　仇必和解与辩证思想

张载讲:"有象斯有对,对必反其为;有反斯有仇,仇必和而解。"(《正蒙·太和》)"有象斯有对",有现象就会有对立面;"对必反其为",对立面必然向它相反的方向转化;"有反斯有仇",在这个转化的过程当中,就会产生矛盾冲突;"仇必和而解",这种矛盾冲突最终会以和谐的方式得到解决。张载说:"太和所谓道,中涵浮沉、升降、动静、相感之性,是生絪缊、相荡、胜负、屈伸之始。"(《正蒙·太和》)所谓"和",并不是没有矛盾斗争,而是充满了矛盾斗争。所谓"浮沉、升降、动静、相感之性",就是矛盾;所谓"絪缊、相荡、胜负、屈伸",就是斗争。张载认为,一个社会的正常状态是"和",宇宙的正常状态也是"和"。宇宙演变的整个过程是阴阳矛盾的过程,这个总的过程称为"太和"。"太和"并不是没有矛盾,而是有矛盾又有统一。张载的辩证法思想所着重的是"一物两体",就是说一个统一体有两个对立面。一个统一体是"一",两个对立面是"二"。他所着重讲的是一和二的关系,即在不妨碍一的存在的前提下,二是怎样发生作用的。按照《系辞上》"一阴一阳之谓道"的说法,指的是在一个阶段内,阴占优势,在另一个阶段内,阳占优势,并不是说只有一个阴,只有一个阳。所以张载的辩证法思想,他讲的这种矛盾斗争实际上是在一个统一体里面,如果脱离了这个统一体,把斗争性、矛盾性绝对化、极端化,就会造成统一体的破裂,整个社会就会动荡不安,难以生存发展。古典哲学强调和同之辨,"同"不能容"异","和"不但能容"异",而且必须有"异",才能称其为"和"。两个对立面矛盾统一的局面,就是一个"和"。两个对立面矛盾斗争,当然不是"同",而是"异";但却同处于一个统一体中,这又是

"和"。所以"和"是对立面构成的共处状态,内在包含了矛盾冲突,是建立在斗争性基础上的统一性。因此讲"和"并不意味着不讲矛盾斗争,也不意味着调和循环。《周易》关于乾坤二分、阴阳对立的观念,《老子》关于"反者道之动"的命题等,都明确表达了矛盾对立面之间冲突与斗争的普遍性。韩非否认矛盾的同一性,把矛盾的对立绝对化,所谓"不相容之事不两立"(《韩非子·五蠹》)、"不可两存之仇"(《韩非子·孤愤》)等说法,任何矛盾冲突都不可能永远对立、斗争下去,斗争性不能脱离同一性。以前讲"将斗争进行到底",什么是底?怎么样算到底?不能在建立了新社会之后,还要天天斗争,日日冲突,那么整个社会就会鸡犬不宁。所以在冯友兰看来,这就不是"仇必和而解"了,而是一种"仇必仇到底"。"仇必仇到底"是因为没有底,所以就会不断地折腾、反复。冯友兰讲:"人是最聪明、最有理性的动物,不会永远走'仇必仇到底'那样的道路。这就是中国哲学的传统和世界哲学的未来。"①

五 横渠四句与儒者精神

我们先介绍一下横渠四句。这四句是"为天地立心,为生民立命,为往圣继绝学,为万世开太平。"这四句话的表述也有点不一样,在《张载集》里就是"为天地立心,为生民立道,为去圣继绝学,为万世开太平"。我们现在所熟知的通行讲法,出自黄宗羲的《宋元学案》。关于这四句话的解释也是不同的,我们采用林乐昌教授的解释:"为天地立心"就是为社会重建道德价值,"为生民立命"就是为民众确立生命意义,"为往圣继绝学"就是为前圣继承已绝之学统,"为万世开太平"是为万世开拓太平之基业。② 林老师的翻译是相对比较客观和准确的。

就我本人的理解而言,前两句讲的是天人维度,大家看,"为天地立

---

① 冯友兰:《中国哲学史新编》(第七册),《三松堂全集》(第十卷),河南人民出版社2001年版,第657页。
② 参见林乐昌《"为万世开太平"——张载"四为句"新释》,《哲学研究》2009年第5期。

心"是不是讲天道,"为生民立命"是不是讲人道,所以前两句讲的是天人关系。而后两句讲古今维度,"为往圣继绝学"是不是讲"往古","为万世开太平"是不是讲"来今",就是未来,所以这两句讲的是古今关系。这四句话的主旨就是讲天人古今,可见这四句是很严密的逻辑关系。这四个字又可以概括为两个字。因为天人维度不管是天道还是人道,都是围绕着"道"的逻辑化建构;古今维度无论是往古还是来今,都是"统"的历时性传承。所以,这二重维度又可概括为"道统"二字。所谓"道统",可以从"道"与"统"两个层面来理解,前者是逻辑的,体现了以仁义道德为主要内容的理论建构;后者是历史的,展布了儒家孔孟之"道"的历时性传承的精神谱系。"横渠四句"在理学家阵营中赢得了广泛的赞誉,成为普遍的文化纲领,而且成为他们的道统自觉。

1938年,马一浮应浙江大学校长竺可桢之邀宣讲横渠四句教,颇觉此语伟大,缓声吟咏,自成音节,深感其意义光明俊伟,寄托了先圣的精神,若能制歌谱曲,而广为传诵,令学生歌唱,必能振作民族精神和文化自信,使广大民众和青年学生知道:"吾国固有特殊之文化,为世界任何民族所不及。今后生只习于现代浅薄之理论,无有向上精神,如何可望复兴?"① 所以他把自己的想法写信寄给丰子恺,丰子恺就让他的一个学生来制歌谱曲,我们今天同样也需要传唱横渠四句教,最好能成为校歌、院歌,例如作为我们哲学书院的院歌。马一浮详细解说"横渠四句教",为诸生"更进一解",在新的历史条件下提出了新的时代诠释,旨在让青年学子在民族危亡的关头,培养刚大之资,鼓舞斗志信心,积极投身救亡运动,以济蹇难,"树我邦国,天下来同"(《浙江大学校歌》),实现中华民族及文化的伟大复兴,这也是现代新儒家共同的致思和期待。

陈来教授指出:半个世纪以来,对关学的了解,往往从"以气为本,以礼为教"去突出其特点。这种理解突出躬行实践,但忽略了价值和境界。他认为更重要的可能还是从"横渠四句"和横渠《西铭》去了解张载和关学的精神及其贡献。"横渠四句"开显了儒家的广阔胸怀,即为世

---

① 《马一浮集》第二册,浙江古籍出版社1996年版,第563页。

界确立文化价值、为人民确保生活幸福、传承文明创造的成果、开辟永久和平的社会愿景。《西铭》是哲学的、伦理的，四句更是社会的、价值的，二者有不同侧重。四句突出了道学的价值理想，《西铭》指引出道学的宇宙意识，而张载的思想整体是把高天和厚土结合一起，顶天立地、天人合一，故"横渠四句"和横渠《西铭》是关学对宋明儒学主流精神与核心价值的主要贡献。①

六 《西铭》与天地境界

张载自述《订顽》之作，为教授学者而言，左书"砭愚"，意为规劝愚昧；右书"订顽"，意为订正顽钝，以讲学宗旨命名。该铭被苏昞编入《正蒙》第十七篇《乾称》之首，是篇篇名出自首句"乾称父，坤称母"，以文献篇目命名。《正蒙》出自《周易·蒙卦》"蒙以养正，圣功也"之意，即要弟子初学其始，必从修养儒家"正学"入门，以订正佛道"异学"所造成的蒙昧、愚顽状态。张载在眉县横渠讲学时撰写二铭，书于学堂双牖，系为启发学者，是铭悬于西面，故程颐名之曰《西铭》，以张贴方位命名。《西铭》只有250多字，篇幅如此简短而又意蕴丰赡，哲理价值极高而又影响深远，在哲学史上只有《心经》可以相媲美。

（一）天人一体的宇宙观

"乾称父，坤称母；予兹藐焉，乃混然中处。"乾称为父，坤称为母，我们形体幼小，与乾父坤母混然无间，同处于天地之中，这是讲乾坤。"故天地之塞，吾其体；天地之帅，吾其性。"充盈于天地之间的阴阳二气同样充盈于我的形体，作为阴阳二气遵循天地之理，同样成就了我的本性，这是讲天地。"民，吾同胞；物，吾与也。"黎民百姓是我的同胞，万物是我的同类，这是讲民物。

---

① 陈来：《"关学"的精神》，《中华读书报》2016年1月2日。

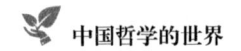

（二）家国同构的宗法观

"大君者，吾父母宗子；其大臣，宗子之家相也。"天子是乾父坤母的嫡长子，大臣是嫡长子的家宰，这是讲家国。"尊高年，所以长其长；慈孤弱，所以幼其幼。"礼敬高年长者，故而视作自己的长辈一样尊重，慈爱孤儿弱子，故而视作自己的幼子一样抚育，这是讲长幼。"圣，其合德；贤，其秀也。"所谓圣人，能与天地合其德，所谓贤人，能与天地钟其秀，这是讲圣贤。"凡天下疲癃、残疾、惸独、鳏寡，皆吾兄弟之颠连而无告者也。"凡天下老衰、病弱、残疾、惸子孤老、鳏夫寡妇，都是我兄弟中颠连流离、生活困顿而无所诉告之人，这是讲兄弟。

（三）忠孝合一的伦理观

"于时保之，子之翼也；乐且不忧，纯乎孝者也。"于是敬畏天命，呵护自保，这是孝子恭顺谦卑的行为，乐天知命，而不忧虑，这是孝子纯粹笃实的态度。"违曰悖德，害仁曰贼，济恶者不才，其践形，惟肖者也。"违反天命就叫作悖逆天德，戕害仁道就叫作凶贼，助长恶行者乃是天地之弃才，只有与天地之德相似的肖子能够彰显出天赋的德性。"知化则善述其事，穷神则善继其志。""穷神知化"出自《易传》，洞察天地的变化，从而遵循参赞化育的事业，穷究万物的神妙，从而继承生生不已的心志。"不愧屋漏为无忝，存心养性为匪懈。"俯仰不愧于天地之间，故无所取辱，存养不忽于心性之地，故不敢懈怠。然后分别列举了六个孝子的事迹：恶旨酒，崇伯子之顾养（大禹）；育英才，颍封人之锡类（颍考叔）；不弛劳而厎豫，舜其功也（舜）；无所逃而待烹，申生其恭也（申生）；体其受而归全者，参乎（曾参）；勇于从而顺令者，伯奇也（伯奇）。

（四）穷达以时的人生观

"富贵福泽，将厚吾之生也；贫贱忧戚，庸玉汝于成也。"这是讲人生观的问题，富裕显贵，福祉恩泽，将使我生计温厚，丰衣足食；贫困低贱，忧患哀戚，就像打磨璞玉一样磨炼你，就会帮助你有所成就，这是安贫乐道,告诉人如何看待财富。"存,吾顺事;没,吾宁也。"活在当下,要顺从父母敬事天地,面对死亡,我也淡泊从容,安然而去,这叫存顺没宁,告诉人如何看待生死。《西铭》短短的250多字,可以说张载把儒家的思想主旨都概括出来了,这是《西铭》篇的重大理论价值。

冯友兰先生肯定《西铭》是一部具有纲领性的道学著作。他指出《西铭》首句"乾称父,坤称母,予兹藐焉,乃混然中处",明确了人在宇宙中的地位,认为宇宙好比一个大家庭,乾坤是其中的父母,人好比其中的儿女,作为这个大家庭的成员,人应该担负一个成员的责任和义务。从这个前提出发,就可推出"民吾同胞,物吾与也"。因此,"乾父坤母"不是宇宙本体论的讲法,而是人生境界论的讲法。① 我非常赞同冯先生的看法,《西铭》主要讲的是人生境界论的问题。

在冯先生看来,所谓的"境界"即是人对宇宙人生的觉解,随觉解程度的浅深,意义有不同,境界有高低。尽管没有两个人的境界是完全相同的,但大致区分为由低到高的四重境界,即自然境界、功利境界、道德境界和天地境界。自然境界中的人对于其行为的性质,并没有清楚的了解,不明白其确切的意义。例如,日出而作、日落而息而已。功利境界中的人自觉到其行为的性质,清楚觉解到其行为的意义,所以他就会唯利是图。道德境界和功利境界看起来有相似性,都表现为"求"的行为,而其目的和对象有着根本的分判。求取一己私利的行为,是为利的行为,以"占有"("取")为目的,因而是功利境界;求社会公利的行为,是行义的行为,以"贡献"("与")为目的,因而是道德境界。天地境界中的人,对宇宙人生有完全彻底的觉解,既知性,又知天;既尽己,又尽物。他深刻体悟到人不但是社会总体的一部分,而且是宇宙总体(大全)的一部分。张载的《东铭》《西铭》所彰显的精神境界是不同的。《东铭》至多是讲到道德境界,怎样修养功夫,怎样持为学之方,尚是传统儒学的说法;而《西铭》则体现了张载对于宇宙人生最高的觉解,达到了天地境界。冯先生指出《西铭》中关键性的字眼其实是两个代名词"吾"和"其"。"吾"是作为人类之一员的个人;"其"指

---

① 冯友兰:《中国哲学史新编》(第五册),《三松堂全集》(第十卷),第131页。

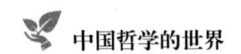

乾坤、天地。这个前提代表一种对于宇宙的态度。从这个态度出发，就可见作为人类的一员的"吾"，所做的道德的或不道德的事都与"其"有关，因此就有一种超道德的意义。

冯友兰高度表彰《西铭》的思想价值："此篇的真正底好处，在其从事天的观点，以看道德底事。如此看，则道德底事，又有一种超道德底意义。由此方面说，就儒家说，这篇确是孟子以后底第一篇文章。因为孟子以后，汉唐儒家底人，未有讲到天地境界底。"① 因此，按照冯友兰的讲法，《西铭》代表了儒家所构建的天地境界的层次，代表了儒家对于宇宙人生的彻底的觉解。我想冯先生的这个评价也是对张载哲学的高度肯定。

最后尤其要强调的是，冯友兰《中国哲学史新编》全书81章，最后有一个结语，结语部分只引用了古代哲学的两个材料加以阐述，第一个材料就是"仇必和而解"，第二个材料就是"横渠四句"。在冯友兰完成《中国哲学史新编》后，他认为中国哲学史上最有价值的就是张载的这两句话，他指出"虽不能至，心向往之"，这就是冯先生的晚年定论，供大家参考。

今年开设这门课正好是在张载千年诞辰的时候，我们应该共同来学习张载关学的思想，有机会要去瞻仰张载祠，拜谒张载墓，来体认千年之前古圣先贤大气磅礴、元气淋漓、气象恢宏的思想，我想这是非常重要的机缘。让我们在张载千年诞辰之际，走进关学的精神世界，领略中国哲学独一无二的理念、智慧、气度和神韵。

---

① 冯友兰：《新原人》，《三松堂全集》（第四卷），第566页。

第十六讲
朱熹与闽学

本讲谈谈朱熹与闽学。我女儿听说我要参加"朱子之路"研习营，就问我朱熹为什么很伟大。我说朱熹有三大贡献：一是编了本教材。同学们都知道教材越薄越好，考点越少越容易记忆。原来考试的教材是五经，后来内容越来越多，朱熹删繁就简，编了一本简明教材——《四书》，五万多字，元明清就以此开科取士。二是编了本教辅。朱熹用了毕生精力和心血为《四书》作注解，系统地发挥了理学思想，《四书章句集注》成为官定的必读注本和科举考试的依据。三是办书院刻《四书》。朱熹及师友门生兴建的就有寒泉、云谷、考亭、西山、庐峰、云庄、溪山、环峰、潭溪、瑞樟、屏山等草堂、精舍、书院，以建阳麻沙为中心形成了雕版印刷中心，作坊多达逾百家，家家"以刀为锄，以版为田"。朱熹主持刊刻了大量学术文献，史载"麻沙、书坊'五经四书'泽满天下，人称'小邹鲁'"，门类齐全、内容广泛的教科书极大地满足了书院教学授徒的需求。福建兴学重教的风气日盛，两宋时期福建籍进士占全国进士总数的五分之一。

两宋时期，理学形成了濂、洛、关、闽四大学术流派。濂学是江西的周敦颐之学，洛学是洛阳的程颢、程颐兄弟之学，关学是关中地区的张载之学，闽学则以福建的朱子学为代表。朱熹因长期在福建任职和讲学，弟子多为福建人，形成的学派被称为"闽学"。在濂、洛、关、闽诸学中，朱熹"闽学"形成最晚，却影响深远，是一个集大成的理学体系。

下面从四个方面介绍朱熹的理学思想。

一 理气之辨

"理"是程朱理学的核心范畴。程颢自言:"吾学虽有所受,'天理'二字却是自家体贴出来。"(《河南程氏遗书》卷十二,《二程集》)"天理"二字最早见于《庄子》《礼记》等典籍,《韩非子》也提出"理"的概念,与二程同时的张载、周敦颐、邵雍都提出了"理"的概念,为何明道敢于宣称是自家体贴出来的?这就涉及二程对"天理"的规定,即超越感性具体层面的普遍而抽象的绝对本体,而这构成了程朱理学体系的核心范畴和理论前提。

朱熹认为:"所谓理与气,此决是二物。但在物上看,则二物浑沦,不可分开各在一处,然不害二物之各为一物也。若在理上看,则虽未有物而已有物之理,然亦但有其理而已,未尝实有是物也。"(《答刘叔文》,《朱文公文集》卷四十六)

朱熹提出"在理上看"和"在物上看"两个层面的思考视角。什么是"在理上看"呢?就是主张未有是物,先有是理,凸显理本体的形上性以及对于气的超越性,论证了理气相分、理在气先的宇宙本体论。什么是"在物上看"呢?就是注重现实世界中理气浑沦的存在状态,论证了理气相合、理气不离的宇宙生成论,由此提出了系统严密的理气论。

朱熹的理气之辨可以从以下两个方面来认识:

一方面,朱熹认为理气是相分的关系。首先体现为本末关系,即理本气末。朱熹认为:"天地之间,有理有气。理也者,形而上之道也,生物之本也。气也者,形而下之器也,生物之具也。是以人物之生,必禀此理然后有性,必禀此气然后有形。"(《答黄道夫》,《朱文公文集》卷五十八)

朱熹强调以"天理"作为形上本体,对理气关系做了清晰的分判和辨析。理与气"决是二物"。一阴一阳属于现象层面的气;其所以一阴一阳,则属于本体层面的理。一阴一阳之理决定了阴阳二气的流行升降。就理气的自身属性而言,理属于"形而上之道",构成了宇宙万物的本体根据，气属于"形而下之器"，构成了现实世界的物质基础；就理气推动万物生成的作用而言，理是"生物之本"，即化生万物的根本，气是"生物之具"，即生成万物的质料；就理气在成人成物中的实际功能而言，人禀受理而赋予了本性，人禀受气而产生了形体。钱穆就此评论道："濂溪谓之太极，横渠谓之太虚，此两名辞，实皆渊源自道家。而两人亦意各有异。朱熹乃绾合而一视之，并称之曰理。此理字主要乃从二程思想中来。曰太极，曰太虚，终是一虚称。曰太极太虚即理，则成为实指。"①

其次，体现为先后关系，即理先气后。朱熹认为理气"本无先后"，不能将"理生气"描述为自然历史过程，但为了论证"天理"在逻辑上的至上性、超越性，他反复强调"理在气先"。"要之，也先有理。只不可说是今日有是理，明日却有是气。也须有先后。且如万一山河大地都陷了，毕竟理却只在这里。"（《朱子语类》卷一）"未有天地之先，毕竟也只是理。有此理，便有此天地；若无此理，便亦无天地，无人无物。"（《朱子语类》卷一）

在朱熹看来，理本体乃是一个净洁空阔的超越存在，既无方所、无形迹，又无情意、无造作。"以本体言之，则有是理，然后有是气。"（《孟子或问》卷三，《朱子全书》第六册）"理"作为天地万物的本体依据，"理"先于天地万物，有"理"才有"气"，无"理"便无"气"，因此，"理"的地位是主要的，"气"不仅在"理"之后，更是从属于"理"。可以看出，朱熹认为"理"和"气"的主次、先后具有更根本的哲学意义。"然理形而上者，气形而下者，自形而上下言，岂无先后？"（《朱子语类》卷一）

另一方面，朱熹认为理气又具有相合的关系，即理气相合。在逻辑的意义上讲，理为气主，理在气先；在日用的意义上讲，理气是相依相合，万事万物都是理与气的统一，理决定了事物的本质，气构成了事物的材质。朱熹指出，天下未有无理之气，亦未有无气之理。"以本体言之，则有是理然后有是气，而理之所以行，又必因气以为质也。"（《孟子或问》卷三，《朱子全书》第六册）气的作用是能屈伸往来、凝结造作，

---

① 钱穆：《朱子新学案》上册，巴蜀书社1986年版，第187—188页。

为生物之具；理作为天地万物的普遍本质，决定了事物之所以为该事物的内在根据，为生物之本。二者在宇宙万物生成过程中相互作用，彼此发明。一方面，"天地只是一气，便自分阴阳，缘有阴阳二气相感，化生万物"（《朱子语类》卷五三），正因为二气交感，故而理有所依附挂搭；另一方面，气之造作流行必依理而行，"此气是依傍这理行。及此气之聚，则理亦在焉"（《朱子语类》卷一）。人物皆禀天地之理以为性，禀天地之气以为形，充分说明包括人在内的天地万物"之所以生，理与气合而已"（《朱子语类》卷四）。

作为净洁空阔、纯粹至善的形而上本体，"理"有赖于"气"的发用流行而生成造作。朱熹重点阐述了理气的动静不离，他指出："太极理也，动静气也。气行则理亦行，二者常相依而未尝相离也。太极犹人，动静犹马；马所以载人，人所以乘马。马之一出一入，人亦与之一出一入。盖一动一静，而太极之妙未尝不在焉。"（《朱子语类》卷九四）他多次以"人乘马"为喻，以理喻人，以气喻马，以马载人、人骑马喻理与气的动静不离。"阳动阴静，非太极动静，只是理有动静。理不可见，因阴阳而后知，理搭在阴阳上，如人跨马相似。"（《朱子语类》卷九四）从气之动静的现象看，理乘载在气上，如人骑乘于马上，故气有动静而理有动静；从气之动静的根据看，有动之理便能动而生阳，有静之理便能静而生阴，故理有动静而气有动静。

朱熹理气之辨围绕形而上与形而下、体与用、动与静、先与后等层面予以深入的分析，在综合张载关学与二程理学本体论的基础上建构起集大成的理学本体论。

二 理欲之辨

《礼记·乐记》说："人化物也者，灭天理而穷人欲者也。于是有悖逆诈伪之心，有淫泆作乱之事。"这里所谓"灭天理而穷人欲"是指泯灭天理而满足人欲的需求，一味满足人欲就会产生"悖逆诈伪之心"，造成"淫泆作乱"之事，贻祸百姓，危害巨大。"天理"与"人欲"这一对范畴由二程、朱熹等理学家所大力发挥，成为理学的核心命题。二程认为："人心私欲，故危殆；道心天理，故精微。灭私欲则天理明矣。"（《河南二程遗书》卷二十四，《二程集》）这里面阐明了三层关系：一是从本原上讲，天理人欲俱出于一心，不同的是，天理出于道心，私欲出于人心；二是从本质上讲，天理是精微的，而人欲是危险的；三是从工夫上讲，天理人欲是对立的，只有灭尽人欲，方能复明天理。二程认为，天理与人欲是对立的，放纵人欲，就必然遮蔽天理；要保存天理，就必须去除人欲，作为儒者应该彻底地去除人欲，使一心纯然天理，达到圣人的精神境界。

大家都听说过"饿死事小，失节事大"吧？鲁迅先生撰有一篇《我之节烈观》的雄文，严厉批判了封建礼教对妇女身心的奴役和戕害。当然，很多人就归咎为理学家的罪恶。是否如此呢，我们先看这句话的原始出处。《程氏遗书》卷二十二记载："又问：'或有孤孀贫穷无托者，可再嫁否？'曰：'只是后世怕寒饿死，故有是说。然饿死事极小，失节事极大！'"这句话是程颐说的。有人和程颐说，我们当地呀，有一种风气，就是妇人死了丈夫以后，又没有子嗣，婆家不愿养活她，回娘家不要，考虑生计无着，担心饿死，所以就纷纷改嫁了。于是，程颐就说了这句话。后来，大家批判封建礼教杀人，总拿这句话说事，把账都算在程颐的头上。此处的"节"不是贞节，而是气节。宋儒魏了翁就认为："先儒有言：'妇适不再，妇适而再，饥寒之害，然饥寒之事小，而失节之罪大。'此岂妇人之责也，抑为士也之戒。"（《顾夫人墓志铭》，《全宋文》卷七一一五）

伯夷、叔齐曾劝阻周武王伐纣，认为这违反了君臣大义，后来躲到首阳山上，周朝建立以后，宁死不食周粟，这是不是饿死事极小，失君臣之义事极大呢？毛主席赞扬朱自清先生"一身重病，宁愿饿死，不领美国救济粮"，这是不是饿死事极小，失民族气节事极大呢？流浪汉不吃"嗟来之食"，自食其力，这是不是饿死事极小，失人格尊严事极大呢？失节与性别无关，男性怕饿死就去偷盗，女性怕饿死就去卖淫，士卒怕被打死就投降，这是价值观念的扭曲和社会道德的沦丧。所以，"节"是作为主体生命精神的基本要求和人格底线，失"节"意味着失去人之所以为人的风骨操守、尊严气节，而非特指妇女的贞节。程颐反对什么，他反对的是妇女迫于生计而违背本意的再嫁，而非反对再嫁这一行为本身。程颐在《先公太中家传》中称其父操持外甥女再嫁之事是"慈于抚幼"，赞扬父亲"嫁遣孤女，必尽其力"，可见程颐支持妇女再嫁的行为。

朱熹在《与陈师中书》中说："昔伊川先生尝论此事，以为饿死事小，失节事大。自世俗观之，诚为迂阔；然自知经识理之君子观之，当有以知其不可易也。"（《与陈师中书》，《朱文公文集》卷二十六）朱熹也赞扬"取甥女以归嫁之"（《近思录》卷六），以甥女新寡再嫁之事为美谈。

所谓君子"知经识理"，知的是"天经"，识的是"天理"。"天理"在朱熹看来，代表了道理、规律、秩序、法则，既是天地之至理，万物之常理，又是社会之公理，人伦之情理。"天地之心，天地之理。理是道理，……心固是主宰底意，然所谓主宰者，即是理也，不是心外别有个理，理外别有个心，……窃谓天地无心，仁便是天地之心。"（《朱子语类》卷一）"仁者，天下之公，善之本也。仁者，天下之正理，失正理则无序而不和。"（《近思录》卷一）而"人欲"则意味着私心邪念，代表了相反的性质，如贪婪、沉迷、混昧、邪淫等。

朱熹的理欲之辨表现为以下三层：

一是强调天理人欲的不同。朱熹认为："人主所以制天下之事者，本乎一心，而心之所主，又有天理、人欲之异。二者一分，而公私邪正之途判矣。盖天理者，此心之本然，循之则其心公而且正；人欲者，此心之疾疢，循之则其心私而且邪。"（《辛丑延和奏折》，《朱文公文集》卷十三）他接续了二程的思路，肯定天理人欲皆出于一心，但体现为道心、人心之异，公、私之异，正、邪之异，义、利之异等。

二是注重天理人欲的分际。朱熹认为："只是一人之心，合道理底是天理，徇情欲底是人欲。"（《朱子语类》卷七十八）以鱼与熊掌为例。孟子说过："鱼，我所欲也，熊掌，亦我所欲也；二者不可得兼，舍鱼而取熊掌者也。"（《孟子·告子上》）朱熹也说："鱼与熊掌皆美味，而熊掌尤美也。"（《孟子集注》卷十一，《四书章句集注》）不管是鱼还是熊掌，皆"我所欲"，此"欲"是合道理的人欲，属于天理。《礼记·礼运》说:"饮食男女,人之大欲存焉。"肯定人的基本生活需要和自然欲求。朱熹从"饮食男女"的角度阐述了天理人欲的分际。他指出:"饮食,天理也;山珍海味,人欲也。夫妻,天理也;三妻四妾,人欲也。"(《朱子语类》卷十三)人不能不吃饭,这是正常的物质欲望,男女形成夫妻关系,繁衍后代,皆是天理;但人若追求过高的享受,超过合理的限度,要求美味,沉湎酒色,所谓"山珍海味""三妻四妾",皆属于人欲。可见,朱熹并不否定人欲,而是肯定人的合理自然欲求,但人欲要有限度,要有分寸,合理的人欲即为天理,天理要在人欲上见。二者的分际在于到底是"合道理"还是"徇情欲",尽其性则为圣贤,纵其欲则为小人。

三是加强天理人欲的转化。正因为天理人欲有分际,所以朱熹强调在道德修养上下功夫,警惕人欲的膨胀,化人欲为天理,努力将人欲保持在合理的限度内。朱熹指出:"孔子所谓'克己复礼',《中庸》所谓'致中和','尊德性','道问学',《大学》所谓'明明德',《书》曰'人心惟危,道心惟微,惟精惟一,允执厥中',圣贤千言万语,只是教人存天理、灭人欲。""人之一心,天理存则人欲亡,人欲胜则天理灭。"(《朱子语类》卷十三)"存天理、灭人欲"也容易造成误解。按照如上所述,朱熹的观点很明确,因为天理是合道理的人欲,那么"存天理"就是保存和满足合理的人欲,"灭人欲"就是遏止和消除不合理的、非分的贪婪私欲。天理、人欲之间,此胜则彼退,彼胜则此退,无中立不进退之理。

三 即物穷理

朱熹对二程所谓"格物穷理"的思想作了充分发挥,提出了"即物穷理"说。朱熹认为"知在我,理在物"(《朱子语类》卷十五),要"究理"必须"格物"。他说:"所谓致知在格物者,言欲致吾之知。在即物而穷其理也。盖人心之灵,莫不有知,而天下之物,莫不有理,惟于理有未穷,故其知有不尽也。"(《大学章句》,《四书章句集注》)"只有格尽物理，则知尽。"（《朱子语类》卷十五）这就要求"须是四方八面去格"，"上而无极太极，下而至于一草一木一昆虫之微"，都要"逐一件与他理会过"（《朱子语类》卷十五）。如果"一事不穷，则阙了一事道理；一物不格，则阙了一物道理"（《朱子语类》卷十五）。朱熹把"格"训为"尽"，他说："格物者，格，尽也。须是穷尽事物之理。"（《朱子语类》卷十五）他所说的"格物"，主要不是对事物客观规律的探求，而是道德践履的活动。朱熹说："格物，是穷得这事当如此，那事当如彼。""为人君，便当止于仁；为人臣，便当止于敬。""事父母，则当尽孝；处兄弟，则当尽其友。"（《朱子语类》卷十五）朱熹认为，如果把"格物"仅仅理解为认识一草一木的自然规律，希望据此有所得，那就如同"炊沙而欲其成饭"（《答陈齐仲》，《朱子全书》第二十二册）。可见，朱熹的"即物穷理"，就其认识对象来说，就是要体认那绝对的"太极"之"理"。他的认知逻辑是："心包万理，万理具于一心"（《朱子语类》卷一一八），但心中之理不能自明，必须要经过"穷格""物理"来印证心中之理，将内与外、我与物沟通起来。朱熹还认为，"持敬是穷理之本"，"能居敬则穷理工夫日益密"，"穷理中自有涵养工夫"（《朱子语类》卷九）。在他看来，"持敬""涵养"等道德修养工夫，亦为"穷理"过程应有之事，这样就把认识论与道德论融通起来了。经过上述"即物穷理"的工夫，"至于用力之久而一旦豁然贯通焉，则众物之表里精粗无不到，而吾心之全体大用无不明矣"（《大学章句》，《四书章句集注》）。至此，便达到了把握天理的最高境界。

朱熹的"即物穷理"说虽然主要是道德修养的工夫，但毕竟触及了"认识是一个过程"的思想，并考察了认识过程中"即物"和"豁然贯通"两个认识的必要环节，所以也有其一定的合理因素。这主要有：

其一，朱熹承认"物物有一太极"（《朱子语类》卷九十四），"理"存在于具体事物中，所以他没有完全排除对外物的探索。朱熹说："万物之理皆为实有""理只在器上，理与器未尝相离"（《朱子语类》卷七十七），说明他并不否认事物有其必然性、规律性。因此，他主张认识"先是于见闻上做功夫""须就那事事物物上理会"，反对"只泛泛然竭其心思，而不就事物上穷究"（《朱子语类》卷十五）。

其二，朱熹强调要实现认识的"豁然贯通"的飞跃，必须有一个积习的过程，要经过学、问、思、辩的理性推理环节才能达到。他在《大学或问》中所说的"考之事为之著""索之讲论实际，使于身心性情之德。人伦日用之常，以至于天地鬼神之变，鸟兽草木之宜"（《大学或问》，《朱子全书》第六册）等等，都是指感性的积习活动。他在《中庸或问》中说："学之博然后有以备事物之理，故参伍之以得所疑而有问、问之审然后有以尽师友之情，故能反复之发其端而可思。思之道则精而不杂，故能自有所得而可以施其辩。"（《中庸或问》，《朱子全书》第六册）经过这些理性推理、审度等过程，认识才可能"脱然有悟处"（《河南程氏遗书》卷二，《二程集》）。这说明朱熹还是比较注重理性的思辨、逻辑的推理（"以类而推"），而不赞成陆九渊的直指本心、反身内求、明心见性的"易简功夫"。由此他提出了"泛观博览""先博而后约"的为学途径，强调把"博观"与"内省"、"博"与"约"统一起来。

但是，朱熹"即物穷理"的主张，如果仅以事实为对象，似乎难以体现培养道德理念为主导的理学宗旨。如何从"一草一木一昆虫之微"等事事物物中"格"由仁义礼智之"理"？如何把"格""物之理"与"诚意""正心"的道德修养论统一起来？在这里朱熹陷入难以自拔的悖论：要强化伦理道德，必须把它抽象为绝对的、永恒的"天理"；要保持"天理"的至上性、绝对性，必须把它推之于宇宙万物的广阔领域；而要通过"格""一草一木"来"穷理"，又会淡化伦理道德的修养，削弱伦理道德的意义和作用。朱熹无法走出这个悖论，于是就干脆置"格物"于不顾，而着重讲道德伦理的践履。他说："如今为此学而不穷天理，明人伦，讲圣言，通世故，乃兀然存心于一草木、一器用之间，此是何等学问？如此而望有所得，是炊沙而欲其成饭也。"（《朱文公文集》卷三十九）这样，一方面暴露了朱熹"即物穷理"的真实用意，同时也暴露了他的"格物致知"的认识论和"诚意""正心"的伦理目的之间的矛盾。这一矛盾被明代心学体系的集大成者王阳明发现了，他对此表示质疑："先儒解格物为格天下之物。天下之物，如何格得？且谓一草一木亦皆有理，今如何去格？纵格得草木来，如何反来诚得自家意？"（《传习录下》）王阳明认为，"格"万物之"理"与其伦理目的是难以合拍和贯通

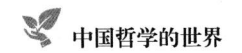

的。他认为导致这一矛盾的理论症结正在于朱熹"析心与理为二"。解决这一矛盾的尝试正是王阳明心学体系的逻辑起点。

四 理一分殊

(一)《西铭》思想主旨提揭

二程对《西铭》都高度表彰,但对其思想主旨有不同的理解。程颢从"万物一体"诠释《西铭》,肯定"学者须先识仁。仁者,浑然与物同体。……《订顽》意思,乃备言此体"(《河南程氏遗书》卷二上,《二程集》),认为张载将宇宙天地和仁义道德有机融合为一体,从而确立了人性的形上根基。程颐则以"理一而分殊"诠释《西铭》。其弟子杨时质疑《西铭》讲乾父坤母,脱离了仁爱的具体内涵,有类于墨氏之兼爱。伊川答道:"《西铭》明理一而分殊,墨氏则二本而无分。"(《答杨时论〈西铭〉书》,《二程集》)程颐认为,"仁"是普遍道德原则,谓之"理一";但"仁"的实施会有对象性差异,谓之"分殊"。墨家不知天人一理,故是"二本";主张"爱无差等",不讲仁爱的差等与分殊,故为"无分"。"无分"就会造成普遍道德原则和具体道德行为的紧张和冲突,缺乏对象性指向的仁爱无从挂搭,只能沦为"无义"。而《西铭》既讲"乾父坤母",又讲仁人孝子,既奠定了人的道德伦理的宇宙本体论根基,又称颂了禹、颍考叔、舜、申生、曾参、伯奇等具体的事孝行为。这与墨家之"兼爱"形成了鲜明的反差。

朱熹顺承程颐的思路,认为《西铭》主旨即是"理一分殊","《西铭》通体是一个理一分殊,一句是一个理一分殊"(《朱子语类》卷九八),"盖以乾为父,以坤为母,有生之类,无物不然,所谓'理一'也。而人物之生,血脉之属,各亲其亲,各子其子,则其分亦安得不殊哉!"(《西铭解》,《朱子全书》第十三册)他进而从"理一而分殊"和"分殊而理一"两方面予以了疏解。例如,乾父坤母、民胞物与,从宇宙万物根源处讲起,便是理一而分殊;"予兹藐焉,混然中处""天地之塞吾其体，天地之帅吾其性"，从个体人伦日用处讲起，便是分殊而理一。朱熹将《西铭》主旨诠释为"理一分殊"，由此发展为理学独特的哲学范畴，影响深远，以至于《宋史·道学传》说"张载作《西铭》，又极言理一分殊之旨，然后道之大原出于天者，灼然而无疑焉"（《宋史》卷一八六）。

（二）理学体系建构原则

朱熹指出："世间事，虽千头万绪，其实只一个道理，理一分殊之谓也。"（《朱子语类》卷一三六）"世间事"包括人的全部社会实践，涵盖了人对自然的改造活动。人的社会实践纷繁复杂，而万变不离其宗，贯穿了一个道理，这就是"理一分殊"。朱熹依据"理一分殊"考察世间万象，并由此发展出自身理学思想体系的建构原则。从张载、二程到朱熹，"理一分殊"命题从具体到抽象，从自发到自觉，最终由朱熹创造性地作为一个基本建构原则，贯穿于整个理学思想体系。朱熹对"理一分殊"的讨论分以下三方面：

一是讨论了一理与万理的关系。"本只是一个太极，而万物各有禀受，又自各全具一太极尔。如月在天，只一而已，及散在江湖，则随处可见，不可谓月已分矣。"（《朱子语类》卷九四）"盖以乾为父，以坤为母，有生之类，无物不然，所谓理一也。而人物之生，血脉之属，各亲其亲，各子其子，则其分亦安得而不殊哉！"（《西铭解》，《朱子全书》第十三册）一方面，朱熹指出"太极"是万理之全体，阐明"理"作为本体的绝对性和唯一性；另一方面，他认为散在万物成为物物各具之"具体而微"的"太极"，阐明了"理"本体的遍在性和涵摄性。一理和万理不是整体和部分的关系，"分"指本分或定分之谓，宇宙本体论意义上的"理一分殊"表明了万物之性来自于宇宙本体并以之为根据，且与宇宙本体的内容没有差别。

二是讨论了一理与万物的关系。"《西铭》大纲是理一而分自尔殊，然有二说：自天地言之，其中固自有分别；自万殊观之，其中亦自有分别。"（《朱子语类》卷九八）从朱熹的论述可以看出，"自天地言之"属于宇宙本体论的讲法，强调一理与万理的关系；"自万殊观之"属于宇宙生成论的讲法，强调一理与万物的关系。"天地之间，理一而已。然乾道成男，坤道成女，二气交感，化生万物，则其大小之分，亲疏之等，至于十百千万而不能齐也。"（《西铭解》，《朱子全书》第十三册）"理一"是本原，其发用流行而有万殊之不同。此处的"分"指差分之谓。正因为万物皆由理与气所构成，借助于阴阳二气，而有人物化生，万物之气有粹驳之差异，所以理也有偏全之异，造成了"不能齐"的万殊的状况，这恰恰是事物的多样性、差异性的呈现。

三是讨论了物理与伦理的关系。朱熹指出："至于天下之物，则必各有所以然之故，与其所当然之则。"（《大学或问上》，《朱子全书》第六册）"所以然之故"指物理，即自然规律；"所当然之则"指伦理，即社会规范。"理只是这一个，道理则同，其分不同。君臣有君臣之理，父子有父子之理。"（《朱子语类》卷六）"但所居之位不同，则其理之用不一。如为君须仁，为臣须敬，为子须孝，为父须慈。物物各具此理，而物物各异其用，然莫非一理之流行也。"（《朱子语类》卷十八）此处的"分"指位分、职分之谓。例如仁爱是基本道理，依据不同的社会角色、职位，其施用会有不同，表现为君之仁、臣之敬、子之孝、父之慈等道德要求，看起来不同，但都是仁爱之理的流行发用。

（三）儒佛之辨判教依据

"理一分殊"还需要从儒佛之辨的时代思潮中加以讨论。"理一分殊"作为儒学的独特理论命题，构成了儒学与佛老异端的根本分判。

一是从"分殊"来看，儒学重视分殊，而佛教不知有分殊。朱熹向李延平问学时，李延平指出："吾儒之学，所以异于异端者，理一分殊也。理不患其不一，所难者分殊耳。"（《宋元学案》卷三十九）"异端"指佛老，"异于异端"乃是凸显与佛老不同的独特思想特质，李延平认为儒佛分判的关键在于"分殊"。朱熹深受李延平的影响，肯定《西铭》是"推人以知天，即近以明远"，通过事亲臻于事天，从人性物理和日用伦常处入手，彰显了儒学的真精神。正如罗钦顺所言："所谓理一者，须就分殊上见得来，方是真切。佛家所见亦成一片，缘始终不知有分殊，此其所以似是而非也。"（《困知记》卷下）

二是从"理一"来看，儒学重视实理，而佛教强调的是空理。朱熹指认"天理"是实理,这就为儒家道德价值确立了坚实的本体论根基,"吾儒心虽虚而理则实。若释氏则一向归空寂去了"(《朱子语类》卷一二六)。佛教认为现实世界是虚幻不实,皆是缘起而生,缘灭而坏,如此则道德义理和精神价值难以安顿。

三是从"理一"和"分殊"的关系来看,儒佛的分歧也很大。一般认为"理一分殊"受到佛教的"月印万川""一多相摄"的影响,如朱熹自己就提到:"释氏云:'一月普现一切水,一切水月一月摄'。这是那释氏也窥见得这些道理。"(《朱子语类》卷十八)但儒佛的道理似同而异。朱熹所指的"理一"是普遍的、超越的"理"本体,"万殊"是指众多个别的性理,从质的方面说,"理"不论别共殊,都是圆满无缺的,而佛教所谓的"月"本体自身与作为"月"本体的反射的"水月"是根本不同的;从量的方面说,朱熹讲的"一"是万理之总体,"万殊"是事事物物各具之理,而与佛教以"一"指个别,"万"("一切")指全体存在显著的差别。可见,朱熹通过"理一分殊"的儒佛之辨挺立了儒学的道统自觉和学术精神。

张载、二程为理学立根本、开规模,关学和洛学代表了理学的原创期,而朱熹则是尽精微、集大成者,闽学由此成为理学高峰期的典范。

第十七讲
阳明与心学

习近平总书记指出:"王阳明的心学正是中国传统文化中的精华。"2011年,习近平考察贵州时说,他很景仰龙场悟道的王阳明先生,贵州的文化传人对王阳明先生的学习更应该有深刻的心得。我们的古代优秀文化值得自豪,要把文化变成一种内生的源泉动力,作为我们的营养,像古代圣贤那样格物穷理、知行合一、经世致用。

王阳明(1472—1529),名守仁,字伯安,号阳明。浙江余姚人。清代学者称王守仁为"三不朽",这三不朽指的是"立德、立功、立言",这三个"立"是古人实现自己人生价值的最高境界。有人说,中国历史上能够称为"三不朽"的只有孔子、王阳明、曾国藩,而阳明更被誉为"真三不朽"。蒋介石最敬佩王阳明和曾国藩二人,曾经三次到阳明洞参悟,败退台湾后他对王阳明的研究越发痴迷,甚至把台湾草山改名为"阳明山"。

一 阳明其人

明儒湛若水说:"(阳明)初溺于任侠之习,再溺于骑射之习,三溺于辞章之习,四溺于神仙之习,五溺于佛氏之习。正德丙寅,始归正于圣贤之学。"(《阳明先生墓志铭》,《王阳明全集》卷三十八)溺是沉迷的意思,湛若水指出阳明早期有"五溺":一是沉迷于游侠;二是沉迷于骑马射箭；三是沉迷于辞章之学；四是沉迷于道家神仙学说；五是沉迷于佛学。阳明直到正德元年三十五岁时才归正于儒学。

王阳明十岁时，父亲王华状元及第，在北京做官。于是爷爷王伦带着孙子一同到北京。爷俩走到金山寺（江苏镇江），受邀赴宴。席间，阳明作诗一首："金山一点大如拳，打破维扬水底天。醉倚妙高台上月，玉箫吹彻洞龙眠。"（《阳明先生年谱》，《王阳明全集》卷三十三）展现了超卓的想象力，被叹为天才。有人不信阳明小小年纪有如此诗才，要求以"蔽月山房"为题再赋诗一首。阳明应声作答："山近月远觉月小，便道此山大于月；若有人眼大如天，还见山小月更阔。"（《阳明先生年谱》，《王阳明全集》卷三十三）赢得了众人的赞叹。《古文观止》是清人吴楚材、吴调侯从古书中挑选了最有代表性的一批文章组合而成的书，其中有明一朝有十二人入选，而王阳明独占三篇，可见其诗文造诣。

在北京读书的时候，他向老师提问：什么是人生第一等事？老师回答：人生第一等事当然是读书登第，像你父亲那样。小阳明听了连连摇头：我认为人生第一等事不是读书及第，而应该是读书做圣贤！孔子说"十五志于学"（《论语·为政》），阳明在十一岁就立志做圣贤。果然在100年后，万历十二年（1584），阳明被封为先儒，供奉在孔庙的东殿第五十八位。

阳明同样要学习朱子的《四书章句集注》，对朱注笃信不疑。有一天，他和一位钱姓友人讨论"格物"之说，既然事事物物皆有理，商议一起格竹子之理。格了三天，朋友身体吃不消，被迫退出。阳明身体比较好，格了七天，也病倒了。于是他对朱子的理学路线产生了怀疑，深刻反省："乃知天下之物本无可格者。其格物之功，只在身心上做，决然以圣人为人人可到，便自有担当了。"（《传习录下》，《王阳明全集》卷三）

阳明兴趣广泛，分散了精力，导致两次落第。1499年，王阳明28岁时终获二甲第七名。王阳明当上了兵部主事，因为得罪太监刘瑾，被贬为贵州龙场驿驿丞。龙场地处贵州西北蛮荒之地，充满蛊毒瘴疠之气。他自为石棺，日夜端居澄默，有一夜忽然大悟"格物致知"之旨，始知圣人之道，吾性具足，不假外求。正德十四年（1519），宁王朱宸濠起兵十万谋反，略九江、破南康、出江西、占安庆，战船千艘出鄱阳湖，蔽江东下,欲挥师攻取南京篡夺帝位。王阳明时任赣南巡抚,经过周密策划,先夺取防卫空虚的南昌,继而诱敌深入,三路夹击,最终在鄱阳湖上以火攻奇谋活捉了朱宸濠。王阳明仅用了三十五天就彻底平定叛乱,升任南京兵部尚书,封"新建伯"。

正德十六年后,阳明居越讲学。八方学者辐辏,王阳明"发《大学》万物同体之旨,使人各求本性,致极良知以至于至善,功夫有得,则因方设教"。(《阳明先生年谱》,《王阳明全集》卷三十五)王阳明弟子钱德洪曾记:"诸生每听讲,出门未尝不踊跃称快,以昧入者以明出,以疑入者以悟出,以忧愤愊忆入者以融释脱落出。"(《刻文录叙说》,《王阳明全集》卷四十一)

阳明此一时期师生讲学论道,宣讲良知学说,心情舒畅,有诗为证:

> 万里中秋月正晴,四山云霭忽然生。
> 须臾浊雾随风散,依旧青天此月明。
> 肯信良知原不昧,从他外物岂能撄!
> 老夫今夜狂歌发,化作钧天满太清。
>
> 万里中秋此月明,不知何处亦群英。
> 应怜绝学经千载,莫负男儿过一生。
> 影响犹疑朱仲晦,支离羞作郑康成。
> 铿然舍瑟春风里,点也虽狂得我情。(《月夜二首》,《王阳明全集》卷二十)

嘉靖六年,广西王受和卢苏想恢复土司制度,他们攻下了思恩与田州,以及八寨、断藤峡,事态紧急。朝廷起复阳明,要他去征思、田。阳明兵不血刃,平定少数民族的叛乱,并且建立学校,推广儒学。嘉靖七年王阳明因病卒于江西南安。去世前,门人问:"何遗言?"阳明微哂曰:"此心光明,亦复何言?"(《阳明先生年谱》,《王阳明全集》卷三十五)

要了解阳明生平的更多内容,推荐大家阅读日本学者冈田武彦所著《王阳明大传:知行合一的心学智慧》(全三册)。

二 阳明其学

黄宗羲说:"有明学术,至白沙(指陈献章)始入精微。……至阳明而后大。"(《明儒学案》卷十)指出阳明心学的规模和格局宏大。钱德洪认为:"先生之学凡三变,其为教也,亦三变。少之时,驰骋于辞章,已而出入二氏。继乃居夷处困,豁然有得于圣贤之旨。是三变而至于道也。居贵阳时,首与学者为知行合一之说;自滁归,多教学者静坐;江右以来,始单提致良知三字,直指本体,令学者言下有悟,是教亦三变也。"(《刻文录叙说》,《王阳明全集》卷四十一)他揭示了阳明的学思历程有三个阶段,第一个阶段是驰骋于辞章,展现了文学上的天赋;第二个阶段是出入于释老,广泛涉猎佛经道藏,颇有心得;第三个阶段在贵州龙场悟道,创立了心学体系。伴随着阳明心学的演进与成熟,其教人之法也有三个阶段的体现,第一个阶段是38岁时在贵阳讲学首倡"知行合一"宗旨,第二个阶段是43岁时从滁州归来后,主张于静坐中省察克治,第三个阶段是江右剿匪之后,大力表彰"致良知"。

下面从三个方面介绍阳明心学的主要内容。

(一)此心光明:意义世界的建构

一是心外无理。王阳明把"心即理"称为"立言宗旨"。孝、悌是人生最大的两件事,阳明在《传习录》中反复以孝、悌两事展开他的论证。阳明说,"心自然会知",看到父亲自然知道孝顺,看到兄弟自然知道爱护,看到小孩子要掉到井里去自然生出恻隐之心,这些都是良知,不假外求。至于"理"或者说"天理",阳明反问道,"孝之理"究竟在父母身上,还是在孝子心中呢?如果说"孝之理"在父母身上,那么父母去世以后,孝子心中就没有"孝之理"了吗?这个论证非常有力量,阳明由此得出他最重要的结论:"心即理也!"阳明说,"心虽主乎一身,而实管乎天下之理;理虽散在万事,而实不外乎人之一心"(《传习录中》,《王阳明全集》卷二),因此格物致知的工夫"只在此心去人欲、存天理上用功便是",等到"此心无私欲之蔽","发之事父便是孝,发之事君便是忠,发之交友、治民便是信与仁"(《传习录上》,《王阳明全集》卷一)。

"心即理"固然是为补朱子"析心与理为二"之偏颇而提出的,同时也是针对理学被官方化、工具化以后学风空疏、言行不一的时弊而发。王阳明认为,"析心与理为二"的学理偏差是导致学风空疏、言行不一的原因之一。

王阳明不赞成把"心"说成是思维器官:"心不是一块血肉,凡知觉处便是心。如耳目之知视听,手足之知痛痒,此知觉便是心也。"(《传习录下》,《王阳明全集》卷三)"心"既是个人的价值主体意识、内在的精神实体,同时也是人的存在本体。到王阳明这里才真正完成了主体主义的心本体论建构。

二是"心外无物"。王阳明使用"物"这个字,并非指客观存在意义上的事物,而是指主体的行为,即所谓"事",特别是指"事亲""事君"之类的道德行为。用王阳明的说法:"物者事也。"所以,"心外无物"不是说"心之外什么东西也没有",而是说"物"(事)不过是与人的主体意识"心"密切相关的行为,脱离了心,当然就不称其为物或事。正是在这个意义上,王阳明才说:"心之所发便是意",而"意之所在便是物"(《传习录上》,《王阳明全集》卷一)。王阳明把"物"解释为"事",当然不会再去留意事物是否具有客观实在性的问题了,而是强调"事"的发生必须以主体意识为前提。照他看来,任何"事"都是基于主体的意义世界的组成部分,其论证的思路是:人为天地之"心",人所以是天地之"心",在于人"只是一个灵明",由此,"充天塞地中间,只有这个灵明","天没有我的灵明,谁去仰他高;地没有我的灵明,谁去俯他深;鬼神没有我的灵明,谁去辨他吉凶灾祥?"(《传习录下》,《王阳明全集》卷三)总之,万物(事)离开"我的灵明",离开个体之"心",就不称其为物(事)。物(事)与心合一的基础就是个体的"心"。对王阳明"心外无物"的思想,连他的弟子和友人也感到困惑不解。有一个学生曾提出了一个切中要害的问题:"天地、鬼神、万物,千古见在,何没了我的灵明,便俱无了?"学生的意思是问:在没有"我的灵明"之前,万物既已长久存在,怎么能说万物没有"我的灵明"就不存在了呢？王阳明回答："今看死的人，他这些精灵游散了，他的天地万物尚在何处？"（《传习录下》，《王阳明全集》卷三）在这里，王阳明回避了天地万物自身的实在性问题，只是着重说明意义世界应当以此在的主体为依据，如果此在的主体失去了存在性，"他的天地万物"即"他的意义世界"也就失去了存在的依据。有一次王阳明与友人同游南镇，友人指山中的花树发问："此花树在深山中自开自落，于我心亦何相关？"王阳明回答说："你未看此花时，此花与汝心同归于寂；你来看此花时，则此花颜色一时明白起来，便知此花不在你的心外。"（《传习录下》，《王阳明全集》卷三）对于这段话通常的解释，有人把它同于贝克莱的"存在就是被感知"，即万物的存在不能超出自己的感觉。这恐怕是一种误解，因为这种解释不符合王学的思维特点。贝克莱的论断是从认识论的角度说的，王阳明的回答是从价值论的角度说的，不是一回事。如果我们注意到王阳明所说的未看此花时，此花"与汝心同归于寂"，就会发现王阳明并非感觉主义者，也没有否定花自身的实在性。"寂"的意思不是不存在，只是说没有意义，没有纳入主体的意义世界。王阳明认为心、物关系乃是体、用的关系（"有是体即有是用"），被纳入意义世界的万物不过是"心体"的显现。因此，在他看来，事物在未纳入主体意识之前，对于主体来说并无意义；只在当它纳入主体意识之后，才谈得上"存在"，而且"存在"本身不过是"他的存在"（如上述"他的天地万物"）。体用是不可分的，宇宙间一切事物都在人的心体中并与心体直接同一，意义世界不过是主体所理解的世界。

（二）知行合一：人伦日用的实践

王阳明很看重"知行合一"说的理论意义和实践价值，也是他的"立言宗旨"。他分析说，朱熹"析心与理为二"，势必导致"外心以求理"的路线，势必把知行"分作两件"，并且得出"知先行后"的结论。而自己从"心即理"的哲学立场出发，则会选择"求理于吾心"的路线，得出"知行合一"的新结论。王阳明"知行合一"说的主要论点包括：

第一，"知行体段亦本来如是"。王阳明认为，"知行合一"的提出固然是针对时人把知行"分作两截"之弊而发，不过知行就其本来关系而言就具有合一的性质。他说:"某今说个知行合一,虽亦是就今时补偏救弊说,然知行体段亦本来如是。"(《答友人问》,《王阳明全集》卷六)为了论证"知行合一"是"知行的本体",王阳明首先对"行"作了与通常意义不同的界定,强调"一念之发动处便是行"(《传习录下》,《王阳明全集》卷三)。他以"好好色""恶恶臭"为例子说:"见好色属知,好好色属行;只见那好色时,已自好了,不是见了后,又立个心去好。闻恶臭属知,恶恶臭属行。只闻那恶臭时,已自恶了,不是闻了后,别立个心去恶。"(《传习录上》,《王阳明全集》卷一)所以,"知行如何分得开?此便是知行本体,不曾有私意隔断的。"(《传习录上》,《王阳明全集》卷一)这就是说,知行本来是同时发生的,在逻辑上不能分开,"知"外无"行","行"外无"知"。"知之真切笃实处即在行,行之明觉精察处即是知。知行工夫本不可离。"(《传习录中》,《王阳明全集》卷二)在"致良知"说提出后,王阳明则又以知行为体用关系,谓"知是心之本体""此便是良知"(《传习录上》,《王阳明全集》卷一);"行"为"良知"之"发用流行",亦即"良知"本体的自我实现、自我完成过程。他认为"知"是知此"心","行"是行此"心",知行皆从"心"上来。王阳明依据心本体论证明"知行体段亦本来如是"(《答友人问》,《王阳明全集》卷六)。

第二,"知是行之始,行是知之成",知行"合一并进"。王阳明也在人们的经验生活中考察了"知行"运动的动态过程。他写道:

> 某尝说"知是行的主意,行是知的工夫;知是行之始,行是知之成。"若会得时,只说一个知,已自有行在;只说一个行,已自有知在。(《传习录上》,《王阳明全集》卷一)

就本体说,知行无先后之分,"知"为"良知"本体,"行"为"良知"之"发用",知行本不可离。然在现实的生活经验中,"行"之前已有计划、方案,故"知是行的主意";而"行"又总是在实现"知",故"行是知的工夫"。当有了计划、方案时,"行"就已开始,故"知是行之始";而一旦把计划、方案付诸实行,就是"知"的完成,故"行是知之成"。他举例说:"夫人必有饮食之心,然后知食。饮食之心即是意,即是行之始矣",人"必欲行之心,然后知路,欲行之心即是意,即是行之始矣。"(《传习录中》,《王阳明全集》卷二)王阳明在一定程度上接触到认识和实践相统一的思想,其结论是:"则知知行之合一并进,而不可以分为两节事矣。"(《传习录中》,《王阳明全集》卷二)不过,他说"知""已有行在","行""已有知在",则显然把知、行混同起来了。

第三,"知行原是两个字说一个工夫"。王阳明认为,"知行合一"从道理上说"本来如是",可是,事实上两者往往并不合一,人们常常不能贯彻"合一并进"的原则。例如,"今人尽知得父当孝,兄当弟者,却不能孝,不能弟"。为什么会出现这种情形?"此已被私欲隔断,不是知行的本体了"(《传习录上》,《王阳明全集》卷一)。故"私欲"是使知行分离的根源。但"良知"是不杂私意妄念的,"良知"的发用流行应该体现为合理的意念和行为,被"私欲"所隔断的不善之行,实际上是"良知"的"昏蔽",亦即"良知"未能呈现出来,也就是根本没有达到对本体的"知"。所以,王阳明说:"夫有知而不行者,知而不行,只是未知。圣贤教人知行,正是要复那本体。"(《传习录上》,《王阳明全集》卷一)他认为,"知"和"诚意""正心""去欲"等修身工夫是密切联系在一起的,人们应该通过"存心去欲"的工夫达到"知行合一"的境界,做到"发动处有不善,就将这不善的念克倒了,须要彻根彻底,不使那一念不善潜伏在胸中。"(《传习录下》,《王阳明全集》卷三)从这个意义上说,"知行合一"实质是"存理去欲"的修身工夫,要求每个人都发挥主体的能动性,不断克服影响"良知"呈现的私意妄念,从而坚定对于儒家道德伦理的信念。

"知行合一"强调心体(良知)的自我认识、自我实现,本质上坚持的是由心到物、由知到行的认识路线。不过,其中也包含着一些认识论的合理因素。这主要体现在两方面:

其一,知行合一论接触到知行之间的统一性这一内在的关系。一方面,王阳明认识到知离不开行,没有行就没有真正的知,强调行比知更重要("不行不足谓之知"),只有"行之明觉精察处","知"才达到深入的程度;另一方面,他也看到行离不开知,受"知"的指导。认为如果离开"知"的指导,"懵懵懂懂的任意去做,全不解思维省察",就是盲目的"冥行妄作"(《传习录上》,《王阳明全集》卷一);只有"知之真切笃实处","行"才算名副其实。王阳明对知行之间的这种相互依赖、相互转化关系的揭示还是比较深刻的,也从一个侧面把握了知行之间的本质关系。并且,王阳明在对知行统一关系的论述中,也看到了在由知到行、由行到知的转化中有一个亦知亦行、非知非行的过渡环节,这是有辩证法的合理因素的。

其二,王阳明反对分"知行为二",其中包含着倡导言行一致、反对知而不行的合理因素。王阳明认为"行即学",他针对士大夫的空疏学风,强调"尽天下之学,无有不行而可以言学者"(《传习录中》,《王阳明全集》卷二),"若离了事物为学,都是著空"(《传习录下》,《王阳明全集》卷三)。

但是,由于受其心学体系的制约,"知行"关系尚未达到知行辩证统一的高度。在王阳明看来,"知行"是心体与心用的关系,二者在"心"的基础上达到了"合一"。这样一来,不是"知"被客观化,而是"行"被主观化。所以王夫之批评王阳明"以知代行""销行归知",是切中肯綮的。此外,王阳明所说的"知",从实质内容上说是指关于道德价值的认识,"行"也主要指道德的践履,二者都不是单纯的认识论范畴,而是认识论与本体论、价值论合一的范畴。关于认识论意义上的知行关系问题,王阳明并没有展开论述。

(三)致良知:内圣外王的贯通

王阳明说:"吾平生讲学,只是致良知三字。"(《又与克彰太叔书》,《王阳明全集》卷二十六)"致良知"虽然是王阳明晚年提出来的命题,但其思想早就有了,他说:"吾良知二字,自龙场以后,便已不出此意,只是点此二字不出。"(《刻文录叙说》,《王阳明全集》卷四十一)"致良知"遂成其全部学说的中心观念,标志着阳明心学逻辑结构的最后完成。

"致良知"说作为一个完整的思想体系,和中国古代已有过的"良知"说有很大的不同。孟子较早使用过"良知"一词,其含义指先验的道德观念;张载也曾使用过"天德良知",和孟子的"良知"说含义大体一致。而王阳明的"良知"则是融《大学》"致知"和孟子"良知"的重要哲学范畴。其具体内容是：

第一，"良知"是以"心之本体"为内在的根据，旨在揭示人的本体存在。王阳明说："良知者，心之本体"，（《传习录中》，《王阳明全集》卷二）是人人所同具者。关于"心"与"良知"的关系，王阳明说："心者，身之主也。而心之虚灵明觉，即所谓本然之良知也。"（《传习录中》，《王阳明全集》卷二）就生活实际而言，身之主宰是"心"，而"心"的本体就是"灵明"，人所保持"灵明"就是"良知"。人只有在生活实际中通过自身的修养使"良知"呈现出来，才能实现人的存在价值。

个个人心有仲尼，自将闻见苦遮迷。
而今指与真头面，只是良知更莫疑。（《咏良知四首示诸生》其一，《王阳明全集》卷二十）

人人自有定盘针，万化根源总在心。
却笑从前颠倒见，枝枝叶叶外头寻。（《咏良知四首示诸生》其三，《王阳明全集》卷二十）

无声无臭独知时，此是乾坤万有基。
抛却自家无尽藏，沿门持钵效贫儿。（《咏良知四首示诸生》其四，《王阳明全集》卷二十）

王阳明在贵州龙场驿丞任上捕获了一个强盗头目。强盗头目在受审时桀骜不驯，跟王阳明说："你说人都有良知，请问我的良知在哪里？"当时是大热天，王阳明就让那强盗脱衣服，先脱掉上衣，再脱裤子，最后让他把短裤也脱掉。强盗犹豫了，难为情地说："这不好吧，赤身裸体于人前怎么行呢？"王阳明喊道："这就是你的良知，良知的根源在于知道有羞耻。不然，岂不是和畜生一样吗？"听罢，强盗头目折服了，乖乖地认罪伏法。

第二,"良知是造化之精灵"。"良知"虽为"心之本体",但却没有与宇宙万物隔离开来,王阳明又以"良知"为轴心,把天人合为一体。一方面,天地万物不过是"我"心的一点"灵明"。阳明说:"可知充天塞地中间,只有这个灵明""我的灵明,便是天地鬼神的主宰。"(《传习录下》,《王阳明全集》卷三)"我的灵明"即"良知",故天地万物俱在良知本体的发用流行中。另一方面,"良知即是道","若无有物欲牵蔽,但循着良知发用流行将去,即无不是道"。(《传习录中》,《王阳明全集》卷二)由此,阳明进一步把"良知"说成是赞天地之化育的生生之本:

> 良知是造化的精灵。这些精灵,生天生地,成鬼成帝,皆从此出,真是与物无对。
>
> 人的良知就是草木瓦石的良知,若草木瓦石无人的良知,不可以为草木瓦石矣。岂惟草木瓦石为然,天地无人的良知,亦不可为天地矣。盖天地万物与人原为一体,其发窍之最精处,是人心一点灵明。(《传习录下》,《王阳明全集》卷三)

按照王阳明的说法,"良知"即"人心一点灵明",天地万物皆在"良知"所及的范围之内,是"良知"的"发用流行",这就叫作即体即用,体用一源。王阳明用这种说法为儒家追求的"天人物我一体"的境界提供理论支撑。

如果说程朱是以"天理"为道德伦理提供本体论根据,那么,王阳明则是在人心中寻找这种根据。他说"良知即是天理","盖良知只是一个天理。自然明觉发见处,只是一个真诚恻怛,便是他本体",(《传习录中》,《王阳明全集》卷二)如孝、悌、忠等都是"天理"的"发见"。同时,他认为"良知"也是人固有的至善的"天地之性"。王阳明说:"至善者,心之本体也""天命之性,粹然至善,其灵昭不昧者,此其至善之发见,是乃明德之本体,而即所谓良知者也。"(《大学问》,《王阳明全集》卷二十六)这种说法与朱熹的说法有所不同。朱熹主张"性即理",即人性得之于外在的"天理",仁义礼智等道德理念先天固有,人得之"天"而具于"心",强调道德理念的先天性;王阳明则认为"天命之性"就是"吾心良知",把人的"心"看成道德的终极根据,"理"不过是"心之条理",这种观点强调道德理念的内在性。王阳明开出的这条思路被其后学大加发挥。

无善无恶心之体(未发),有善有恶意之动(已发)。知善知恶是良知(知),为善去恶是格物(行)。"心之体"是未发之中,是道德价值的根据,谈不上善,也谈不上恶,可以说超善恶,或至善。"意之动"涉及经验行为层面的善恶判断。第三句侧重于强调良知是判断善恶的尺度,第四句强调良知必须落实到行为层面。

既然"良知"是人及宇宙万物的本体,那么,"良知"自然就处在"与物无对"的位置,这样便化解了主体与客体的对立,使"良知"成了超万物又不离万物、超人心又不离人心的绝对体。基于此,"致良知"的过程,就不能走外求的路线,而要走内省的路线。这里的"致",既是内省意义上的"知",又是道德实践意义上的"行"。

"致良知"的道德实践首先表现在现实的伦常日用之中。王阳明认为,人人皆有"良知",只是有些人"不能致",而"著实去致良知,便是诚意"(《传习录中》,《王阳明全集》卷二),要做到"诚意",必须将良知推至事事物物之中。他说:"致吾心良知之天理于事事物物,则事事物物皆得其理。"(《传习录中》,《王阳明全集》卷二)他所说的"事物",就是"事亲""事君"之类,"良知诚爱恻怛处便是仁";相反,"无诚爱恻怛之心,亦无良知可致矣。"(《寄正宪男手墨二卷》,《王阳明全集》卷二十六)可见,"致良知"的道德实践就是要通过主观努力,使人的意念和行为都成为"良知"本体的自然发用流行。

"致良知"道德实践必须以"省身克己"的工夫为基础。"良知之在人心,无间于圣愚,天下古今之所同也。"(《传习录中》,《王阳明全集》卷二)然而,在现实生活中,又非人人都是圣人,那么凡、圣之区别由何所致呢?王阳明又回到儒、佛、道的共识上,即认为由"物欲"所致。他说:"圣人之心,纤翳自无所容,自不消磨刮",(《答黄宗贤应原忠辛未》,《王阳明全集》卷四)而"常人之心"由于"动于欲,蔽于私"(《大学问》,《王阳明全集》卷二十六),因此需要"痛加刮磨一番"(《答黄宗贤应原忠辛未》,《王阳明全集》卷四),以使心"明复"。他强调,要使

"此心纯乎天理,而无一毫人欲之私"(《传习录中》,《王阳明全集》卷二),只有通过"省身克己之功"才能达到。王阳明以心学的言说方式表达了"存天理,灭人欲"诉求,得出与程朱理学一致的结论。

与"致良知"的道德实践相联系,王阳明也讨论了"格物致知"问题。王阳明认为,朱熹"格物穷理"说的最大失误,就在于把"格物致知"的认识论与"诚意正心"的伦理目的分割"为二",于是,他努力要使二者统一起来。他采取的方法就是直接把"格物"释为"格心"或"正心"。王阳明说:

> 物者,事也。凡意之所发必有其事,意所在之事谓之物。
> 格者,正也,正其不正以归于正之谓也。正其不正者,去恶之谓也,归于正者,为善之谓也;夫是之谓格。
> 格物者,格其心之物也……;正心者,正其物之心也。(《大学问》,《王阳明全集》卷二十六)

王阳明训"物"为"事",训"格"为"正"。"格物"就是"正心""去欲""为善","致知"就是"致吾心之良知"。

"致"的意思是"推"。"致吾心良知之天理于事事物物,则事事物物皆得其理也矣。"(《传习录中》,《王阳明全集》卷二)所谓"致",既是内省意义上的"知",又是道德实践意义上的"行"。王阳明指出,人人皆有良知,但并非人人实际做到"致"。致良知的过程不是知识习得的过程,而是心性涵养的过程。他把宋儒的"格物致知"变成"致知格物":"致吾心之良知者,致知也;事事物物皆得其理者,格物也。是合心与理而为一者也。"(《传习录中》,《王阳明全集》卷二)"致知格物"就是"诚意正心","格物致知"与"诚意正心"直接联系在一起。曾被朱熹对立起来的心与理、哲学思辨与伦理目的、知识与道德,在王阳明的"致良知之教"中合而为一,宋儒烦琐的"格物穷理"变成"直指本心"的内圣工夫。王阳明称"致良知"为"拔本塞源"之论,自叹"何等轻快洒脱!何等简易!"(《传习录上》,《王阳明全集》卷一)王阳明提出致良知之教后,形成新的学术风气,"以良知之说觉天下,天下靡然

从之"。(《重刻阳明先生文录后序》,《王畿集》卷十三)

三　阳明心学的精神

阳明心学的精神特质体现在三个方面。一是强调主体的能动精神。王阳明平生讲的"致良知",旨在充分调动人主观精神的能动性,提高人自己把握自己、自己认识和实现自己的内在潜能。阳明心学对朱熹"析心与理为二"的克服,就在心与理、心与物合而为一的基础上,把人确立为意义世界的中心。这就给人的"心"以最大限度的创造性和主动性。鼓励人要战胜环境,首先要战胜自己,充分调动人的主体精神和思维能力,这正是王学的内在精神。这很可能与明代孕育了资本主义的因素,社会上出现了重视人的价值,强调个性自觉的社会思想动向有关,或者说是这种潜在的思想动向的哲学反映。

二是强调主体的意志判断。王阳明致力于打破程朱理学的思想垄断,他在理学流行、儒家"圣人"被神化的情况下,公然声称"夫道,天下之公道也,学,天下之公学也。非朱子可得而私也,非孔子可得而私也。"(《传习录中》,《王阳明全集》卷二),表现出极大的理论勇气。他主张判断是非、善恶的标准,既不是那些权威,也不是"六经"典籍,而是自己心中的"良知"。王阳明说:

> 学贵得之心,求之于心而非也,虽其言之出于孔子,不敢以为是也,而况其未及孔子者乎;求之于心而是也,虽其言之出于庸常,不敢以为非也,而况其出于孔子者乎!(《传习录中》,《王阳明全集》卷二)

他不赞成"以孔子之是非为是非",不迷信权威,也不迷信经典,倡导理性主义态度,客观上具有冲击旧权威、旧教条的积极作用。不过,这种作用还是很有限的。因为王阳明虽然反对权威、反对教条,但他不反对"天理",不反对儒家道德伦常,并且自觉地为儒家道德伦常做哲学

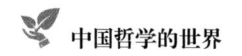

论证。

三是强调主体的道德自觉。阳明心学的突出特点在于强调道德主体的自觉精神和道德自律的原则,赋予"良知"以充分的自主性和"不假外求"的内在性,主张通过主体的自觉、自悟"复其天地万物一体之本然"(《大学问》,《王阳明全集》卷二十六)。阳明心学简易直捷,活泼开阔,给当时的学术界带来新风气。

阳明心学把宋明以来的理学思潮推向了高峰,同时也从内部瓦解着理学本身。所以,就阳明心学的社会作用说,一方面它维护儒家伦理纲常,起着"破心中贼"的作用;另一方面又有反对程朱理学的思想僵化和形式主义、解放思想的作用。

第十八讲
"鹅湖之会"的文化意义

最后一讲是"鹅湖之会"的文化意义,分四个部分:一是"鹅湖之会"与朱陆异同,二是"鹅湖之会"的理学文化意义,三是"鹅湖之会"的三教文化意义,四是"鹅湖之会"的世界文化意义。

去年我作为随队嘉宾参加了长达八天的"朱子之路"研习营,拜谒了位于福建南平的朱子墓,参观了鹅湖书院。去年下半年,我又参加了在江西金溪举办的陆象山心学会议,并且拜谒了陆象山的墓。本讲从"鹅湖之会"和朱陆异同讲起。

一 "鹅湖之会"与朱陆异同

朱陆异同实际上凸显了宋明时期理学与心学的内在矛盾和理论张力,成为理学思潮发展流变的基本线索。唐君毅指出:"朱陆异同为中国儒学八百年来之一大公案。"① 既然称其为"公案",就是说朱陆异同显示了心学和理学的内在矛盾,构成了理学发展的基本的格局,所以它的意义是非常重要的。

朱熹和陆九渊之间有几次论辩,第一次论辩即是"鹅湖之会",是通过把手晤谈的方式,主旨是"为学之方",也就是儒家道德修养的具体途

---

① 唐君毅:《中国哲学原论·原性篇》,中国社会科学出版社2005年版,第347页。

径和方式，关涉工夫论，然后"朱陆之异遂显"。第二次论辩是"无极"和"太极"之辩，通过书信往返的方式，朱熹、陆九渊就周敦颐的《太极图说》而展开一场学术辩难。《太极图说》的第一句是"无极而太极"，而陆九渊所举的本子是"自无极而太极"，多了一个字，这个问题就比较大了。因为"自无极而太极"说明太极本身不是最高的本体，最高的本体应该是"无极"，这是陆九渊的看法。他所依据的本子是《周氏家藏集》。而朱熹依据的本子写的是"无极而太极"，"无极而太极"虽然少了一个字，但是这里面的"无极"就不是最高的本体，而是修饰限定"太极"，表明"太极"本体是无形象的。这就涉及一个形而上学的问题，所以"朱陆之异益甚"。因此我们讲"鹅湖之会"是朱陆第一次论辩交锋的场合。

（一）"鹅湖之会"的机缘

"鹅湖之会"发生在宋孝宗淳熙二年（1175）。由吕祖谦（1137—1181）主持邀集，朱熹（1130—1200）和陆九渊（1139—1193）、陆九龄（1132—1180）兄弟与会，在信州铅山县鹅湖寺，就"为学之方"所进行的一次哲学思想辩论活动。

吕祖谦与朱陆过从甚密，对二人的学术思想非常熟悉，也格外推重。吕祖谦是陆九渊的座主，陆九渊34岁中进士，吕祖谦是主考官，对陆九渊的考卷青睐有加，击节叹赏，认为超绝有学问。吕祖谦与朱熹则是一师之徒，师从著名学者胡宪，只是同门不同时，二人相交莫逆，论学书信有百余通，朱熹还让长子朱塾拜吕祖谦为师。

淳熙二年（1175）四月初，吕祖谦由浙江金华往福建，与朱熹相聚于寒泉精舍。二人研读周敦颐、二程、张载著述，相聚四十余日，取周、程、张之书关于大体而切于日用的内容，编为《近思录》一书，分十四卷，总六百二十二条。五月十六日，朱熹师友一行送吕祖谦往江西。此时，陆九渊与其兄陆九龄也应吕祖谦的约请，来江西铅山鹅湖寺与朱熹相会。

与会学者正值盛年，处于学术思想建构的成熟阶段，尤其是朱熹的理学和陆九渊的心学颇有建树。吕祖谦邀集并主持"鹅湖之会"，本意是调和朱陆二人的哲学思想的矛盾，希望他们相与讲其所闻之学，通过辩论弥合分歧，会归于一。但经过旬日讲论，陆子以朱学为"支离"，朱子以陆学为"禅学"，观点针锋相对，于六月八日不欢而散。是年吕祖谦39岁，朱熹46岁，陆九渊37岁，陆九龄44岁。

（二）"鹅湖之会"的过程

"鹅湖之会"属于大规模的书院会讲，邻近郡县官吏、学者百余人列席，会期从五月底至六月上旬十余日。

首先，陆九龄吟了一首《鹅湖示同志》诗表明哲学立场："孩提知爱长知钦，古圣相传只此心。大抵有基方筑室，未闻无址忽成岑。留情传注翻榛塞，着意精微转陆沉。珍重友朋勤切琢，须知至乐在于今。"（《语录上》，《陆九渊集》卷三十四）此诗指出古圣人相传之道心，即是人从孩提之时就具有的良善之本心，强调发明本心，尊我德性，确立自我主体是根本。打下坚实的基础，才能建造高大的栋宇；不打地基筑就的只能是空中楼阁。如果忽视这个基础，而把精力放在古人的传注之学上，就会荆棘丛生阻塞正道；刻意追求精微反转被隐没，不会有什么好结果。虽然朱熹和陆氏均反对汉唐传注之学而提倡义理，但朱熹对陆氏的心学倾向表示不满。所以当陆九龄此诗只读到第四句时，朱熹就对吕祖谦说："子寿（陆九龄）早已上了子静（陆九渊）船了。"

继而，陆九渊接着吟了一首《鹅湖和教授兄韵》诗做补充："墟墓兴哀宗庙钦，斯人千古不磨心。涓流积至沧溟水，拳石崇成泰华岑。易简工夫终久大，支离事业竟浮沉。欲知自下升高处，真伪先须辨只今。"（《陆九渊集》卷二十五）人见墓墟则兴哀心，见宗庙则起敬心，皆出于自然，若欲下学上达，发明此心即本心方是正途。尽管涓流可以汇成大江，小块的石头可以垒成泰山和华山那样高。但如果把注意力放在点滴积累而忽视立乎其大，就会沉溺于支离事业而与世沉浮，属于伪学。陆氏昆仲的这两首诗揭示了抑朱扬陆的思想宗旨，批评朱子因为"留情传注""着意精微"，属于"支离事业"；而陆子强调吾心千古不磨，提倡"发明本心"的易简功夫，认为朱子学的弊端不仅在于方法上的繁复，而且在于没有找到道德价值的根本——人之本心。所以，朱熹听后颜色

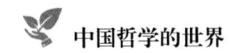

更变。

朱熹没有当下回应。三年后，他从福建崇安往南康军（今江西星子县），途经鹅湖寺，陆子寿又专程从抚州赶来会晤。朱熹才以一首《鹅湖寺和陆子寿》诗回应了"鹅湖之会"："德义风流夙所钦，别离三载更关心。偶携藜杖出寒谷，又枉篮舆度远岑。旧学商量加邃密，新知培养转深沉。却愁说到无言处，不信人间有古今。"（《朱文公文集》卷四）朱熹指出，你的道德修养倜傥风度我一向仰钦，别离三载我时刻把你系挂在心。我偶然扶着手杖走出冷落的山谷，你却屈尊乘竹轿远道前来翻山越岭。旧学问相互商量更加精密，新知识经过切磋培养愈益深沉。当我们讨论到非常精深的地方，精神同古人贯通真令人高兴。谁说古今有别无法感应？对这一点我决不相信！

他批评陆氏心学之本体乃不依文字而立，忽视了平时的即物而穷其理的工夫，终究徒劳无益。朱熹主张熟读精思、循序渐进的为学进路："盖天理民彝自然之物，则其大伦大法之所在，固有不依文字而立者。然古之圣人，欲明是道于天下，而垂之万世，则其精微曲折之际，非托于文字亦不能以自传也。……天下后世之人自非生知之圣，则必由是以穷其理，然后知有所至而力行以终之，固未有饱食安坐、无所猷为而忽然知之、兀然得之者也。……其过之者，则遂绝学捐书，而相与驰骛乎荒虚浮诞之域。"（《徽州婺源县学藏书阁记》，《朱文公文集》卷七十八）既然天下后世之人并非生而知之的圣人，就须学而知之，通过后天的学习而穷其理，致知力行以终之，而有所得。朱熹主张通过读书求道以"尽心"，读书的目的是为了求道，"尽心"必以读书求道为阶梯。这可以看作朱熹对"鹅湖之会"二陆心学宗旨的回应。说明"鹅湖之会"后，朱陆都已意识到，在工夫问题背后，还隐含着关于本体问题的分歧，工夫论与本体论是相互纠结在一起的，埋下了后来关于"无极"与"太极"之辩的伏笔。

（三）"鹅湖之会"的分歧

据与会的朱亨道总结："鹅湖之会，论及教人。元晦之意，欲令人泛观博览，而后归之约。二陆之意，欲先发明人之本心，而后使之博览。

朱以陆之教人为太简，陆以朱之教人为支离，此颇不合。"(《年谱》，《陆九渊集》卷三十六) 由此，就"鹅湖之会"上围绕"为学之方"所展开的若干朱陆思想差异略作分疏。

1. 博与约

朱熹让人从泛观博览入手，扩大知识面，逐步积累，而后归之约。二陆则要求先挺立道德主体，悉其大端，识其宗趣，明其扼要，重其根本，而后再博览群书，培养学识。朱陆争论的焦点不在于博与约的抉择，而在于博与约的次第，到底是在先博后约，还是先约后博。

2. 繁与简

博与繁对应，约与简对应。陆九渊认为，在不明全体的情况下，从博览入手容易导致烦琐支离，知识是碎片化，零散化，不成体系的。他指出："一向萦绊于浮论虚说，终日只依藉外说以为主，……勤学之士反为之迷惑，自为支离之说以自萦缠""事实湮于意见，典训芜于辨说。"(《与曾宅之》，《陆九渊集》卷一) 朱熹则认为，追求所谓的扼要简约缺少必要的铺垫和准备，会造成认知上的迷失放逸，主张多读书，多观察事物，根据经验，加以分析、综合与归纳，指出居敬存养有赖于"格物致知"的循序渐进。朱熹批评了象山的简易工夫。《语类》载："问：'欲求大本以总括天下万事。'曰：'江西便有这个议论。须是穷得理多，然后有贯通处。今理会得一分，便得一分受用；理会得二分，便得二分受用。若一以贯之，尽未在。陆子静要尽扫去，从简易。某尝说，且如做饭：也须趁柴理会米，无道理合下便要简易。'"(《朱子语类》卷一一五)

3. 外与内

朱熹主张从格物致知到穷理尽性，事物有事物之理，久而豁然贯通，格是格外物，穷是穷天理，这是一条由外而内的认识路线；陆子从"心即理"出发，认为"格物"就是体认本心，学贵知本，若能发明本心，六经皆我注脚，这是一条由内而外的认识路线。陆子举一学者诗加以论证："读书切戒在荒忙，涵泳工夫兴味长。未晓莫妨权放过，切身须要急思量。自家主宰常精健，逐外精神徒损伤。寄语同游二三子，莫将言语坏天常。"(《语录上》，《陆九渊集》卷三十四) 他主张"学者读书，先于易晓处沉涵熟复，切己致思，则他难晓者涣然冰释矣。若先看难晓处，终不能达"。如果说只有读书才是成就圣贤的唯一途径，那么，尧舜以前有何书可读呢？朱熹指出："子寿兄弟气象甚好，其病却是尽废讲学而专务践履，欲于践履之中，要人提撕省察，悟得本心，此为病之大者。"（《朱文公文集》卷三）

4. 道问学与尊德性

"尊德性而道问学"出自《中庸》，在"鹅湖之会"后遂演变为朱陆的分判。朱熹自道："大抵子思以来，教人之法，惟以尊德性、道问学两事为用力之要。今子静所说专是尊德性事，而熹平日所论，却是问学上多了。"（《朱文公文集》卷五十四《答项平父一》）可见，朱熹自认是"道问学"一脉。

陆九渊回应道："观此，则是元晦欲去两短，合两长。然吾以为不可，既不知尊德性，焉有所谓道问学？"（《语录上》，《陆九渊集》卷三十四）显然，陆九渊并不认为二者相互补充，相互促进的，而是认为"尊德性"具有根本意义，不能"尊德性"就无所谓"道问学"。

陈来指出，朱陆对"尊德性"的理解是有差异的。"陆以尊德性即是存心、明心，是认识真理的根本途径，道问学只是起一种辅助巩固的作用，而在朱熹看来，尊德性一方面要以主敬养得心地清明，以为致知提供一个主体的条件；另一方面对致知的结果加以涵泳。"①

总之，朱陆二人为学宗旨相同，为学取径和方法不同。黄宗羲比较二人学术理路的不同，认为他们各有所侧重，陆子尊德性，也有功于学古笃行；朱子道问学，也致力于反身修德。"先生之学，以尊德性为宗，谓先立乎其大，……同时紫阳之学，则以道问学为主，谓格物穷理，乃吾人入圣之阶梯……于是宗朱者诋陆为狂禅，宗陆者以朱为俗学。……先生之尊德性，何尝不加功于学古笃行，紫阳之道问学，何尝不致力于反身修德……二先生同植纲常，同扶名教，同宗孔、孟。即使意见终于不合，亦不过仁者见仁，知者见知。"（《象山学案》，《宋元学案》卷二十五）

梁启超肯定"鹅湖之会"的重大意义："在中国学术史上，极有光

---

① 陈来：《朱子哲学研究》，华东师范大学出版社2000年版，第398—399页。

彩，极有意义。"① 下面从三个方面简论"鹅湖之会"的文化意义。

二 "鹅湖之会"的理学文化意义

"鹅湖之会"既开创了书院会讲的先河，也形成了一个密切联系的学术共同体。一方面，"鹅湖之会"不欢而散，没有达到吕祖谦所希望的消弭分歧、会归于一的会讲目的；另一方面，"鹅湖之会"又取得了极大的成功，朱陆双方进一步明确了思想立场，并吸收了对方的某些理论观点，其历史影响深远，远远超过了吕祖谦的预期。

"鹅湖之会"六年后，陆九渊邀请朱熹为陆九龄撰写墓志铭，朱熹则邀请陆九渊到白鹿洞书院讲"君子喻于义，小人喻于利"章，而且大加赞赏，自愧不如。"鹅湖之会"中凸显的"道问学"与"尊德性"构成了儒学发展的内在张力，朱陆所推动的理学与心学思潮极大地影响和塑造了南宋以后的思想文化发展走向。

龚自珍指出："孔门之道，尊德性、道问学，二大端而已矣。二端之初，不相非而相用，祈同所归；……入我朝，儒术博矣，然其运实为道问学。"(《江子屏所著书序》，《龚自珍全集》第三辑）从先秦儒学的渊源而言，陆九渊更具有孟子"尊德性"的精神气质，朱熹则有荀子重视知识、强调经验的"道问学"立场。王阳明、全祖望都认为陆子近于孟子，牟宗三、李泽厚提出"荀子与朱子类似""朱熹是荀学"的论断。

余英时先生从中国古代学术的内在理路上对"尊德性"与"道问学"进行梳理，提出了宋代是"尊德性"与"道问学"并重的时代，明代是以"尊德性"为主导的时代，那么清代则可以说是"道问学"独霸的时代。②

"鹅湖之会"确立了"道问学"与"尊德性"并立的基本思想格局，

---

① 梁启超：《儒家哲学》，岳麓书社2010年版，第56页。
② 余英时：《清代学术思想史重要观念通释》，《文史传统与文化重建》，生活·读书·新知三联书店2004年版，第203页。

朱陆二家的理论互相辩难、不断丰富，彼此构建了具有划时代意义的理论体系。元代在赵复以后实现了理学北传，元帝尊崇儒学，册封孔子为"大成至圣文宣王"，明确理学的官学地位，这一时期的特点是以"和会朱陆"为主，许衡力求弥合朱陆，吴澄宗朱而崇陆，郑玉则"合会朱陆"，认为二先生同植纲常，同扶名教，本源于一流。"同尊周孔，同排佛老，大本达道，岂有不同者？"（《师山学案》，《宋元学案》卷九十四）

明代心学思潮昌明，以"尊德性"为主导。程敏政将朱熹学说分为早中晚三段，认为朱熹早年对陆象山是势如水火，中年则是疑信参半，到晚年是完全相符。① 阳明有《朱子晚年定论》，认为朱子"晚岁固已大悟旧说之非"，极力辨明朱子与心学之同，引朱子为同调，"予既自幸其说之不谬于朱子，又喜朱子之先得我心之同"（《朱子晚年定论》，《王阳明全集》卷三）。

清代朴学注重文字训诂、文献考据，以"道问学"为主导。朴学家讲求辨章学术，考镜源流，事必有据，言必有征，批判王学末流"束书不观""游谈无根"，考据训诂风气盛行，将清代理学扭转到"道问学"的学术方向。

李泽厚描述20世纪八九十年代文化景观时说，思想家淡出，学问家凸显，颇有从"尊德性"转进为"道问学"的意味。

三 "鹅湖之会"的三教文化意义

佛教东传之后，就开始了佛教中国化的进程。佛教所宣扬的缘起性空、三世因果、六道轮回、涅槃解脱在中土固有的儒道中引发了极大的冲击和持续的论争，儒释道三教在辩难、冲突中不断趋向合一，三家实现了心性论基础上的融通与重构。因此，"三教合一"既体现为儒释道的冲突中融合、并立中发展的历史进程，又有在各自思想立场上彼此吸收、

---

① 程敏政：《道一编序》，吴长庚编《朱陆学术考辨五种》，江西高校出版社2000年版，第509页。

相互借鉴的理论重构。

三教合一的第一个标志性成果是慧能的新禅学。慧能实现了禅宗思想的革命性转向，反对神秀的"渐修"，提倡明心见性、顿悟成佛，这是以佛教为基本立场、融合儒道思想而形成的新佛学体系。

三教合一的第二个标志性成果是宋代的新儒学。以"北宋五子"为代表的理学家出入释老，返归六经，既援佛入儒，也援道入儒，极大地拓展了传统儒学的理论思辨和形上境界，濂、洛、关、闽诸学就是以儒学为基本立场、融合佛道而形成的新儒学体系。

三教合一的第三个标志性成果是金元时期的新道教。王重阳创立的全真道汲取儒佛思想，主张三教同流合一，以《道德经》《心经》《孝经》为经典，注重内丹修炼，提倡性命双修，这是以道教为基本立场、融合儒佛思想而形成的新道教体系。

因此，"鹅湖之会"应当从三教合一的视域下加以审视和把握。"鹅湖之会"这一场儒学思想的交流活动在鹅湖寺这座佛寺举办，颇显涵意深微；今日的鹅湖书院即在当年的鹅湖寺遗址上改建，更显兴味悠长。鹅湖书院中尚存一个匾额，上书"顿渐同归"四字，显然题匾者有意将儒学阵营里的朱陆比拟为佛教里的神秀、慧能了，"尊德性"与"道问学"无非是顿渐之辩，而且殊途同归。从"鹅湖之会"看，朱陆"为学之方"的工夫论取向确然有顿渐之妙，陆子强调的"简易工夫""发明本心"近于顿悟，朱子肯定的"旧学商量""新知培养"类似渐修。

从思想性格和精神气质上看，朱陆都有汲取佛道的一面，各有特色。清初学者潘平格曾经评价"朱子道，陆子禅"，批评朱子接近于道家，而陆子更倾向于禅学。朱熹对道家道教比较了解，曾化名撰写《阴符经考异》《周易参同契考异》，对两部道教经典进行了较为详细的研究考证。陆九渊十分熟悉佛教之说，与禅僧交往比较密切，其心学思想体现出明显的禅学特征，朱子当时因陆子"脱略文字，直趋本根"的易简学风就讥讽其为"禅学"，以致"天下皆说先生是禅学"。不管是朱子的类"道"，还是陆子的近"禅"，从三教的视域都可以做出合理的阐释。朱陆在儒学的思想立场上，不同程度地借鉴吸收了佛道理论思维成果，从而推进了宋代新儒学的转进与提升。

四 "鹅湖之会"的世界文化意义

从世界哲学视域看,"鹅湖之会"彰显了中国哲学独特的内在超越的向度,与西方文化外在超越的向度大异其趣。基督教传统强调此岸世界与彼岸世界的区分,人是带着"原罪"而生的,此岸世界的沉沦和罪孽需要借助于上帝的拯救,才能进入天国。印度佛教认为人生如苦海,三界犹火宅,只有往生西方极乐世界才能获得彻底解脱。按照外在超越的路向,人无法自己实现超越,必须依赖上帝或佛陀来救度。

儒学所选择的是内在超越的路向,找到了一种独特的精神生活方式,即在现世人生中寻求价值安顿、信仰依归和意义追求。牟宗三强调:"天道高高在上,有超越的意义。天道贯注于人身之时,又内在于人而为人的性,这时天道又是内在的(Immanent)。因此,我们可以康德喜用的字眼,说天道一方面是超越的(Transcendent),另一方面又是内在的(Immanent 与 Transcendent 是反义词)。天道既超越又内在,此时可谓兼具宗教与道德的意味,宗教重超越义,而道德重内在义。"[①] 余英时认为,中西两种文化都具有超越性,"仅从价值具有超越的源头一点而言,中、西文化在开始时似乎并无基本不同。但是若从超越源头和人间世之间的关系着眼,则中西文化的差异极有可以注意者在"[②],他肯定与西方文化"外在超越"的价值系统相对照,中国文化价值系统的特征在于"内在超越"。

西方文化主张"外在超越",因此强调两个世界的划分,人生的价值意义就在于从此岸到彼岸的超越。中国文化主张"内在超越",因此论证一个世界的观念,人不必向外寻求或向神乞怜,表现为既内在又超越,内在性原则和超越性原则统一在一起。

宋志明指出:"所谓'内在',是指肯定人生的价值,肯定在人性中

---

① 牟宗三:《中国哲学的特质》,上海古籍出版社1997年版,第21页。
② 余英时:《从价值系统看中国文化的现代意义》,《文史传统与文化重建》,生活·读书·新知三联书店2004年版,第449页。

存在着自我完善的内在根据，因而不必否定人生的价值，不必寄希望于外力的拯救与超拔；所谓'超越'，是指设定理想的价值目标，以此作为衡量自我完善的尺度，作为意义追求或形上追求的方向。"①

孔子作为儒学的创始人，其思想既包括了内在性原则，又包括了超越性原则。一方面，他强调"为仁由己"（《论语·颜渊》），"我欲仁，斯仁至矣"（《论语·述而》），指出人的价值与境界取决于主体的理性自觉，这是一种内在的向度；另一方面，他又提倡"杀身成仁""朝闻道，夕死可矣"（《论语·里仁》），为了践行和实现仁道不惜牺牲个体生命，这是一种超越的向度。

宋代理学家接续先秦儒学，吸收了佛道哲学的理论成果，讲出了"性与天道"的内在超越内涵。理学家认为人无须脱离日用伦常，不用企慕虚幻渺茫的彼岸世界，在现实的人生实践中就可以达到超越的目标，他们倡导"为天地立心，为生民立命""孔颜之乐""居敬穷理""发明本心""常惺惺""活泼泼""致良知"，都是关于儒学价值安顿、内在超越的具体表述，其实质是相同的。

朱陆在"为学之方"上存在分歧，但在贯彻内在超越上却高度一致。朱熹基于"性即理"，从"天理"的超越性论证人之所以为人的内在性。"未有天地之先，毕竟也只是理。"（《朱子语类》卷一）"此理亦只是天地间公共之理，禀得来，便为我所有。"（《朱子语类》卷一一七）"天理"不是隔绝于天地之外，也不是凌驾于天地之上，而是就在于天地之中。"天理"在逻辑上的在先，确立了其超越性的向度，"天理"在人与万物之中，决定了其内在性的向度。陆子基于"心即理"，从"本心"的普遍内在性论证超越的天理。"人皆有是心，心皆具是理，心即理也。"（《与李宰书》，《陆九渊集》卷十一）"万物森然于方寸之间，满心而发，充塞宇宙，无非此理。"（《语录上》，《陆九渊集》卷三十四）"本心"是人之所以为人的普遍抽象的本质，既是内在的，又是超越的，呈现为从内在到超越的价值指向。由此看来，朱陆在内在超越上殊途同归，彰显了中国哲学与中国文化的核心精神。

---

① 宋志明：《论中国哲学的精神》，《中国矿业大学学报》（社科版）2007年第1期。

本讲介绍了"鹅湖之会"及后续论争所体现出的朱陆异同以及其在三个层面上的意义，由此可以凸显中国哲学的核心价值以及其独特的精神魅力。《中国哲学的世界》本学期的课程就全部结束了。我希望同学们通过这门课的学习，进入中国哲学的大门，然后登堂入室，对中国哲学、中国文化有自己的体贴、受用和领悟。

阅读书目

1. 曹础基：《庄子浅注》，中华书局2000年版。
2. 陈来等：《〈孟子〉七篇解读》，齐鲁书社2018年版。
3. 陈荣捷：《王阳明〈传习录〉详注集评》，华东师范大学出版社2009年版。
4. 方立天：《中国佛教哲学要义》，中国人民大学出版社2002年版。
5. 冯友兰：《中国哲学简史》，北京大学出版社2012年版。
6. 冈田武彦：《王阳明大传：知行合一的心学智慧》，重庆出版社2015年版。
7. 高亨：《周易大传今注》，齐鲁书社2009年版。
8. 郭化若：《孙子译注》，上海古籍出版社1984年版。
9. 蒋礼鸿：《商君书锥指》，中华书局1986年版。
10. 梁启雄：《韩子浅解》，中华书局1982年版。
11. 林乐昌主编：《关学源流》，陕西师范大学出版社2020年版。
12. 刘义庆：《世说新语》，中华书局2009年版。
13. 罗宗强：《玄学与魏晋士人心态》，天津教育出版社2005年版。
14. 吕澂：《印度佛学源流略讲》，上海人民出版社1979年版。
15. 吕澂：《中国佛学源流略讲》，中华书局1979年版。
16. 庞朴：《公孙龙子研究》，中华书局1979年版。
17. 皮锡瑞：《经学历史》，中华书局2004年版。
18. 任继愈：《老子绎读》，北京图书馆出版社2006年版。

19. 宋志明：《中国古代哲学通史》，中国青年出版社 2016 年版。
20. 孙诒让：《墨子间诂》，中华书局 2001 年版。
21. 魏道儒：《坛经译注》，中华书局 2010 年版。
22. 杨伯峻：《论语译注》，中华书局 1980 年版。
23. 杨伯峻：《孟子译注》，中华书局 1984 年版。
24. 余敦康：《周易现代解读》，中华书局 2016 年版。
25. 张载：《张载集》，中华书局 1978 年版。
26. 朱高正：《近思录通解》，华东师范大学出版社 2010 年版。
27. 朱熹：《四书章句集注》，中华书局 1983 年版。
28. 宗白华：《美学散步》，上海人民出版社 1981 年版。

后　记

我自2003年7月进入陕西师范大学工作以来，一直从事中国哲学的教学和研究工作。2019年，我承担了哲学书院的通识课程"中国哲学的世界"，并开展了两轮教学活动，获得了书院同学的普遍好评。尤其是在2020年的春季学期，因为新冠疫情的影响，课程改为在线教学，我录制好教学视频在超星网供同学们学习。李佳欣、李东升、刘美君和马耀威同学根据教学视频整理为文字稿。郭琪琪和马剑英同学协助校对了部分章节的引文。摆在读者面前的这本小书就是在他们整理稿的基础上修订补充的成果。在此向他们表示由衷的谢意！

在这本教材出版之际，回顾学习中国哲学的历程，我要深深地感恩和致敬我的博士生导师宋志明教授。宋老师是中国人民大学的二级教授，曾经担任中国人民大学书报资料中心总编辑，著有《中国传统哲学通论》《中国现代哲学通论》《薪尽火传：宋志明中国古代哲学讲稿》等学术专著30余部，发表学术论文280余篇，获第八届北京市教学名师奖。我在中国哲学领域的学习和思考与宋老师的点拨、启迪密不可分。我们师生共同完成学术著作《孔学与国魂》，也让我在学术上有了新的成长。宋老师还受邀到陕西师范大学讲学，连续做了多场学术报告，使大家深感受益。宋老师的理论功底深厚，哲学思考具有极强的穿透力，往往在常见的材料中提出卓识洞见，别开生面，令人耳目一新。宋老师在网易公开课还开设有慕课"薪火传承——中国传统哲学通论"。应当说，这本小书就是对宋老师哲学智慧的薪火传承，也是我的学习汇报。

如何向非哲学专业同学讲授中国哲学，让他们进入富有魅力的中国哲学世界，是这门课程的最大挑战。我力求结合同学们的实际情况，搭建起中国哲学世界的"四梁八柱"。第一讲和第二讲从总体上介绍中国哲学的精神旨趣和思想特质，主体内容分为"六家"和"八学"予以展开，"六家"指儒家、道家、墨家、名家、法家和兵家，"八学"指易学、经学、玄学、佛学、丹学、关学、闽学和心学，最后一讲则以中国哲学史上的著名思想辩论"鹅湖之会"为总结。本书提供了一份简明书目，方便诸位读者延伸阅读。

在课堂教学中，我致力于深入浅出，娓娓道来，讲出中华文化独一无二的理念、智慧、气度、神韵，彰显文化自信，振奋民族精神，让同学们更深入地体察中国哲学的精神血脉和文化基因。依托本门课程，我有幸荣获陕西师范大学第四届校级"教学名师"荣誉称号。我会视之为对自己的鞭策和勉励，继续深化教学改革和研究。哲学书院系列通识课程的开设，是希望促进学科交叉，努力做哲学的加法，而且书院的教学形式活泼多样，调研活动颇具特色，有助于同学们在专业学习中开启心智，创新思维，插上哲学腾飞的翅膀。

承蒙哲学书院推荐，将《中国哲学的世界》遴选为第一批哲学通识教材出版，感谢李忆兰、高洋老师的积极协调，以及中国社会科学出版社朱华彬编辑的细致审校。

许宁

2021 年 3 月 3 日